KB157012

김연하

서울경제신문 사회부 교육팀과 법조팀, 증권부, 성장기업부를 거치며 다양한 지식과 경험을 쌓았다. 중앙대 정치외교학과를 졸업했다. 여행이 삶의 낙인 여행덕후이지만, 코로나19로 발이 묶이면서 마음만이라도 여행을 떠나고자 현재는 국제부에서 근무하며 글로벌 뉴스를 전하고 있다. 스페인어를 독학하면서 남미 여행과 취재를 목표로 열공중이다.

김정곤

중앙대학교 국어국문학과를 졸업하고 서울경제신문에 입사했다. 경제부 세종팀장, 시그널팀장, 논설위원, 탐사기획팀장을 거쳐 사회부장으로 근무 중이다. 사람과 세상 돌아가는 일에 관심이 많다. 팩트(fact)의 힘과 팩트보다 더 강력한 스토리의 힘을 믿는다.

노희영

서울경제신문 금융부, 증권부, 산업부, 부동산부 등 경제 관련 부서를 비롯해 사회부, 정치부를 거쳐 국제부에서 다양한 국제 뉴스를 다루고 있다. 고려대학교 독문과를 졸업하고 KDI국제정책대학원에서 MBA를 이수했다. 중국 푸단대에서 중국경제를, 미국 듀크대 방문학자로 남북대화와 한미관계를 연구했다. 세계 각국의 역학관계 변화 속 한국의 대응 방안과 코로나19가 가져올 '뉴노멀'에 관심이 많다.

민병권

서울경제신문 경제부, 정치부, 사회부, 산업부, 정보산업부, 바이오IT부, 금융부, 국제부, 부동산부 등을 거쳐 현재 사회부 교육취재팀장을 맡고 있다. 경제부 정책팀장, 정치부 국회취재팀 반장, 대선 취재팀장, 청와대 취재팀장을 맡았다. 한양대 신문방송학과를 졸업했다. 경제와 정치, 산업, 금융, 과학기술, 교육 분야 등을 두루 섭렵한 경험을 살려 사회현상을 입체적으로 통찰하는 저널리스트로 성장하기 위해 노력 중이다. 2012년 백상기자상 대상, 2015년 백상기자상 동상을 수상했다.

성필규

LG투자증권(현 NH투자증권), 미래에셋증권(현 미래에셋대우) 등을 거쳐 현재 IT벤처 기업 블로코의 CFO로 있다. 서울대학교에서 수의학을 전공하고 KAIST 테크노경 영대학원 금융공학 MBA를 마쳤다. 블록체인 기술과 금융을 접목할 방안을 연구 하고 있으며, 벤처기업의 경영관리 코칭에도 관심이 많다. 미래에셋벤처투자 비상 무이사를 지냈으며 이든앤앨리스마케팅 사외이사, 지식서비스 네트워크 알파사이 츠 자문역으로 활동하고 있다.

이연선

서울경제신문 경제부, 금융부, 증권부, 건설부동산부 등 경제 분야를 주로 취재 했다. 이화여대 영문학과를 졸업하고 한국개발연구원(KDI)에서 자산관리경영학 (MAM)을 공부했다. SEN TV, 블록체인 전문미디어 디센터 등 다양한 매체를 경험 하고 현재 디지털편집부장으로 뉴노멀 시대의 신문이 나아갈 방향을 고민하고 있 다. 저서로《고령화쇼크(공저)》가 있다. 시티 대한민국 언론인상(금융부문 으뜸상/공 동)을 수상하기도 했다.

이혜진

이화여대 독문과를 졸업하고 서울경제신문에서 기자 생활을 시작해 부동산, 금융 부, 국제부 등을 거쳐 증권부에서 근무하고 있다. 새로운 변화의 단초와 여기서 비 롯되는 재테크 기회 포착에 관심이 많다. 회사를 다니며 KDI국제정책대학원에서 자산운용경영학 석사, 런던 시티대학교에서 금융저널리즘 석사 과정을 마쳤다.

정영현

서울경제신문 사회부, 생활산업부, 국제부, 증권부, 금융부, 정치부를 거쳐 현재 문 화부에서 일하고 있다. 금융부 근무 시절 뛰어난 후배들과 함께 시티 대한민국 언 론인상 대상을 받았다. 운이 좋아 취재차 세계 곳곳을 돌아다녔다. 가장 기억에 남 는 도시는 북미정상회담 취재 현장이었던 싱가포르와 베트남 하노이이다. 그곳에서 역사의 한 장면을 기록했지만 아쉬움은 크다. 그날 이후 항상 소망한다. '우리 가 야 할 길 멀고 험해도 깨치고 나가는' 역사의 다음 장이 펼쳐지기를.

출근길
부자 수업

출근길 부자 수업: 트렌드 편

초판 1쇄 발행 2020년 11월 30일

편저 백상경제연구원

펴낸이 조기흠
편집이사 이홍 / **책임편집** 최진 / **기획편집** 이수동, 박종훈 / **기획** 장선화
마케팅 정재훈, 박태규, 홍태형, 배태욱, 김선영 / **디자인** 이슬기 / **제작** 박성우, 김정우

펴낸곳 한빛비즈(주) / **주소** 서울시 서대문구 연희로2길 62 4층
전화 02-325-5506 / **팩스** 02-326-1566
등록 2008년 1월 14일 제 25100-2017-000062호

ISBN 979-11-5784-461-6 03320

이 책에 대한 의견이나 오탈자 및 잘못된 내용에 대한 수정 정보는 한빛비즈의 홈페이지나
이메일(hanbitbiz@hanbit.co.kr)로 알려주십시오. 잘못된 책은 구입하신 서점에서 교환해드립니다.
책값은 뒤표지에 표시되어 있습니다.

⌂ hanbitbiz.com 🄵 facebook.com/hanbitbiz 🄽 post.naver.com/hanbit_biz
▶ youtube.com/한빛비즈 🄾 instagram.com/hanbitbiz

Published by Hanbit Biz, Inc. Printed in Korea
Copyright ⓒ 2020 백상경제연구원 & Hanbit Biz, Inc.
이 책의 저작권은 백상경제연구원과 한빛비즈(주)에 있습니다.
저작권법에 의해 보호를 받는 저작물이므로 무단 복제 및 무단 전재를 금합니다.

지금 하지 않으면 할 수 없는 일이 있습니다.
책으로 펴내고 싶은 아이디어나 원고를 메일(hanbitbiz@hanbit.co.kr)로 보내주세요.
한빛비즈는 여러분의 소중한 경험과 지식을 기다리고 있습니다.

출근길 부자 수업

트렌드 편

백상경제연구원

☑ 라이프스타일 ☑ 경제구조 ☑ 세계경제 ☑ 한국경제

한빛비즈
Hanbit Biz, Inc.

내 인생의 머니플랜,
지도를 펼쳐라

소련과 서방세계 사이에 화해 분위기가 조성되고 있던 1989년, 유럽의 전설적인 투자자 앙드레 코스톨라니André Kostolany는 소련에서 투자 기회를 잡을 수 있을 것이라는 생각이 들었다. 소련이 경제 수준을 끌어올리기 위해서는 서방 자본이 절대적으로 필요한데, 그러자면 과거 차르 시대의 빚을 어떤 식으로든 정리할 수밖에 없다고 본 것이다. 이에 코스톨라니는 1822년에서 1910년 사이에 발행된 차르 시대의 채권을 대거 사들였다. 결과는 어땠을까? 코스톨라니는 이 채권 거래로 무려 6,000%라는 경이적인 수익률을 올렸다.

코스톨라니의 투자 사례는 현대를 살아가는 우리에게 무엇을 시사할까? 의학기술의 발달로 평균수명이 늘어나면서 노년을 여유롭게 보내기 위한 재정의 필요성은 그 어느 때보다 커지고 있다. 이제 '있어 보이는 돈 관리'가 아니라 '생존을 위해 뛰어들어야 하는 돈 관리'의 시대에 접어들었다. 최근 직장인을 중심으로 부동산과 주식투자에 대한 관심이 커지는 이유다. 금융상품을 연구하고 직접 재테크에 나서는 이들도 많다. '부자' '주식' 등의 키워드를 담은 재테크 관련 도서들이 판매 순위 상위권을 차지하고 있다.

이처럼 재테크에 대한 관심이 높아지고 있지만 정작 경제에 대한 기본 지식은 제대로 다져지지 않은 사람들이 많다. 기본적인 경제용어 몇 개만 펼쳐놔도 갑자기 멍해진다는 이들이 부지기수다. 그동안 학교나 가정에서 돈이 어떻게 움직이는지 제대로 배울 기회를 갖지 못했기 때문이다. 하지만 다행스럽게도 아직 늦지 않았다. 사회 진출 전에 기본기를 다져놓으면 더 좋겠지만, 이때를 놓쳤어도 괜찮다. 경제 공부에 늦은 때라는 건 없다. 경제상식이 필요한 사회초년생도, 뒤늦게 자산관리에 관심을 갖기 시작한 중년층도 어렵지 않게 해낼 수 있다.

자본주의 사회에서 경제 교육은 '자신을 방어하는 수단'이라는 말이 있다. 내 자산을 성공적으로 불리고 지키기 위해서는 어떻게 해야 할까? 무엇보다 변화의 흐름을 읽을 줄 아는 능력을 키워야 한다. 큰 변화의 흐름을 무시하고 단순히 돈의 흐름만 따라다녀서는 성공할 수 없다. 최근 코로나바이러스 감염증 사태 등으로 글로벌 자산시장의 풍속도는 하루가 다르게 변하고 있다. 이 속에 담긴 의미를 읽어낼 수 있는 눈이 있어야 한다. 특히 라이프스타일과 경제구조의 변화, 각국의 정책 방향은 돈이 흘러가는 길을 알려주는 나침반 역할을 한다.

서울경제신문 부설 백상경제연구원이 《출근길 부자 수업》 시리즈를 펴내는 이유는 여기에 있다. 이 시대의 직장인들에게 부자로 나아가는 길을 알려주기 위해서다. 일확천금을 기대하는 단기투자용 정보가 아니다. 자본주의 경제의 속성과 흐름을 이해하고, 이를 바탕으로 내 자산을 어떻게 불려나가야 할지를 고민하는 인사이트를 담았다. 쌓아올린 상식이 그저 상식으로 남지 않고, 경제를 읽는 힘으로 연결되게 만드는 데 초점을 맞춘 경제교양서다.

《출근길 부자 수업》 시리즈의 첫 번째 키워드는 '트렌드'다. 자본과 경제의 흐름을 읽기 위해서는 먼저 숲을 보는 능력을 길러야 한다. 오늘의 내 삶이 어떤 미래로 나아가고 있는지, 누가 돈을 움직이는지, 그 돈이 어떤 모습을 하고 있는지, 그 돈이 어디서 왔고 어디로 흐르고 있는지 큰 그림을 먼저 봐야 한다. 이를 위해 《출근길 부자 수업: 트렌드 편》은 산업 트렌드와 정책의 큰 맥락을 파악하는 데 초점을 맞췄다. 산업구조 변화와 정책의 의미를 파악하는 일은 재테크와 직결된다.

《출근길 부자 수업》은 흐름에 집중하기 위해 맥락을 만들었다. 월요일부터 금요일까지, 하나의 주제에 관한 다섯 번의 강의가 시간 순서로 연결된다. '과거-현재-미래'순으로 맥을 짚어 나아간다. '왜(WHY)'라는 궁금증에서 출발해 트렌드의 최신 뉴스와 미래 전망까지 간결하게 정리했다. 교양과 경제의 흐름을 한꺼번에 잡을 수 있는 시리즈다.

각 강의는 맥락을 갖고 이어지지만, 월요일이나 수요일 하나씩 따로 떼어 읽어도 그 자체로 충분한 교양이 된다. 거시적인 흐름 속에서 발 빠른 정보를 담아내려면 현장감이 필수. 이를 위해 경제부, 국제부, 증권부, 사회부 등을 두루 거친 서울경제신문의 베테랑 기자들과 금융공학 전문가까지 나섰다.

　《출근길 부자 수업》 시리즈는 그 자체로 독자에게 지도가 되길 원하지만, 시리즈만의 큰 지도를 갖고 있다. 트렌드를 읽을 수 있게 됐다면, 다음에는 내 주변의 정보를 읽어 내 것으로 만들고, 든든한 지식을 바탕으로 직접 재테크에 도전하면서 나에게 맞는 금융관리로 이어지길 원한다. 궁극적으로 인생 전반에 대한 머니플랜을 완성할 수 있으면 좋겠다.

　저자들이 제시하는 지도를 충실히 따라가다 보면 성공적인 자산 축적이라는 열매를 맛볼 수 있을 것이다. 부디 많은 독자들이 재정적 독립에 성공해 당당한 삶을 꾸렸으면 좋겠다. 《출근길 부자 수업》이 그 길에 든든한 길잡이가 되길 빈다.

백상경제연구원장 오철수

차 례

PART 2 ｜ 경제구조가 바뀐다

PART 4 | 한국경제가 바뀐다

제11강 · 길을 잃은 한국경제

제12강 · 포스트코로나, 생존의 법칙

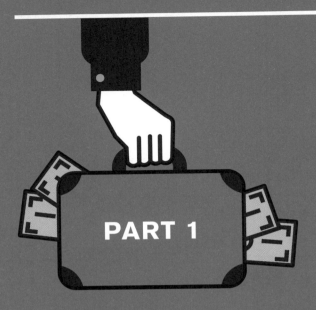

PART 1

라이프스타일이
바뀐다

언택트 사회

사무실 근무는 옛말
: 원격근무 시대

코로나바이러스감염증-19(이하 코로나19)로 인해 타인과의 접촉을 꺼리는 일이 보편화되면서 직장과 학교, 쇼핑몰 등 삶의 모든 영역에서 일명 '언택트untact'가 급부상했다. 언택트란 부정의 접두어인 'un' 과 접촉을 뜻하는 'contact'의 합성어로, 우리말로는 '비대면'을 뜻하는데 실제 영어권에서는 사용하지 않는 한국식 영어다.

직장과 음식점, 학교 등에서의 코로나19 집단감염이 현실화되면서 언택트는 이제 당연히 가야만 하는 길로 여겨지고 있다. 언택트는 무엇이며, 얼굴을 마주하는 게 당연하다 여겼던 우리 일상은 어떻게 달라질까?

재택·원격근무의 간략한 역사

언택트가 가장 빠르게 파고드는 곳은 직장이다. 미국에서는 대도시권 통행으로 인한 에너지 소비와 환경오염에 대한 우려로 이미 지난 1970년대부터 재택·원격근무telework·telecommuting에 관심을 갖기 시작했다. 산업혁명으로 인해 19세기 초부터 업무 장소는 도심으로 집중됐으나, 통근 문제 등으로 인한 부작용이 나타났기 때문이다. 다만 당시에는 정보통신기술의 수준이 높지 않아 실제 재택·원격근무가 증가하기 시작한 건 1980년대다. 재택·원격근무에 대한 관심이 커지면서 1999년 미국의 재택·원격근무자는 1천960만 명, 2005년에는 2천4백만 명으로 집계됐다.

이는 유럽에서 더욱 활발하게 나타났는데, 핀란드와 같은 북유럽 국가에서는 2000년대 중반에 재택·원격근무자의 비율이 전체 근로자의 20%를 웃돌 정도로 늘었으며, 2018년에는 네덜란드(35.7%)와 스웨덴(34.7%), 아이슬란드(31.5%), 룩셈부르크(30.8%), 핀란드(30.3%) 등 30%를 넘어서는 국가들도 등장했다.

일본의 경우에는 1994년 정부가 '재택근무연구위원회'를 설립하고 주거·근린 지역에 '재택근무센터'를 설치했으며, 1997년에는 우정성이 최초로 공무원 재택근무제도를 도입하는 등 선진국들은 대체로 발 빠르게 재택·원격근무를 도입해왔다.

우리나라에 재택근무라는 용어가 처음 등장한 건 1980년대 후반이다. 처음에는 직장에서 일하지 않는 형태를 두고 안방근무·재택근무 등을 혼용했으나 현재는 '재택근무' '원격근무' 정도로 불리며 일하는 방식에 따라 의미를 구분하고 있다.

고용노동부에 따르면 정보통신기기 등을 활용해 사업장이 아닌 주거지에서 근무하면 재택근무다. 주거지와 가까운 원격근무용 사무실에 출근해 일하거나 사무실이 아닌 장소에서 모바일 기기를 이용해 근무하는 것은 각각 위성 사무실형 원격근무와 이동형 원격근무로 구분된다.

하지만 아직 국내에서는 갈 길이 멀다. 고용노동부에 따르면 2017년 기준 재택근무제를 도입한 사업체는 4.7%, 원격근무제를 도입한 사업체는 3.8%에 불과했다. 전체 사업체 중 선택근무제 등 유연근무제를 도입하겠다는 사업체는 9.6%에 불과했는데, 이들 중에서도 원격근무제와 재택근무제를 도입하겠다는 곳은 각각 4.4%와 15.9%에 그쳤다.

재택·원격근무의 장점

재택·원격근무의 가장 큰 장점은 무엇보다도 출퇴근 시간이 줄어 업무 효율성이 높아지며, 현장 업무를 신속하게 처리할 수 있고 결재 처리 시간이 단축된다는 것이다. 국토교통부와 한국교통안전공단이 2019년 한 해 동안 수집한 교통카드 사용 데이터를 바탕으로 '수도권 대중교통 이용실태'를 분석했는데 수도권에서 대중교통을 이용하는 시민들은 출근에 평균 1시간 27분을 썼으며, 2천162원을 지출한 것으로 나타났다. 한 조사에 따르면 근무 시간의 절반만 재택·원격근무를 해도 1년에 11일을 절약할 수 있다. 재택·원격근무를 도입할 경우 출퇴근에 쓰이는 시간과 비용을 대폭 절감할 수 있다는 얘기다.

재택·원격근무는 근로자의 만족도도 높이는 것으로 나타났다. 2016년 미국에서 진행된 조사에서 재택근무자들의 약 91%가 사무실에 있을 때보다 더 생산적이라고 느낀다고 답했다. 캐나다 라이프그룹Life Group의 조사에 따르면 재택근무자들은 자신들의 생산성이 10점 만점에 7.7점이라고 답했는데, 사무실에서 일하는 이들은 6.5점에 그쳤다.

재택·원격근무는 사회 전체적으로도 긍정적이다. 2017년 미국에서 시행된 한 조사에서는 당시 재택·원격근무를 하는 이들로 인해 1년 동안 도로에서 60만 대의 차를 퇴출하는 효과가 발생한 것으로 나타났다. 재택근무를 할 수 있거나 희망하는 이들까지 포함할 경우 1년 동안 퇴출당하는 차는 약 1천만 대로 증가할 것으로 추정된다. 이 같은 장점 때문에 2017년 미국 내 재택·원격근무자의 비율은 10년 전보다 115%나 늘었다. 다른 근무 형태보다 10배 이상 높은 증가율이었다.

이 밖에도 기업 입장에서는 사무실 건물이 필요하지 않아 비용을 절감할 수 있다는 장점이 있다. 일찌감치 재택·원격근무를 도입한 IBM의 경우 사무실 건물 매각을 통해 약 20억 달러의 이득을 낸 것으로 알려졌다.

한국 정부도 재택·원격근무의 도입을 늘리기 위해 각종 정책을 쏟아내고 있다. 특히 코로나19로 인해 이전보다 더 재택·원격근무를 장려하면서 시스템 구축비의 절반(최대 2천만 원 한도)을 지원하거나 설비·장비 구축에 필요한 투자 금액의 절반(최대 4천만 원 한도)에 대한 융자금을 지원하고 있다. 재택근무 등을 포함한 유연근무제를 도입·확대 시행한 중소·중견기업 사업주에게는 주 5만~10만 원을 지원하기도 한다.

재택·원격근무를 지원하는 소프트웨어

재택·원격근무를 하기 위해 가장 필요한 것은 소프트웨어 프로그램이다. 인터내셔널데이터코퍼레이션(International Data Corporation; IDC)에 따르면 원격근무 솔루션을 포함한 글로벌 통합커뮤니케이션 및 협업 시장은 2019년 7.1% 성장해 375억 1천907만 달러에 달했는데, 2023년까지 483억 2천690만 달러 규모까지 성장할 것으로 전망된다. 아직 초기 단계에 속하지만, 코로나19로 인해 재택·원격근무 수요가 늘고 있는 만큼 국내에서도 빠르게 시장이 성장할 것으로 예측된다.

가장 많이 사용되는 프로그램은 구글과 마이크로소프트 등 글로벌 IT기업들의 영상회의·원격접속 솔루션이다. 주요 솔루션으로는 구글의 '지스위트G-Suite'와 '행아웃Hangouts', 마이크로소프트의 '팀스

Teams'와 '스카이프Skype', 애플Apple의 '아이워크iWork', 시스코의 '웹엑스WebEx' 어도비의 '어도비커넥트Adobe Connect', 줌의 '줌클라우드미팅스ZOOM Cloud Meetings' 등이 있다.

이들은 코로나19로 수요가 급증했는데, 앱애니App Annie가 발표한 바에 따르면 전 세계적으로 코로나19 확산이 심각하던 2020년 2월과 3월 줌클라우드미팅스는 전 세계에서 가장 많이 다운로드된 앱이었다. 특히 3월 15~21일 미국에서 다운로드된 건수는 2019년 4/4분기 주간 평균보다 14배 증가했다. 영국(20배)과 프랑스(22배), 독일(17배), 스페인(27배), 이탈리아(55배)에서도 폭증했다. 같은 기간 행아웃미트Hangouts Meet도 영국(24배)과 미국(30배), 스페인(64배), 이탈리아(140배)에서 다운로드 건수가 급격히 늘었으며, 마이크로소프트의 팀스도 스페인(15배)과 프랑스(16배), 이탈리아(30배)에서 인기를 끌었다.

재택·원격근무에 대해 긍정적인 시선만 있는 것은 아니다. 재택·원격근무가 소속감이나 충성도, 집중도를 떨어트린다는 주장도 있다. 집에서 일할 경우 텔레비전이나 집안일, 육아 등에 관심을 기울이게 되기 때문에 업무에 쏟는 집중도가 떨어질 수밖에 없으며, 다른 직원들과의 의사소통이 줄어들기 때문에 회사 소속감도 자연스레 하락한다는 설명이다.

이 같은 이유로 재택·원격근무를 도입했다가 폐지한 기업도 있다. 1993년 원격·재택근무제를 도입한 IBM은 2009년 전 세계 173개국 38만 6천 명의 직원 중 40%가 원격근무를 하고 있다고 밝히며 이를 장려했으나, 2017년 5월 24년 만에 돌연 폐지했다. 2013년 야후도 재택·원격근무제를 폐지했으며, 뱅크오브아메리카 등도 원격근무의 규모를 대폭 줄였다.

그럼에도 코로나19는 결국 우리를 재택·원격근무로 이끌 것으로 보인다. 페이스북의 CEO 마크 저커버그는 5~10년 내 전 직원의 절반이 원격·재택근무를 하게 될 것이라고 말했으며, 트위터Twitter와 쇼피파이Shopify 등도 재택근무를 확대하겠다고 밝혔다. 국내에서도 롯데와 SK 등의 대기업, 네이버와 카카오 등의 IT기업, 우아한형제들 같은 스타트업이 재택·원격근무 비율을 늘리고 있다. 코로나19가 앞당긴 재택·원격근무로 출퇴근길 지옥철에서 시달리는 모습이 사라질 수 있을까?

치료도 집에서
: 원격의료

코로나19 때문에 다시 등장한 논의 중 하나가 원격의료다. 외출을 자제하고 타인과의 접촉을 차단하는 것이 바이러스 확산이나 감염을 막는 가장 좋은 방법이지만, 필수시설인 병원과 완전히 단절된 상태로 살아가는 건 불가능하기 때문이다.

원격의료란 의사와 환자가 멀리 떨어져 있는 상태에서 정보통신기술(Information Communication Technology; ICT)을 이용해 환자의 상태를 파악하고 진료하는 등의 의료 행위를 하는 것을 뜻한다. 집에서 의사를 만날 수 있으니 병원을 찾아가고 진료를 기다리는 과정의 수고, 코로나19 감염 걱정도 필요 없다.

원격의료의 득과 실

원격의료는 크게 3가지로 분류된다. 먼저 원격지의 의사가 멀리 떨어진 현지 의료인의 의료 과정에 참여해 의료 지식이나 기술을 자문하는 '원격자문', 둘째는 의사가 환자의 상태를 지속적으로 모니터링하고 환자가 혈압·혈당 등을 자가 측정해 주기적으로 의료기관에 전송하면 의사가 이를 토대로 관찰하고 상담하는 '원격모니터링', 셋째는 의사가 원격으로 환자의 상태를 진단하고 처방전을 발행하는 등의 진료 행위를 하는 '원격진료'다. 우리가 흔히 말하는 원격의료는 의료기관에 직접 방문하지 않고도 음성이나 화상 등을 이용해 의료진으로부터 진료를 받고 필요시 처방전까지 발급받는 과정, 즉 세 번째 경우에 속한다.

그러나 현행 국내 의료법은 원격자문만 허용하고 있으며, 의사와 환자 간의 원격모니터링과 원격진료는 허용하지 않는다. 다만 의료기관 이용이 어려운 도서벽지에 거주하는 고혈압 환자와 당뇨병 환자, 만성질환자 등을 대상으로 원격의료 시범사업을 시행하고 있다. 격오지 군부대 장병과 원양선박 선원, 교도소 등 대면진료가 어려운 곳에서도 시범사업 형태로 원격의료가 이뤄지고 있다.

국내에서 원격의료에 대한 찬반은 극명하게 갈린다. 찬성 측은 도서·산간 거주자나 노인, 장애인, 군인 등 의료기관을 방문하기 어려운 환자의 의료 사각지대를 줄일 수 있는 방법이라는 의견이다. 상시적 관리가 필요한 만성질환자 등의 상태를 지속적으로 관찰해 질병을 완화하고 다른 합병증의 발생을 예방하는 효과도 기대할 수 있다고 주장한다. 특히 고령화로 인해 의료서비스 수요가 증가하는 상황에서 원격의료는 좋은 대안이 될 수 있다는 주장이다.

반대 측은 원격진료의 특성상 촉진 등을 할 수 없기 때문에 대면진료에 비해 의료의 질이 떨어지며 안전성이 검증되지 않았다고 지적한다. 특히 대한의사협회 등의 단체는 환자들이 대형병원을 선호하는 만큼 1차 의료기관이나 지역의료기관이 붕괴해 의료체계가 대혼란을 겪을 것이라고 우려한다. 의료사고 발생 시 책임 소재가 불분명하고 원격의료에 필요한 장비 구입 등으로 환자의 부담 비용이 증가하며, 개인정보 유출 위험도 커질 것이라는 주장도 있다. 이 같은 찬반 논란 때문에 원격의료 관련 법안은 18대 국회부터 꾸준히 발의됐으나 통과되지 못하고 있다.

원격의료의 세계 현황

우리나라 정부는 코로나19 지역 집단감염이 일어나자 보건의료기본법에 근거, 의료기관의 감염 방지를 위해 2020년 2월 24일부터 한시적으로 전화상담 및 처방 등의 원격의료를 허용했다. 그 결과 5월 10일까지 약 3개월 간 3천853개 의료기관에서 26만여 건의 전화 진찰상담 등이 이뤄졌다. 이후 비대면 의료서비스를 포스트코로나 시대 개척을 위한 중점 육성 사업으로 꼽는 등 정부는 원격의료를 확대하기 위한 움직임을 보이고 있으나, 대한의사협회 등 일부 의사 단체가 원격진료를 시행할 경우 투쟁에 나서겠다며 반발하고 있어 여전히 갈 길이 멀다.

해외에서는 이미 원격의료가 활발하게 진행되고 있다. 스태티스타Statista에 따르면 세계 원격의료 시장 규모는 지난 2015년 181억 달러에서 2016년 202억 달러, 2017년 230억 달러, 2018년 265억 달러, 2019년 305억 달러로 꾸준히 성장했다. 2021년에는 412억 달러에 이를 것으로 전망된다. 이러한 성장세는 코로나19로 인해 더욱 가속화하고 있다. 선진국을 중심으로 고령화가 진행되고 있는 상황도 원격의료 성장을 부추긴다.

| 세계 원격의료 시장의 규모 |

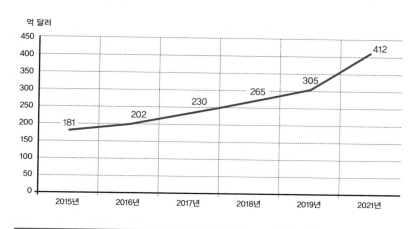

미국의 경우 1990년대부터 원격의료를 허용했으며, 전체 진료 6건 중 1건이 원격의료로 진행될 정도로 보편화하면서 2021년 원격의료 시장 규모는 30억 달러에 달할 것으로 예상된다. 시장을 주도하고 있는 기업은 텔라닥Teladoc으로, 미국 원격의료 시장의 약 70%를 차지하고 있다. 텔라닥헬스메디컬그룹Teladoc Health Medical Group이 의사와 의료서비스 제공 계약을 체결하면 텔라닥에 플랫폼 이용료를 지불하는 방식이다.

텔라닥은 기업 등으로부터 구독료를 받으며, 이 기업에 소속된 환자는 텔라닥을 이용해 약간의 자기부담금을 내고 원격의료서비스를 받는다. 텔라닥은 기업과 환자로부터 받은 수익을 텔라닥헬스메디컬그룹과 분배하고, 텔라닥헬스메디컬그룹은 이 수익을 의사와 배분한다. 2020년 기준 텔라닥의 고객기업은 1만 2천 개, 회원은 3천만 명에 달할 정도로 인기를 끌고 있다. 구독료는 1인당 약 150달러이며, 1회 진료비는 약 40달러다. 감기와 결막염, 피부질환, 정신과 질환 등 급성질환을 제외한 대부분을 진료하고 있다.

중국 정부는 2014년부터 원격의료를 허용했으며, 2015년부터 정책적으로 IT기업과 병원 간 온라인 의료서비스 플랫폼 구축을 장려했다. 바이두百度와 알리바바Alibaba, 텐센트騰訊 등 중국 인터넷기업은 이때부터 헬스케어 관련 사업에 인공지능과 빅데이터 등의 디지털 기술을 접목해 원격의료 시장에 적극적으로 뛰어들었다. 현재 중국의 원격의료는 전체 의료 비용의 10%가량(267억 위안)을 차지하고 있으나 2025년 전체의 26%까지 상승해 948억 위안 규모로 성장할 것으로 추정된다. 의료자원 부족 문제를 겪고 있는 중국에서 원격의료는 의료 수요를 분산시키고 효율성을 높이는 데 도움을 주고 있다는 평가다.

코로나19는 중국 원격의료 시장의 성장세를 더욱 키울 것으로 보인다. 코로나19 확산 직후인 춘절 기간 중 중국 주요 온라인 앱을 통해 원격진료를 받은 이용자는 하루 최대 671만 명으로, 전년 동기 대비 30% 이상 증가했다. 바이두 등의 인터넷기업도 코로나19 확산 직후부터 AI기술을 활용한 진단시스템을 개발하고 무료로 원격진료를 실시하는 등 시장 확대에 나서고 있다. 현재 시장 점유율이 가장 높은 곳은 2014년 설립된 핑안하오이성平安好医生으로, 병원 3천5백여 곳과 전략적 제휴를 통해 약 7천 명의 의사를 확보했다.

포스트코로나 시대의 원격의료

코로나19 사태가 단순히 화상·음성을 이용한 원격의료를 넘어 본격적인 스마트헬스케어 시대의 개막을 부를 것이라는 전망도 나온다. 한국과학기술기획평가원은 포스트코로나 시대의 유망기술로, 의료 빅데이터 분석을 통해 환자의 질병 유무를 판단하고 적합한 치료법을 제시하는 AI 기반 실시간 질병진단기술과 시간과 장소에 구애받지 않고 개인의 생체정보를 수집·분석해 건강 상태를 모니터링하는 기술을 꼽았다.

코로나19는 우리 일상을 완전히 바꿔놓았다. 간단한 진료를 받아야 할 때도 감염 위험을 감수해야 하고, 만성질환자의 경우 정기적인 병원 방문이 필수지만 코로나19 감염률이 높은 탓에 병원 방문이 생명을 위협하는 일이 되어버렸다. 갑작스러운 발열이나 통증이 있을 때도 코로나19에 걸리지 않았다는 사실을 먼저 입증해야 하니 사실 누구에게나 병원의 문턱이 높아졌다고 해도 과언이 아니다.

국내에서도 원격의료와 관련한 논의가 있었고 시범사업도 실시됐으나 이해당사자들 간의 이견을 좁히지 못한 채 수년째 제자리걸음만 하고 있다. 한국이 제자리를 답보하는 동안 미국과 중국 등은 이미 거대 규모의 원격의료시장을 형성했다. 기술 발전 속도도 빨라지고 있다. 자칫 더 길어질 수 있는 코로나19 사태도 감안해야겠지만, 원격의료는 기본적으로 국민의 건강과 의료서비스 확대, 스마트헬스케어라는 신산업 형성 등의 복합적인 사안이 연결된 분야다. 이제라도 진지한 논의를 시작해야 하지 않을까.

학생이 사라진 교실
: 원격교육

코로나19로 가장 달라진 풍경을 꼽으라면 아마 학교일 것이다. 학생들의 수다와 교사들의 강의 소리로 가득 찼던 학교의 모습은 더 이상 찾기 힘들다. 한국의 경우 상황이 안정되면서 학생 일부만 수업을 받는 순차등교 등으로 오프라인 수업을 병행하고 있지만, 학생들과 교직원들은 여전히 감염 위험에 놓여 있다. 코로나19 확진자 또는 밀접접촉자가 발생할 때마다 등교가 수시로 중단될 수 있으니 이전과 같은 수준의 학습권은 기대하기 힘들지 않을까?

원격교육이 대면교육을 완전히 대체할까?

코로나19 종식이 점점 멀어지면서 원격교육은 대면교육의 대체제로 떠오르고 있다. 원격교육이란 교수자와 학습자가 대면하지 않고 인터넷이나 방송 등을 통해 원격으로 수업하는 것을 뜻한다. 교육부는 교수-학습 활동이 서로 다른 시간 또는 공간에서 이뤄지는 수업을 원격수업으로 정의한다.

최근의 원격교육은 과거의 온라인수업과 다르다. 과거의 온라인수업이 교수자가 미리 촬영해둔 영상을 학습자가 시청하는 일방적 형태였다면, 지금의 원격교육은 교수자와 학습자는 물론 학습자들 간에도 실시간 소통이 가능하다.

원격교육의 필요성은 코로나19 이전에도 대두되고 있었다. 4차 산업혁명의 등장으로 직업교육과 재훈련이 강조되는 상황에서 대면교육보다는 비대면교육이 시간이나 비용 면에서 훨씬 효율적이다. 그런 측면에서 코로나19는 정부와 학교가 주저하던 원격교육의 도입 시기를 앞당기는 역할을 한 것으로 볼 수 있다.

원격교육의 장점은 교수자와 학습자 간의 일대일 소통이 가능하다는 점이다. 물리적으로 모두 한 공간에 있을 경우 교사 한 명이 여러 학생과 동시에 대화를 나누기가 어려운데, 원격교육에서는 한 명의 교사가 모든 학생과 소통하는 효과를 낸다. 특히 교실에서는 조용히 해야 한다거나 다른 학생의 눈치를 보는 등의 이유로 발언을 꺼리던 학생들도 활발하게 소통에 참여할 수 있다. 시공간의 제약 없이 수업을 들을 수 있다는 점도 긍정적이다. 학교를 가기 위해 수십 킬로미터를 걸어야 하는 개발도상국에서는 교육 격차를 줄일 수 있는 좋은 대안이다.

코로나19로 학교에 가지 못하는 상황을 오히려 긍정적으로 이용하는 발상의 전환도 가능하다. 세탁과 청소, 요리 등 집에서 아이들이 할 수 있는 활동을 학습과 연결하는 것은 어떨까? 교과목 공부에만 집중하느라 놓쳤던 것들을 학생들로 하여금 직접 겪어보게 만드는 기회가 될 수도 있다. 주입식 교육에 익숙한 학생들에게 자기주도 학습 역량을 쌓게 만드는 기회도 된다. 쌍방향 실시간 수업이 아닌 경우에는 학생 스스로 매일 시간표를 재구성하고 학습해야 하기 때문이다.

원격수업은 누구에게나 평등할까?

원격교육에 단점이 없는 것은 아니다. 가장 큰 문제는 가정형편에 따라 학생들 간의 교육격차가 더욱 커진다는 점이다. 2020년 5월 둘째 주 기준, 시카고 교육청이 660여 개 학교의 학생 29만4천 명을 대상으로 조사한 결과 원격수업에 주 3일 이상 참여한 학생은 60%도 되지 않았다. 특히 취약계층인 저소득층 유색인종 학생들의 참여율이 낮았다. 전체 학생 중 23%는 원격수업 플랫폼에 전혀 접속하지 않았으며, 1%는 코로나19로 휴교령이 내려진 이후 단 한 차례도 학교

측과 연락이 닿지 않았다.

이 같은 차이는 교육 접근성이 달랐기 때문이다. 시카고 교육청은 4월부터 10만 대에 달하는 노트북과 태블릿PC를 학생들 가정에 배포했는데, 혜택을 받지 못한 최소 1만 5천6백 명은 여전히 종이 과제물을 받아 자습해야 했다. 인터넷 접근 가능 여부와 원격교육에 필요한 장비를 소유했는지 등에 따라 교육을 받을 수 있는지 없는지가 결정된 셈이다.

장비와 인터넷을 갖췄다고 해서 원격교육 접근성이 반드시 올라가는 것은 아니다. 원격교육 역시 대면교육처럼 부모의 도움이 필수적이다. 초등학교 저학년 학생들은 원격수업 플랫폼에 접속하는 것부터가 난관이기 때문이다. 대면수업의 경우 일단 학교에 보내기만 하면 강제로라도 교실에 머물며 수업을 듣지만, 원격교육의 경우 학생이 알아서 시간에 맞춰 플랫폼에 접속하고 교사의 목소리에 귀를 기울여야 한다. 이 때문에 처음 온라인 개학이 이뤄졌을 당시 '자녀 개학'이 아니라 '부모 개학'이라는 우스갯소리까지 나왔다. 맞벌이 부부나 한부모 가정의 아이들이 상대적으로 더 불리한 이유다.

교육의 미래를 그리다

이와 같은 장단점의 공존에도 불구하고 원격교육은 우리가 나아가야만 하는 길로 각광받는다. 원격교육을 넘어 에듀테크^{Edutech}로 나아가야 한다는 이야기까지 나온다. 에듀케이션education과 테크놀로지technology의 합성어인 에듀테크는 AI와 가상현실·증강현실 등 데이터와 소프트웨어 중심의 다양한 학습 도구를 활용하는 '양방향 디지털 학습 플랫폼'을 뜻한다. 단순히 교수자와 학습자가 컴퓨터 화면을 공유하는 수준의 원격학습이 아니라, AI와 가상현실·증강현실기술의 융합을 통한 실시간·소통·체감형 학습 콘텐츠를 이용하는 단계다. 코로나19로 에듀테크에 대한 수요가 급격히 늘어나면서 2018년부터 2025년까지 에듀테크 산업의 연평균 성장률은 12.3%에 달할 거라는 전망도 나오고 있다.

해외에서는 이미 에듀테크가 학교 안에 들어왔다. 미국의 가상현실·증강현실 업체인 지스페이스zSpace는 가상현실 교육기기 지스페이스스테이션zSPACE Station을 개발하고, 가상현실·증강현실 교육 콘텐츠도 만들고 있다. 지스페이스가 개발한 콘텐츠는 미국 중학교의 과학·기술·공학·수학(STEM) 교육 과정에 활용될 정도다.

이 밖에 이스라엘의 스타트업 코드몽키CodeMonkey가 개발한 게임 기반 코딩학습 플랫폼은 이스라엘 교육부 커리큘럼으로 채택돼 8세 이상 학생들의 코딩교육에 활용되고 있다. 마이크로소프트의 홀로렌즈HoloLens는 현실공간에 홀로그램을 투사하고 손동작과 음성으로 그래픽을 제어할 수 있는 디바이스를 제공하는데, 지난 2015년 출시된 이후 의대와 건축설계 업체, 미국 항공우주국 등에서 이용하고 있다. 2016년부터는 호주 캔버라 그래머스쿨에서 중고교생의 생물, 화학, 물리, 수학 수업 등에서도 쓰이고 있다.

이미 세계 여러 나라는 코로나19를 원격교육과 에듀테크 확대의 계기로 삼고 있다. 중국이 대표적이다. 코로나19 확산 직후인 2020년 2월, 중국 교육부는 IT기술을 활용한 온라인 교육 플랫폼 구축을 확대할 것이라 발표했다. 그리고 전국 초중교 국가 클라우드 학습 플랫폼을 개설, 관영 중국중앙방송을 통해 초등학생용 강의 프로그램을 방송하기 시작했다. 덕분에 2020년 3월 기준 중국의 온라인 교육 사용자 수는 4억 2천3백만 명으로 전년 대비 110.2%나 증가했다.

온라인수업에 대한 수요가 폭발적으로 늘면서 다양한 프로그램도 인기를 끌고 있다. 중국의 안면인식 기업인 상탕커지商湯科技는 학생들의 자세와 표정을 인식해 학생들이 수업에 집중하고 있는지 그렇지 않은지를 파악한다. 이 데이터를 교사에게 제공함으로써 학생별 맞춤형 교육이 가능하다는 설명이다. 바이두는 5G 통신을 통한 가상현실 실험실 구축에 나섰다. 가상현실을 활용한 스마트교실을 전국 약 4천 개 학교에 배포했으며, 온라인으로 연결된 교사와 학생이 가상현실을 통해 생생하게 수업을 진행할 수 있는 플랫폼을 제공하고 있다.

코로나19가 단기간에 종식될 것으로 전망되지 않는 만큼 우리 학교의 역할과 모습도 변화를 피할 수 없다. 공교육은 물론 사교육도 원격수업 체제를 빠르게 도입할 것으로 기대된다. 한국과학기술기획평가원은 최근 코로나19가 불러올 유망기술로 '실감형 교육을 위한 가상·혼합현실 기술' 'AI·빅데이터 기반 맞춤형 학습기술' '온라인 수업을 위한 대용량 통신기술'을 제시했다. 신기술이 적용된 교실은 어떤 모습일까?

아직도 마트에 가세요?
온라인쇼핑

온라인쇼핑 역시 코로나19와 언택트 사회 전환으로 인해 수혜를 보고 있는 영역 중 하나다. 2019년 온라인쇼핑 인구는 약 19억 2천만 명에 달하는 것으로 추정된다. 그간 성장에 한계를 보였던 온라인쇼핑은 도로망 확충과 물류 인프라의 발달로 빠른 배송과 정확한 추적이 가능해지면서 가파른 성장세를 보이고 있다. '사회적 거리두기'가 전 세계적으로 이어지면서 오프라인 마트에서 직접 물건을 구입하는 행위는 옛일이 되어가고 있다. 그만큼 전자상거래는 더 영역을 넓히고 있다.

온라인 식품 거래의 증가

통계청에 따르면 코로나19가 가장 심각했던 2020년 3월 온라인쇼핑 거래액은 12조 5천825억 원이었다. 전년 동기 대비 11.8%나 증가한 수치다. 상승세는 계속되어 4월 거래액은 12조 26억 원, 5월 거래액은 12조 7천221억 원까지 늘었다.

코로나19 상황이 심각했던 해외에서는 증가율이 더 컸다. 코로나19 불안감으로 사재기 현상이 나타난 2020년 3월 12일부터 15일까지 아마존Amazon과 월마트Wal-Mart, 크로거Kroger 등의 온라인 주문은 151%, 매출은 210% 증가했다. 비교적 상황이 안정된 2020년 4월과 5월 온라인에서 지출된 금액은 각각 702억 달러와 825억 달러였는데, 이는 전통적인 4~5월 지출량보다 520억 달러나 많은 수준이었다.

특히 눈에 띄는 것은 온라인을 통한 식료품 쇼핑의 증가다. 그동안 전자상거래 시장이 폭발적으로 커지는 와중에도 식료품 산업은 전자제품이나 의류 등과 비교해 상대적으로 낮은 성장률을 보였는데, 코로나19 이후 국내는 물론 해외에서도 식료품 판매량이 유독 많이 증가했다.

국내의 경우 음·식료품은 2020년 3~5월 모두 전년 동기 대비 각각 59.4%, 43.5%, 33.1% 증가했다. 영국의 경우 코로나19 발병 전에는 온라인을 통한 식료품 구입 비율이 7%에 불과했지만, 코로나19 이후 주문이 폭증하면서 테스코 등 영국의 3대 식료품 체인점은 기존 배달량보다 30% 증가한 50만 개를 추가했다. 미국의 경우 정부가 재택대기령을 발표하기 전에 이미 아마존(US)의 식료품 매출이 23%나 증가한 상태였다. 이후에도 온라인 식료품 구매율은 2배 이상 크게 늘었다.

그동안 채소나 육류, 생선 등의 신선식품이 온라인시장에서 소외된 이유는 소비자들의 불신 때문이었다. 대개의 소비자는 신선식품은 가까운 매장에서 조금씩 자주 사야 한다고 생각하고 있었다. 전자제품의 경우는 구매처와 관계없이 같은 품질을 유지하는 데다 당장 내일 필요한 경우가 적다 보니 긴 배송 기간을 감수할 수 있었지만, 신선식품의 경우 내일 식사를 위한 경우가 대다수인 데다 배송 기간이 늘수록 신선도가 떨어질 수밖에 없는 만큼 온라인 소비를 선호할 수 없었다.

콜드체인의 등장

이런 가운데 등장한 콜드체인cold chain은 온라인시장에서 식료품의 위치를 단번에 바꿔놓았다. 콜드체인이란, 축산물과 수산물 등과 같은 식료품에서부터 의약품 등 온도에 민감한 제품의 포장·출고·배송 등 전 과정에서 균일한 저온 상태를 유지해 신선한 상태로 고객에게 도달하게 하는 시스템을 뜻한다.

국내의 경우 마켓컬리와 SSG닷컴 등이 콜드체인을 적용하며 신선식품의 새벽배송 시장에 뛰어들었는데, 최근 이 시장에 현대백화점 등 전통적인 오프라인 채널까지 진출하는 등 경쟁이 격화되고 있다. 늦은 밤에 주문하더라도 이튿날 새벽에 받을 수 있는 샛별배송 등의 초고속 배송서비스까지 등장하면서 소비자들의 구매를 더욱 자극하고 있다.

해외도 상황은 비슷하다. 중국 알리바바그룹은 2016년 신선식품 전문매장인 허마셴성盒馬鮮生에 투자해 매장 반경 3킬로미터 이내의 고객에게 30분 내 배달서비스를 제공하고 있다. 허마셴성은 물류센터와 마트를 결합한 신유통 매장이자 온라인 플랫폼으로, 고객은 애플리케이션으로 주문하고 배달받거나 오프라인 매장에서 상품을 직접 확인하고 가져가거나 배달받는 것 중 선택할 수 있다. 이 때문에 중국에서는 '3킬로미터 이내에 허마셴성이 있느냐'가 집을 고르는 중요한 기준이 된다는 말까지 나오고 있다.

허마셴성은 '재고 제로화'를 달성하기 위해 계절과 날씨, 시간, 지역 인구 등에 따라 수요를 예측하고 재고 물량을 관리하는 빅데이터 시스템을 구축했다. 신선식품의 생산지와 가공일, 유통기한을 포함해 물류 배송과 매장, 영업 유통망 등 모든 절차도 데이터로 기록한다. 덕분에 소비자가 앱을 통해 주문하면 10분 이내 출고 준비를 마치고 컨베이어벨트를 통해 배송센터로 보내지며, 배송지가 3킬로미터 이내일 경우 30분 이내 배달이 가능하다.

이 밖에 아마존도 미국, 유럽, 인도 등에서 유료 회원을 대상으로 2시간 안에 신선식품을 배송하는 '아마존 프레시'를 출시했으며, 일본도 최대 유통기업인 세븐&아이홀딩스와 이온그룹이 각각 자사 오프

라인 유통망과 온라인 사이트를 결합한 식품배송서비스를 시행하고
있다.

누구나 이용하는 온라인쇼핑

코로나19는 콜드체인 등의 새로운 기술이 있는데도 온라인쇼핑을
꺼리던 이들까지 끌어들이는 계기가 됐다. 브릭미츠클릭Brick Meets Click
에 따르면, 지난 3월 미국 내 약 4천만 가구(31%)가 온라인 식료품 배
달이나 픽업서비스를 이용했는데, 이는 2019년 8월보다 2배 이상 늘
어난 수치다. 이 기간 온라인으로 식료품을 구입한 사람의 28%는 코
로나19 때문에 처음으로 온라인 식료품 주문을 했다고 응답했다.

온라인으로 주문하고 매장 픽업서비스를 이용한 36%의 소비자는
2020년 3월에 주문량을 33% 늘렸다고 답했으며, 배송서비스를 이용
한 38%의 소비자는 3월 주문량을 37% 늘렸다고 답했다. 인스타카트
Instacart는 식료품 주문이 평소보다 10배 증가했으며, 특히 캘리포니아
와 뉴욕의 경우 20배나 증가한 것으로 조사됐다.

월마트의 경우 2020년 3월 1~20일 온라인 식료품을 주문하는 웹
사이트 방문객이 110만 명에 달했는데, 이는 2개월 전 하루 평균보다
55%나 증가한 수치다. 특히 월마트 그로서리Grocery 애플리케이션의
하루 평균 다운로드 수는 같은 해 1월과 비교해 460% 증가했다. 인
스타카트와 아마존 등 온라인 배송 및 픽업서비스의 매출은 전년 동

기 대비 최소 3분의 2 이상 증가했다. 덕분에 미국의 온라인 식료품 시장은 2018년 260억 달러에서 2023년에는 1천170억 달러에 이를 것으로 전망된다.

코로나19는 온라인쇼핑에 가장 소극적이었던 노인들도 끌어들이고 있다. 데이터 조사기관 퍼스트인사이트First Insight가 미국의 베이비붐 세대(56~74세)를 대상으로 코로나19가 쇼핑 장소나 쇼핑 방식에 영향을 미쳤는지 물은 결과, 2월 실시된 조사에서는 26%만 그렇다고 답했으나 3월에는 71%로 급증했다. 코로나19로 온라인쇼핑 사용률이 증가했다고 응답한 이도 같은 기간 8%에서 23%로 증가했다. 다른 설문조사에서도 2020년 4월 65세 이상 소비자의 온라인 식료품 지출액은 전년 동기 대비 94% 증가한 것으로 나타났다.

전자상거래의 편리함을 체험한 소비자들은 앞으로도 온라인에서 '안전하게' 쇼핑하는 쪽을 선호할 것으로 보인다. 실제로 2020년 4월 유로모니터가 실시한 설문조사에서 응답자의 과반수가 코로나19로 늘어난 온라인쇼핑 추세가 영구적으로 이어질 것이라고 답했다. 전문가들도 코로나19가 이끈 전자상거래의 상승세가 계속될 것으로 보고 있다. 존 코플랜드 어도비Adobe 부사장은 "코로나19가 비즈니스를 영원히 바꿔놓았다"며 앞으로 전자상거래 업체 간의 경쟁이 과열될 것이라고 전망했다.

사람이 없다,
무인의 일상화

언택트의 본질은 사람과 대면하지 않는 것이다. 편의점에서 음료를 사는 대신 자동판매기를 이용하는 것, 은행원을 만나는 대신 ATM을 이용하는 것, 무인발급기를 통해 등기부등본을 떼는 것도 언택트에 해당한다. 접촉 기피 대상에서 제외된 기계와 인간은 더 가까워지고 있다. 코로나19로 외출을 자제하는 상황이 벌어지고 있지만, 그렇다고 오프라인 매장을 완전히 외면할 수는 없다. 우리는 때때로 제품을 직접 눈으로 확인하고 구입하는 쪽을 선호하기 때문이다. 무인매장은 소비자가 제품을 직접 확인할 수 있으면서 점원과의 불필요한 접촉에서 벗어날 수 있다는 장점이 있다. 온·오프라인 소비의 장점이 결합된 형태다.

가속화하는 무인화 현상

사람보다 기계와의 접촉을 보다 안전하고 편하게 느끼게 되면서 기계가 사람의 자리를 대체하는 무인화 현상은 앞으로도 가속화할 것으로 보인다. 국내 패스트푸드 음식점과 식당, 카페 등에서는 키오스크kiosk 주문이 보편화된 상태다. '키오스크'는 터키 및 페르시아어에서 유래한 단어로, 원래는 옥외에 설치된 대형 천막이나 현관을 뜻한다. 현재는 물품이나 서비스를 제공하는 소규모 점포나 공공장소에 설치되는 터치스크린 방식의 무인정보 단말기를 뜻하는데, 넓은 의미에서 은행 ATM과 자판기를 포함한다.

해외의 무인화는 한층 진화된 방식으로 나타난다. 가장 눈에 띄는 점은 결제 방식이다. 키오스크조차 사라지고 그 자리를 시스템이 차지했다. '아마존 고Amazon Go'가 대표적이다. 아마존 고는 직원과 계산대가 없는 무인매장이다. 2016년 12월 미국 시애틀에 시범매장이 설치된 데 이어 현재는 시카고와 뉴욕, 샌프란시스코 등으로 영역을 넓혔다.

아마존 고의 특징은 컴퓨터 시각화와 인식센서, 딥러닝 기술 등의 AI를 기반으로 한 '저스트워크아웃Just Walk Out'이다. 이 기술을 이용할 경우 소비자가 계산원을 대면하거나 계산대에 가는 등의 결제 과정을 거치지 않아도 된다. 소비자는 스마트폰에 설치된 애플리케이션을 이용해 매장에 체크인하고, 원하는 물건을 들고 나오기만 하면 등록한 신용카드에서 자동으로 요금이 빠져나간다. 계산대 앞에 줄을 서거나 상품의 바코드를 입력할 필요도 없기 때문에 결제 시간을 크게 줄일 수 있다.

기업 입장에서도 아마존 고는 매력적이다. 수십 명의 직원이 필요한 대형마트와 달리 재고 관리를 하는 직원만 있으면 되기 때문에 인건비를 크게 절감할 수 있다. 어느 소비자가 언제 어떤 상품을 샀는지도 실시간으로 파악할 수 있어 재고 관리 비용을 줄일 수 있으며, 빅데이터를 통해 매출도 극대화할 수 있다. 여러 기업이 저스트워크아웃 기술을 도입하며 무인매장을 확대하는 이유다.

2020년 7월 아마존은 한발 더 나아가 카트에 담기만 하면 자동으로 결제되는 '아마존 대시카트Amazon Dash Cart'를 선보였다. 일반 마트의 카트와 비슷하게 생겼지만, 카트에 장착된 센서와 카메라, 알고리즘이 상품을 자동으로 감지하는 것이 특징이다. 아마존 고와 마찬가지로 애플리케이션 QR코드를 사용해 대시카트에 로그인하고 카트를 사용하면 된다. 그러면 아마존 계좌에 등록된 신용카드로 자동 결제되며, 쇼핑이 끝난 뒤 이메일로 영수증도 받을 수 있다.

중국에서는 안면인식과 셀프계산대 등을 적용하는 방식으로 무인매장을 확장하고 있다. 알리바바그룹의 허마셴셩은 다운로드한 앱을 통해 가입한 뒤 결제 수단인 알리페이와 연결하면 된다. 결제는 매장 곳곳에 설치된 셀프계산대에서 앱으로 본인의 ID를 확인한 뒤 상품의 바코드를 스캔하고 QR 결제를 진행하면 된다. 허마셴셩은 2017년 7월 상하이에 첫 매장을 세웠는데 이듬해 1백 개 매장을 오픈할 정도로 빠르게 확장하고 있다.

쑤닝그룹蘇寧雲商의 무인매장인 쑤닝BIU에서는 안면인식 결제가 가능하다. 소비자는 앱을 설치해 가입한 뒤 결제 수단을 등록해야 하며, 이후 별도의 모바일 안면인식서비스에 얼굴을 등록하고 소액 무인증 결제에 동의하면 된다. 이후 매장 출입문 앞에 설치된 안면인식 카메라가 고객을 식별해 문을 열며, 쇼핑을 마친 뒤에는 출구의 안면인식 카메라가 고객의 얼굴을 인식하는 동시에 검색대가 고객이 소지한 상품을 인식하고 문을 열어준다. 이 과정이 몇 초 만에 이뤄진다. 고객의 ID와 구매 상품 정보는 앱으로 전달돼 자동 결제된다.

중국 내 무인상점의 매출 규모와 이용자 수는 연평균 2배 이상으로 급성장하고 있다. 무인상점 거래 규모는 2017년 389억 위안에서 2022년 1조 8천105억 위안으로 연평균 115.5% 성장할 것으로 전망된다. 이용자 수는 2017년 6백만 명에서 2022년 2억 4천5백만 명으로 연평균 110.5% 성장할 것으로 전망된다.

배송 방식도 바뀐다

무인화는 로봇과 드론, 자율주행 등을 통한 방식으로 배송 영역도 침범하고 있다. 코로나19 확산 정도가 심각했을 당시 이 같은 무인배송은 소비자들의 희망이 됐다. 가장 주목받은 곳은 에스토니아의 기업 스타십테크놀로지Starship Technologies였다. 이 기업은 로봇을 이용해 물품을 지정된 위치로 배달하는 서비스를 제공하는데, 영국에 코로나19 봉쇄령이 내려졌을 당시 주문량이 크게 늘어 눈길을 끌었다.

에스토니아 현지의 마트들은 이전에도 스타십과 손잡고 로봇배송 서비스를 제공했으나, 코로나19 이후를 계기로 로봇의 숫자를 늘리는 등 투자를 아끼지 않고 있다. 가까운 거리의 배달만 가능하고 계단도 오를 수 없으며 배달 물량도 식료품 두 봉지 정도로 한계가 있지만, 코로나19 상황에서는 한 끼 식사를 마련하기에는 충분해 이 서비스는 큰 주목을 받았다.

2019년 초 자율배송시스템인 '아마존 스카우트Amazon Scout'를 선보인 아마존 역시 코로나19 이후 서비스 지역을 조지아 등 남부 지역까지 확대하고 있다. 중국에서는 전자상거래 업체 징동京东이 로봇을 통해 코로나 집중 발생 지역인 후베이성에 의료 물품을 배송하기도 했다.

자율주행 배달 트럭도 배송에 투입되고 있다. 로봇에게는 단거리·소량만 실어 나른다는 한계가 있지만, 트럭은 이 같은 단점을 상쇄할 수 있다. 영국 온라인 유통업체인 오카도Ocado는 2017년 '카고팟Cargo Pod'이라는 이름의 무인 밴을 이용한 배송을 시도했다. 운전자는 인간이 아닌 셀레늄Selenium이라는 시스템이다. 차량에 장착된 카메라와 센서를 이용해 GPS 도움 없이도 위치를 확인하고 도로를 주행할 수 있다. 각 밴은 교통량과 날씨 같은 요인에 따라 배달 경로를 최적화한다. 카고팟에 상품이 실릴 때, 상품이 배송지에 도착할 때 고객에게 통보되며 고객은 밴에 표시된 보관함을 열고 자신의 장바구니를 꺼내면 된다.

미국에서는 로봇기업 뉴로Nuro가 2019년부터 자율주행차량을 이용해 식료품과 피자 등을 배달하는 시범서비스를 제공하고 있다. 뉴로는 월마트, 도미노피자와 제휴하는 등 식료품과 음식 배달에 집중했으나 코로나19 이후 의료용품과 처방전까지 배달 영역을 확장했다.

국내의 무인화 수준은 어떨까? 먼저 대형마트를 살펴보면 이마트가 전국 점포의 78%(2020년 7월 기준)에서 7백여 대의 무인계산대를 운영한다. 롯데마트는 전국 점포의 약 41%에서 512대의 무산계산대를 활용하고 있다. 편의점의 경우 GS25는 직원이 없는 무인점포 31개(2020년 6월 말 기준)와 주간에는 직원이, 야간에는 직원이 없는 하이브리드 점포 73개를 운영하고 있다. CU는 각각 70개와 140개, 이마트24는 무인점포 56개와 하이브리드 점포 34개를 운영하고 있다.

마트의 경우 대부분 무인계산대와 캐셔를 이용한 결제를 동시에 제공하고 있어 아마존 고나 허마셴성과 같은 결제시스템과 비교할 때 무인화를 이뤘다고 말하기에는 낮은 수준이다. 편의점 역시 직원이 전혀 없다는 점에서 마트보다 진화한 형태이긴 하지만, 셀프계산대에서 직접 상품의 바코드를 체크하고 신용카드를 이용하는 등 기존의 결제 과정과 큰 차이는 없다.

다만 무인화는 양날의 검이라는 점을 기억해야 한다. 소비자 입장에서는 계산대 앞에 길게 줄을 설 필요가 없다는 생각이 먼저 드는 게 당연하다. 하지만 결제를 담당했던 그 많은 캐셔들은 어디로 갔을까? 무인화는 고용 악화를 부추길 가능성도 동시에 안고 있다.

이동의 새바람, 비히클 4.0

자율주행 전성시대

현대적 자동차 탄생의 주역이라고 하면 단연 19세기의 독일인 코틀리프 다임러와 칼 벤츠가 꼽힌다. 1880년대에 세계 최초로 내연기관으로 움직이는 자동차가 탄생하고 140년이 지난 지금, 자동차는 또 다른 혁명기를 맞고 있다. 운전자 개입 없이도 스스로 달릴 수 있는 '자율주행 자동차' 기술이 급속히 발전하고 있는 것이다.

자율주행이란 인간이 운전하지 않아도 자동차 등의 기계가 스스로 주변 환경을 인식하면서 목적지까지 운행하는 것을 뜻한다. 2000년대 들어서면서 전자·정보통신기술의 발달로 이 같은 기반 기술들이 고도화됐다. 덕분에 지난 10여 년간 자율주행차는 점차 현실화되고 있다. 특히 인공지능(AI)과 주변 환경을 감지할 수 있는 센서 기술, 차량이 스스로 위치와 경로를 파악할 수 있는 위치측위 시스템, 정밀 3차원 디지털 지도 기술이 발전했다. 자율주행차가 고속 주행 중에도 다른 차량 및 교통관제센터, 도로전자장치들과 데이터를 빠르게 주고받기 위해 필수적인 5G 이동통신서비스도 2019년 한국을 비롯한 전 세계 주요 나라에서 상용화됐다.

자율주행의 정의

자율주행의 기술적 정의는 학계나 산업계, 국가마다 다소 상이하다. 예를 들어 미국은 완전주행기술 수준을 0~4단계로 분류하는 반면 한국의 국토교통부는 1~5단계로 분류하고 있으며, 세부 분류 기준도 미국과 약간 다르다.

예를 들어 미국의 경우 도로교통안전국(NHTSA; National Highway Traffic Safety Administration)은 자율주행기술 수준을 총 다섯 단계(레벨 0~4)로 분류했다가 이후 여섯 단계(레벨 0~5)로 수정했다. 미국자동차공학회(SAE; Society of Automotive Engineers)는 애초부터 여섯 단계(레벨 0~5)로 분류했지만 세부 내용은 NHTSA와 다르다. 우리나라 국토교통부도 여섯 단계(0~5단계)로 분류하고 있으나, 분류별 세부 명칭과 기준은 미국과 다소 차이가 있다.

이 중 NHTSA 기준을 적용해 살펴보면, 레벨 0은 자동화 기능이 전무해 운전자의 조작에 완전히 의존하는 수동주행 단계다. 레벨 1은 여전히 사람이 차량을 제어하되 일부 운전보조기능이 반영된 운전자 지원 단계다. 레벨 2는 부분자동화 단계다. 자동가속과 자동조향 기능 등이 서로 연동된다. 사람은 주변 환경을 항상 주시해야 하고, 운전에 관여한다. 이른바 '반자율주행' 기술이 구현되는 수준이라고 보면 된다.

본격적인 자율주행은 레벨 3부터다. 일정한 환경에서 사람이 운전대를 완전히 놓고 가속 및 브레이크 페달에서 발을 떼더라도 차량이 스스로 방향을 바꾸고 가속·감속하거나 다른 차량을 추월할 수 있다. 교통혼잡 구간에서도 스스로 달린다. 그래서 레벨 3은 조건부자동화 단계로 정의된다. 이때 운전자는 상황을 상시 주시하면서 만약에 대비해 개입할 준비만 하고 있으면 된다.

레벨 4는 고등자율주행 단계다. 자동차가 일정한 조건 속에서 모든 주행기능을 스스로 수행한다. 운전자는 운전 상황을 주시할 필요도 없다. 레벨 5는 완전자율주행 단계다. 자동차가 모든 조건 속에서 모든 주행기능을 스스로 수행한다. 사람은 그냥 승객이 되는 셈이다. 레벨 4~5에서는 운전자가 원하면 직접 운전할 수 있지만, 안 해도 그만이다.

현대자동차를 비롯해 국내외 주요 자동차제조사들이 상용화한 자율주행 기능은 2020년 현재까지는 대부분 2단계 수준을 넘어 3단계에 근접해가고 있다. 미국 테슬라Tesla가 차선자동변경 등의 기능을 갖춘 '오토파일럿' 기술로 3단계 자율주행차를 내놓았다고 주장하지만 아직 완벽한 3단계 기술이라고 보기 어렵다는 평가도 많다.

자율주행차가 달려온 길

스스로 움직이는 차량을 개발하려는 시도의 역사는 최소 5백여 년 전으로 거슬러 올라간다. 1482년 무렵 레오나르도 다 빈치는 일종의 스프링 탄성력을 추진력 삼아 미리 설정된 코스를 자동으로 달리는 3륜식 차량을 고안해 설계 도면으로 남겼다.

현대에 들어선 1920~1960년대 기간 중 서구권을 중심으로 다양한 방식의 자율주행 자동차 개발 시도가 있었다. 특히 1939년 미국 제너럴모터스의 후원으로 열린 미래도시전시회 '퓨처라마Futurama'에서는 산업디자인 전문가 노르만 벨 기드Norman Bel Geddes가 고속도로 위를 스스로 달리는 자동차의 개념을 선보였다. 자성을 띤 금속막대를 일정 간격으로 도로에 박아놓고 해당 막대에서 전자기 신호를 발생하면 자동차가 그 신호의 유도를 받아 자동으로 주행하는 방식이었다. 그로부터 17년이 지난 1956년 GM은 기드의 아이디어를 적용한 컨셉트카 '파이어버드II'를 완성해 자율주행을 시연했다.

일본에서는 1977년 쓰쿠바기계공학연구소가 최대 시속 20마일(약 32킬로미터)로 자율주행하는 차량을 개발했다. 2대의 카메라와 컴퓨터가 탑재됐는데 도로 위에 흰색으로 칠해진 표시를 감지하면서 자율주행할 수 있었다. 9년 뒤인 1986년 유럽에서는 한층 진화된 자율주행차가 나왔다. 독일의 에른스트 디크만Ernst Dieckmann 교수가 공개한 자율주행 승합차 '바모스VaMoRs'다. 차량 앞뒤에 여러 대의 카메라를 장착하고 승합차 내부 공간에 카메라의 영상신호 등을 처리할 대

1939년 퓨처라마 전시회에서 첨단미래도시의 축소모형을 구경하는 관객들

규모 컴퓨터시스템이 갖춰졌다. 바모스는 1987년에 독일 고속도로인 아우토반에서 시속 60마일(약 97킬로미터)로 20킬로미터 이상의 거리를 자율주행하는 기록을 세웠다.

곧이어 현대적 자율주행차의 기본 요소가 종합적으로 개발되는 전기가 마련된다. 다임러벤츠 등 유럽의 주요 자동차기업들이 후원한 '유레카 프로메테우스 프로젝트'를 통해서다. 이 프로젝트도 디크만 교수가 주도했다. 1987~1995년의 사업 기간 동안 총 7억 4천9백만 유로가 투자됐다. 이를 통해 자율주행을 위한 기반 기술인 AI기술과 차량 간 통신기술, 차량 및 도로인프라 간 통신기술 등의 기틀이 잡혔다. 해당 기술들이 적용돼 자율주행차 'VaMP'와 'VITA-2'가 만들어졌는데 1994년 최고 시속 130킬로미터로 1천 킬로미터 이상의 거리를 주행하는 대기록을 세웠다.

얼마 지나지 않아 미국이 유럽의 연구 성과를 추월했다. 카네기멜론대학교의 로보틱스연구소가 고성능 자율주행차 '네브랩Navlab' 시리즈를 개발하는 데 성공한 것이다. 네브랩 5호는 1995년 피츠버그에서부터 캘리포니아에 이르는 대륙횡단 코스를 평균 시속 102.7킬로미터로 달렸다. 당시 총 주행거리는 4천501킬로미터였으며 이 중 약 98%를 자율주행했다.

2000년대 들어서자 GM과 메르세데스-벤츠, 아우디, 포드, 토요타, BMW, 폭스바겐, 현대자동차 등 주요 자동차제조사들이 상용 자율주행차 개발 경쟁에 본격적으로 뛰어들었다. 소형화된 고성능 컴퓨터와 주변 환경 감지센서(라이더, 레이더, 카메라 등), 통신기술 및 GPS시스템 등이 2000년대 들어 비약적으로 발전하면서 자율주행 자동차 상용화의 기반이 마련된 것이다.

완전자율주행 자동차의 꿈을 향해

2010년 전후에는 자율주행차 경쟁 구도에 지각변동이 일어났다. 구글과 신흥 전기차 기업 테슬라가 뛰어들어 기존의 세계적 자동차 제조사들을 추월했다. 구글은 2009년 자율주행차 개발에 돌입한 뒤 불과 5년 만에 프로토타입 자율주행차를 완성해 공개하면서 주목을 받았다. 구글은 수십 대의 프로토타입차로 자율주행 시험을 진행해 2016년 누적 자율주행 거리 2백만 마일(약 322만 킬로미터) 돌파, 2018

자율주행 택시 '웨이모원'

년 1천만 마일(약 1천609만 킬로미터) 돌파라는 기록을 남겼다. 구글은 이 같은 성과에 자신감을 얻어 2016년 자율주행차 부문을 웨이모 Waymo라는 독립법인 자회사로 분사시켰다. 웨이모는 2018년 미국 애리조나주 피닉스에서 스마트폰으로 호출하는 자율주행 택시서비스인 '웨이모원Waymo One'을 개시해 자율주행 기반의 대중교통서비스 상용화 시대를 열었다.

그사이 테슬라도 경쟁에 뛰어들었다. CEO인 일론 머스크Elon Musk가 2013년 5월 8일 구글과 자율주행차에 대해 논의하면서 대외적으로 자율주행차 개발 의지를 공식화했다. 머스크는 '자율주행(혹은 셀프-드라이빙)'이 아니라 '오토파일럿Autopilot'이라는 용어를 썼다. 그럼으로써 테슬라의 자율주행 기술이 경쟁사와 차별화됐다는 인식을 심으려 한 것으로 분석된다. 하지만 실제로 테슬라나 구글, 다른 주요 자동차제조사들의 자율주행기술 수준 차이는 아직 근소하다는 게 분야 연구자들의 대체적인 견해다.

실제로 머스크는 2017년까지 완전자율주행차를 내놓을 것이라 선언했지만, 2020년 상반기까지도 이 약속은 실현되지 못했다. 다른 자동차 제조사들도 아직 완전자율주행차를 출시하진 못했다.

이르면 2020년대 후반부터 우리나라를 비롯해 주요국에서 고등자율주행이나 완전자율주행 기술이 점차 실용화될 것으로 전망된다. 우리 정부도 2027년까지는 전국 주요 도로에 4단계 자율주행(국토교통부 자율주행 분류 기준) 기반을 갖춰 세계 최초로 완전자율주행을 상용화하겠다는 목표를 세우고 있다. 이런 목표가 실현된다면 자율주행차 후발국인 한국이 전 세계 선도 그룹에 진입하게 될 것으로 기대된다.

이런 가운데 한국의 네이버, 미국의 애플 및 아마존, 중국의 바이두, 일본의 소니 등 전자·정보기술 기업들도 자율주행기술 개발에 박차를 가하고 있어 자동차 제조사들과 영역을 뛰어넘는 기술융합 및 경쟁이 이뤄질 전망이다.

교통체증이여, 안녕
: 도심항공택시 UAM

2025년 어느 날 해외 출장차 김포국제공항에 도착한 김을갑 씨는 아차 싶었다. 서울 잠실에 있는 직장의 책상 위에 여권과 서류를 두고 온 것이다. 출국 시간은 2시간 정도 남은 상태. 김을갑 씨는 회사 동료에게 전화를 걸어 급히 여권 등을 가지고 와달라고 부탁했다. 도로가 막힐 시간이라 곧바로 차를 몰고 와도 1시간이 넘게 걸리는 거리였다. 티켓을 끊고 출국 수속을 하기에도 빠듯한 시간이다. 그런데 불과 10여 분 만에 동료가 공항에 도착했다. 김을갑 씨가 "날아오기라도 했느냐"며 의아해했다. 동료는 "어떻게 알았느냐"고 웃음 지었다. 농담이 아니라 동료는 말 그대로 날아왔다. 하늘을 나는 드론택시 덕분이었다.

서울 하늘을 더 빠르게

앞의 이야기는 먼 미래의 풍경이 아니다. 정부가 실제로 실현하겠다고 공개한 청사진이다. 정부가 2020년 6월 발표한 '한국형 도심항공교통(K-UAM) 로드맵'이다. 시민들이 도시에서 드론을 타고 도심 주변의 근거리를 날아 이동할 수 있도록 하겠다는 것이다. 주무부처인 국토교통부 등은 이를 통해 "2025년 교통체증 없는 도심 하늘길이 열린다"고 공언했다.

차량으로 1시간 정도 걸리는 30~50킬로미터의 도시권역 내 거리를 20분 만에 주파할 수 있도록 교통혁명을 일으키겠다는 내용이다. 정부의 시뮬레이션 예시를 보면, 도심항공교통편을 이용할 경우 김포공항에서 잠실까지 불과 12분이면 날아서 도착하는 것으로 되어 있다.

이런 일이 언제 실현될까? 일단 2024년까지 시험 및 실증을 거쳐 2025~2029년에 일부 노선부터 상용화하고 도심 안팎에 거점을 마련하겠다는 게 정부의 계획이다. 국토교통부는 이후 2030~2035년에는 비행 노선을 확대하고, 2035년 이후부터 본격적으로 서비스를 보편화할 뿐 아니라 도시 간 이동도 확대하기로 했다.

정부안을 보면 우선적으로 시범 운행될 실증노선은 3개다. 이 중 첫째 노선은 인천공항에서 수도권 남부권으로 돌아 서울 강남권에 이르도록 설계되고 있다. 해당 노선의 주요 거점을 추정해보면 '인천공항-영종도-인천 청라지구 남측-인천 서창나들목 인근-시흥 나들목 인근-안양 평촌 인근-과천 양재IC 인근-서울 서초구 양재동 인근-서울 강남구 대치동·일원동 인근-서울 송파구 잠실 일대-서울 강남구 삼성동 인근'으로 예상된다.

둘째 실증노선은 김포공항에서부터 서울 한강변을 동서로 관통하는 것이다. 해당 노선의 주요 거점은 '김포공항-한강 행주대교 인근-한강 동작대교 인근-한강 동호대교 인근-한강 영동대교 북단 인근-서울 송파구 잠실 일대'가 될 것으로 보인다.

셋째 실증노선은 서울 4대문권역과 강남권을 남북으로 잇는다. 따라서 주요 거점은 '서울 동대문구 청량리역 및 제기역 일대-서울 성동구 서울숲 인근-서울 송파구 잠실 인근'이 될 것으로 전망된다.

한강헬기서비스의 반면교사

사실 UAM 도입 시도는 과거에도 있었다. 헬리콥터도 넓은 의미에서는 도심항공교통으로 분류되는데, 서울에서 지난 2013년 민자사업 형식으로 한강헬기서비스가 도입됐다. 그러나 대중화에는 실패했다. 요금이 1인당 약 10~20만 원 수준으로 높은 편이고, 일상 교통편이나 비즈니스 용도보다는 주로 관광서비스 차원에서 진행됐기 때문에 수요가 제한적이었다. 비행 시 소음이 심하고 화석연료를 기반으로 해 대기오염을 심화한다는 점도 한계로 작용했다.

K-UAM은 이 같은 단점을 극복하기 위해 전기나 수소에너지를

동력원으로 사용하고, 소음저감기술을 적용한다. 또 저렴하고 다양한 운행 노선으로 대중화 실현을 목표로 삼고 있다. 국토교통부는 K-UAM 운임에 대해 초기엔 모범택시 수준이 될 것으로 내다봤다. 여의도~인천공항 정도의 거리인 40킬로미터 비행 시 같은 구간의 모범택시 운임 수준인 11만 원 정도가 과금될 수 있다는 것이다. 이후 요금이 점차 낮아져 2035년 인간 승무원 없이 승객만 타고 날아다니는 자율비행 드론이 도입되면 일반 택시요금(40킬로미터 비행 시 약 2만 원) 수준이 될 수 있다고 정부 관계자는 설명했다.

UAM은 일반적으로 활주로를 확보하기 어려운 도시에서도 뜨고 내릴 수 있는 소형 항공교통수단을 뜻한다. 따라서 헬리콥터도 넓은 의미에서는 UAM으로 간주되지만, 앞서 언급한 한강헬기서비스처럼 한계가 뚜렷하다.

군사용에서 시작한 수직이착륙

최근 이슈가 되는 UAM은 기존의 헬기가 아닌 전기나 수소에너지로 움직이는 수직이착륙형(eVTOL) 드론이다. K-UAM도 eVTOL 방식의 드론이 될 것으로 보인다. 원래 수직이착륙(VTOL) 방식은 군사 용도로 개발됐다. 좁은 군함 갑판 위에서 활주로 없이 날아오를 수 있는 전투기 등을 만들기 위한 기술이었다.

구체적인 개발 시도는 제2차 세계대전 무렵부터 시작됐지만 독일,

미국, 소련 모두 기술적 한계로 실전 배치에 이르진 못했다. 1960년 대 말에 들어서야 영국이 제트엔진 기반의 수직이착륙 전투기 '해리어' 개발에 성공해 실전 배치했다. 해리어는 제트엔진의 분출구 노즐이 지면을 향하도록 조정해 수직으로 이착륙하며 비행 시에는 일반적인 제트기처럼 분출구 노즐을 수평으로 전환한다.

이처럼 제트엔진의 분사 방향을 수직, 수평으로 바꿀 수 있는 방식을 '틸트제트Tiltjet' 방식이라고 한다. 틸트제트 방식은 제트엔진의 구조적 복잡성으로 인해 제작 단가가 높고, 정비 난이도가 높으며, 연료 소비효율이 매우 낮아 민수용 항공교통편으로 적용하는 데는 한계를 보였다.

한계 극복의 돌파구는 미국 항공사 벨헬리콥터Bell Helicopter가 열었다. 가스터빈으로 프로펠러를 돌려 비행하는 터보프로펠러(터보프롭) 엔진 기반의 VTOL을 개발한 것이다. 이착륙할 때는 두 날개에 장착된 터보프롭엔진을 수직으로 세워 마치 헬리콥터처럼 움직인다. 고속 비행 시에는 일반 항공기처럼 터보프롭엔진을 수평 방향으로 전환해 빠르게 난다. 이를 '틸트로터Tiltroter' 방식이라고 한다.

벨헬리콥터는 틸트로터 방식을 기반으로 실험기를 개발해 1977년 비행에 성공했고, 1980년대부터 미 공군 및 해병대용 수직이착륙 수송기 'V-22 오스프리Osprey'를 개발하기 시작해 2007년 실전 배치 성과를 이뤘다.

틸트로터 기술은 민간수송기 개발에도 운용되는 추세다. 특히 틸트로터 무인기의 경우 미국에 이어 우리나라가 세계 두 번째로 개발에

틸트로터 수송기 V-22 오스프리

성공했다. 한국항공우주연구원이 지난 2002년부터 10년의 연구 끝에 개발한 'TR-100'이다. 이를 실용화한 'TR-60'과 두 날개에 총 4개의 로터를 단 쿼드틸트프롭 무인기 개발도 성공했다. 항우연은 이렇게 확보한 틸트로터 기술을 기반으로 승객이나 화물을 나를 수 있는 유무인 겸용 개인항공기를 개발하고 있다.

　국내 기업 중에는 현대자동차와 한화가 2019년부터 UAM 개발에 뛰어들었다. 현대차는 항공우주연구원의 틸트로터 항공기 기술을 이전받아 개발 중이다. 이르면 2023년에 시제품을 생산한 뒤 2028년부터 본격적인 상용제품 출시에 나설 전망이다. 현대차 관계자는 양산에 성공할 경우 대당 판매 가격은 2억 원 안팎까지 낮출 것이라고 귀띔했다. 이 정도 시판 가격이면 고급 대형승합차보다 약간 더 높은 수준이므로 대량으로 운행 시 낮은 운임으로 승객이나 화물을 이동시킬 수 있을 것으로 기대된다.

우리나라 UAM 개발의 시작은 미국, 유럽보다 2년 정도 늦었지만 빠르게 격차를 좁히고 있다. 향후 약 10년 내에 자동차산업에 이어 도심용 항공기산업 시장에서도 한류바람이 불 것으로 기대된다.

씽씽이의 이동혁명
: 마이크로 모빌리티

1천101미터.

서울교통공사가 관리하는 지하철의 역 간 평균 거리다. 성인 평균
도보 속도인 시속 4킬로미터를 기준으로 하면 평균 15분 정도 거리
마다 지하철역이 하나씩 있는 셈이다. 이처럼 조밀한 대중교통 서비
스로도 해결하기 애매한 부분이 있다. 2~3킬로미터 정도 떨어진 지
점까지 오갈 수 있는 근거리 이동 분야다. 이런 틈새시장에서 떠오르
는 아이템이 있다. 근거리 이동의 혁신 주자로 꼽히는 '마이크로모빌
리티micro mobility'다.

누구나 쉽게 이용할 수 있는 교통서비스

마이크로모빌리티의 정확한 한국식 표현은 통일되지 않았지만 대략 '개인용 소형 이동수단' 정도로 이해할 수 있다. 일반적으로 전기모터를 동력원으로 삼아 움직이는 중량 5백 킬로그램 미만의 1~2인승 이동수단을 통칭한다. 제조사마다 차이는 있지만 현재 판매 중인 제품들은 대체로 8~10킬로미터 이내의 거리를 주행할 수 있도록 만들어졌다.

흔히 '전동 씽씽이'로 불리는 전동스쿠터나 전기자전거, 전동스케이트보드 등이 마이크로모빌리티로 분류된다. 그중에서도 가장 인기아이템으로 떠오르는 상품이 바로 전동스쿠터다. 전기자전거보다 조작이 간편하고 가벼워 여성이나 청소년도 쉽게 탈 수 있다.

지난 3년 사이 마이크로모빌리티 시장 팽창의 도화선이 된 것은 '공유경제서비스'였다. 고객들에게 이용료를 받고 전동스쿠터, 전기자전거 등을 빌려주는 마이크로모빌리티 공유서비스 기업들이 미국, 중국 등에서 등장한 것이다. 그중 대표주자는 미국의 버드Bird, 뉴트론홀딩스Neutron Holdings, 스핀Spin이다. 스핀은 2018년 11월 미국 자동차제조사 포드에 인수됐다. 인수될 당시 스핀의 기업가치는 10억 달러에 근접한 것으로 추정됐다.

이들 세 회사 모두 스마트폰 애플리케이션 기반의 전동스쿠터 공유서비스를 제공하고 있다. 고객은 각 사가 제공하는 앱으로 근처의 전동스쿠터를 찾아 빌려 쓸 수 있다. 대여요금은 회사마다 약간씩 차이가 있지만 기본요금 1달러에 시간당 이용요금 15센트 수준. 업체에 따라 월 20달러대의 월정액 형태로 대여해주는 경우도 있다.

이용을 마친 전동스쿠터는 고객이 아무 곳에나 주차해 놓으면 서비스업체가 찾아가 수거한다. 수거 비용은 서비스업체가 정한 일정 지역 내에서라면 무료다. 해당 지역을 벗어난 곳에 주차했을 경우에는 일정 비용이 부과된다. 이처럼 정해진 주차공간이나 거치대 없이 아무 곳에서나 고객이 타고 주차해놓을 수 있도록 하는 서비스 형태를 '도크리스dockless' 마이크로모빌리티 서비스라고 한다. 고객이 직접 반납하러 정해진 거치대나 주차공간으로 이동해야 하는 불편함이 없어 편리하다.

저렴한 투자금에 빠른 회수율

마이크로모빌리티 공유서비스는 미국보다 중국에서 먼저 확산됐다. 특히 자전거 공유서비스가 대세로 부상했다. 중국의 기업 '오포Ofo'와 '모바이크Mobike'는 시민이 스마트폰 앱을 통해 가까운 자전거를 찾아 쓴 뒤 아무 곳에나 주차해두면 되는 도크리스형 자전거 공유서비스를 내놓았다.

오포는 2014년 베이징대학교 자전거동호회 회원 5명이 창업한 회사다. 이들은 원래 자전거여행 관련 서비스를 하려고 회사를 차렸는데, 대학 동문들로부터 모금한 자금을 기반으로 약 2천 대의 자전거를 확보해 2015년부터 자전거 공유서비스에 나섰다. 서비스의 인기가 높아지자 샤오미Xiaomi, 디디추싱滴滴出行, 알리바바 등으로부터 대규모 투자를 받았다. 그러나 단기간에 공격적으로 사업을 확장하면서 운영비 부담이 커졌다. 그 결과 2018년 7월 해외 주요 지역에서 서비스 중단을 선언하기에 이르렀다. 2018년 8월에는 디디추싱 등으로의 매각도 불발됐다.

2015년 출범한 모바이크는 언론인 출신 후웨이웨이胡瑋炜가 창업한 회사다. 미국계 자동차공유서비스 기업 우버Uber의 중국 상하이 지사장이던 왕시아오펑이 공동창업자로 뛰어들어 모바이크의 CEO를 맡았다. 모바이크는 중국 대형 IT기업인 텐센트 등으로부터 투자 유치에 성공하면서 창업 후 약 2년여 만에 기업가치를 30억 달러대로 끌

세계 주요 도시에서 볼 수 있는 모바이크

어울렸다.

모바이크는 공유서비스 목적에 적합한 자전거 모델을 직접 개발해 전 세계 주요 도시에서 운영 중이다. 한때 아시아 주요국뿐 아니라 미주, 유럽 등 전 세계 2백여 개 도시에 진출할 정도로 공격적으로 사업을 확장했으나 근래 사정은 좋지 않다. 우선 내수시장인 중국 내 자전거 보급 과잉으로 입지가 좁아졌다. 해외에서는 워싱턴DC, 싱가포르, 영국 맨체스터 및 뉴캐슬 등에서 사업을 철수했다.

마이크로모빌리티 대중화의 도화선이 된 중국의 공유서비스 기업들이 성장 갈림길에 직면했지만 세계적인 시장 전망은 여전히 밝다. 경영컨설팅기업 맥킨지&컴퍼니가 발표한 보고서에 따르면 마이크로모빌리티 분야의 창업 초기 기업(스타트업) 주주들이 2015년 이후 투자한 자금은 57조 원을 넘어섰는데 그중 85%가 중국을 겨냥했다.

불과 수년 만에 기업가치가 10억 달러를 넘어서는 마이크로모빌리티 스타트업도 나타났다. 자동차공유서비스를 하려면 대당 최소 수천만 원대에 달하는 자동차를 구입해야 하므로 초기자금 부담이 크며 손익분기점을 넘어서기까지 오랜 시간이 걸린다. 반면 전동스쿠터나 전기자전거의 가격은 보통 수십만 원대여서 상대적으로 초기자본투자 부담이 적은 편이다. 따라서 맥킨지 보고서는 전동스쿠터를 기반으로 한 공유서비스 스타트업이 4개월이면 손익분기점을 넘어설 수 있다고 소개했다.

현실과 제도의 간극을 넘어서라

전 세계 인구의 4분의 1 이상은 1백만 명 이상이 거주하는 대도시에 살고 있다. 이들 도시의 자동차도로 평균 통행속도는 시속 15킬로미터 이하에 그친다. 이러한 상황에서 맥킨지 보고서는 마이크로 모빌리티가 8킬로미터 이내의 이동 수요를 포괄할 수 있다고 내다봤다. 이는 현재 중국, 유럽연합, 미국에서 교통편을 탑승하는 인원의 50~60%에 달한다.

예를 들어 차량을 통한 이동 중 약 60%가 8킬로미터 이하의 이동이었다. 맥킨지는 마이크로모빌리티가 퍼스트마일과 라스트마일 간의 차이를 메울 뿐 아니라 대중교통의 20% 정도를 커버할 수 있다고 본다. 다만 맥킨지 보고서는 이 같은 이론적인 시장 중 8~15%만을 공유형 마이크로모빌리티가 점유할 수 있을 것으로 분석했다. 날씨와 연령 적합성, 교외 지역에서의 적은 사용, 공간적 제약 등 때문이다. 이를 기반으로 2030년 미국의 잠재시장 규모는 약 2~3천억 달러로 추정됐다. 유럽 시장은 약 1천~1천5백억 달러, 중국의 경우 3~5백억 달러 규모로 예상됐다.

이처럼 시장성장 잠재력이 예상되자 현대자동차, BMW, 제너럴모터스 등 세계적 자동차제조사들도 마이크로모빌리티 기술 개발 및 유관 서비스 비즈니스 연구에 나서고 있다. 자동차회사들이 구상하는 마이크로모빌리티는 주로 휴대용 전동스쿠터 형태인데, 자사가 제작한 차량에 탑재해 싣고 다니다가 차량이 진입하기 힘든 구간이나 애매한 단거리 구간에서 운전자가 전동스쿠터 등을 꺼내 탈 수 있도록 하는 방식이다. 특히 현대자동차의 경우 실외뿐 아니라 공항 등 대형 건물 실내에서도 운행할 수 있는 마이크로모빌리티도 구상하고 있다.

이처럼 기술과 서비스는 빠른 속도로 발전하고 있지만 문제는 이를 뒷받침할 사회적·행정적 제도 등이 미비하다는 것이다. 현재 우리나라에는 마이크로모빌리티를 포괄하는 명확한 법적 개념과 제도가 정립돼 있지 않다. 전동자전거나 전동스쿠터 등 개별 품목에 따라 각각 제품안전 등에 대한 품질기준이 마련된 정도이며, 통행과 관련해서도 품목별로 제각각이다. 근래에 도로교통법 개정 등을 통해 전동스쿠터에 대한 면허 적용 여부, 통행 원칙 등이 일부 규정됐으나 여전히 마이크로모빌리티 전반을 포괄하는 일원화된 제도 정비는 요원하다. 국제적으로도 마이크로모빌리티에 대한 도로교통법, 품질안전기준 등이 표준화되지 않아 관련 제품 및 서비스산업 성장의 걸림돌이 되고 있다.

서울에서 부산까지 30분
: 진공열차 캡슐트레인

2030년대 초 부산에 사는 박보배 씨는 우편함에 꽂혀 있는 전단지를 보고 실소했다. "서울 도심까지 15분이면 출근 …… 초역세권 주상복합아파트가 부산에 들어선다"라는 문구가 적힌 아파트 광고지였다. 박 씨는 "부산공항에서 비행기를 타고 가도 김포공항까지 40분은 걸리는데 15분에 서울 도심 출근이라니 허위광고네"라며 광고지를 휴지통에 버렸다. 몇 시간 뒤 텔레비전 뉴스를 시청하던 그는 허둥지둥 휴지통에서 전단지를 꺼내 모델하우스 전화번호를 저장했다. 뉴스에서 "정부가 음속에 가까운 속도로 달리는 신개념 열차 개발에 성공했다"며 "약 10년 내 완공을 목표로 서울, 세종시, 부산 등 주요 거점도시를 잇는 사업이 추진된다"는 소식을 전한 것이다.

진공튜브 속을 달리는 자기부상열차

앞의 이야기는 가까운 미래에 교통기술의 혁명이 가져올 우리 삶의 변화를 예상해본 것이다. 실제로 2030년대에 우리 눈으로 직접 확인할 가능성이 큰 모습이다. 거의 진공에 가까운 튜브 모양의 터널 속을 음속에 가까운 빠르기로 달리는 열차가 우리나라에서 개발되고 있기 때문이다. 열차명은 '캡슐트레인capsule train'. 열차 형상이 캡슐을 닮아 붙여진 명칭이다.

캡슐트레인이 달리는 터널 속은 대기압의 1천 분의 1 수준인 0.1 기압을 유지한다. 열차가 공기 마찰 없이 초고속으로 달릴 수 있도록 진공에 가까운 환경을 조성하는 것이다. 열차 추진력은 자기부상 방식을 통해 발생시킨다. 주행 터널에 일종의 초전도 방식 전자석을 설치해 자기력을 일으켜 열차를 띄운 채 달리게 만드는 것이다. 한마디로 진공 속을 달리는 자기부상열차라고 이해하면 된다. 최대 목표 속도는 시속 1천~1천2백 킬로미터. 약 3~4초에 1킬로미터를 주파하는 것이므로 전국을 15~20분 안에 주파할 수 있다.

캡슐트레인의 개념 형상을 보면, 열차는 1량짜리 객차로 구성돼 있다. 객차당 탑승 가능 인원은 20~30명 정도로 전망된다. 이런 1량짜리 객차를 노선별로 몇 분마다 연속적으로 배치해 운행할지, 아니면 여러 대의 객차를 붙여 운행할지는 운행 개념이 더 구체적으로 연구되어야 윤곽이 드러날 것으로 보인다.

캡슐트레인 연구·개발 사업은 지난 2017년 7개 주요 공공기관의 공동프로젝트 형태로 공식 개시됐다. 7개 기관은 한국철도기술연구원, 한국건설기술연구원, 한국기계연구원, 한국교통연구원, 한국전자통신연구원, 한국전기연구원 등 6개 정부출연 연구기관과 울산과학기술원이다. 이르면 2020년대 중반까지 캡슐트레인의 주요 부품 및 기술을 국산화하고, 이를 바탕으로 2030년대에는 시범 노선을 구축하겠다는 게 관계 기관들의 구상이다.

7개 기관 중 해당 프로젝트를 주도하는 것은 한국철도기술연구원이다. 한국철도기술연구원은 공동프로젝트를 시작하기 전인 2016년 자체 연구를 시작했다. 적극적으로 연구·개발을 추진한 결과 캡슐트레인 추진기술, 초전도부상시스템, 안전기술 등을 확보한 상태다.

한국철도기술연구원 등은 당초 2026년 시범운영을 할 수 있도록 준비하겠다는 방침이었다. 시기는 정부 예산 사정 등에 따라 유동적일 수 있지만 시범운영 지역은 충북 오송~세종시 구간이 유력하게 떠오른다. 정부가 수도권 과밀화를 막기 위해 정부청사를 세종시로 이전했지만 기차역이나 전철노선 등을 구축하지 못한 상태다. 이 때문에 정부세종청사로 가려면 고속철도(KTX)로 오송역까지 간 뒤 다시 버스를 타고 40~50분 정도 세종시로 이동해야 한다. 만약 오송역에서 정부세종청사 일대까지 약 20킬로미터 구간에 캡슐트레인 노선을 구축하면 세종시의 교통접근성을 높이고 신개념 교통혁명을 실증할 수 있는 효과를 볼 수 있다. 해당 시범운영사업이 성공한다면 이를 기반으로 전국적인 광역노선이 확대 추진될 것으로 전망된다.

캡슐트레인이 바꿀 우리의 삶

캡슐트레인 기반의 광역망 설치가 현실화되면 우리의 삶은 어떻게 바뀔까? 해당 노선이 지나는 지방 주요 도시들이 사실상 수도권에 필적하는 대접을 받게 될 수 있다. 이미 서울과 수도권 인기 지역은 인구과밀화에 더해 토지·주택 가격 폭등으로 중산층 이상조차 내 집을 자력으로 마련하기 쉽지 않은 상황이다. 정부가 수도권에 추가로 3기 신도시를 지었고, 추가로 택지조성에 나섰지만 도로교통망이 뒷받침되지 않아 경기, 인천 지역에서 서울로 출퇴근하려면 왕복 2~3시간은 잡아야 하는 상황이다.

반면 지방 주요 도시들은 부산을 제외하면 여전히 부동산 가격이 수도권의 절반 이하 수준이다. 따라서 캡슐트레인 노선 역세권의 주요 지방도시로 수도권 인구가 이동하면 주거비 부담이 크게 경감돼 삶의 질이 향상되고 저축 여력이 생겨 자산 축적의 기회가 열릴 수 있다. 물론 당장은 교육 및 문화, 쇼핑 등 생활인프라가 서울보다 뒤처진다는 점이 핸디캡으로 작용할 것이다. 하지만 수도권 인구가 대거 내려가면 주거지역을 중심으로 생활인프라는 금세 확충될 것이므로 근본적인 문제가 되지 않는다.

이는 2012년 말 준공 당시 허허벌판 같았던 세종특별시 일대에 3~5년 사이 생활인프라가 급속히 확충돼 인근 대전 구도심의 인구가 유입될 정도로 인기 주거지역이 된 사실을 봐도 알 수 있다. 심지어 세종시는 광역철도역은 물론이고 지하철역조차 없는 '교통 낙도'

였다. 당시 택지를 조성했던 LH공사가 적자를 메우기 위해 매우 비싼 가격에 상가 및 업무용지를 분양했다는 논란을 샀음에도 금세 생활 인프라가 확충됐다.

또 다른 비교사례를 찾자면 경기도 고양시 일산서구 킨텍스 지구 일대를 들 수 있다. 해당 지역은 일산 중심권의 외곽인 데다 서울 접근성도 좋지 않아 부동산 투자자들에겐 비인기 지역이었다. 하지만 정부가 수도권을 관통하는 광역철도인 GTX-A 노선을 통해 킨텍스 지구에서 서울 강남권까지 약 20분대에 주파할 수 있도록 사업을 추진하자 인근 아파트, 오피스텔 가격이 급등해 서울 강북 인기 지역 수준에 근접했다. 캡슐트레인으로 서울 주요 지역과 20~30분 이내에 연결되는 지방도시가 나온다면 비슷한 효과를 누릴 것으로 예상된다.

시간의 장벽을 넘어서는 교통수단

진공튜브 속을 달리는 극초고속의 열차는 미국이 먼저 사업화했다. 일명 '하이퍼루프hyperloop' 프로젝트다. 테슬라 및 스페이스X의 CEO 일론 머스크가 주도해 지난 2013년 사업 청사진을 공개했다. 시속 1천3백 킬로미터로 달리는 진공열차를 구축하겠다는 것이다. 이를 통해 비행기로 6시간 정도 걸리는 로스앤젤레스~샌프란시스코 구간을 30분에 주파할 수 있다는 게 머스크의 설명이었다.

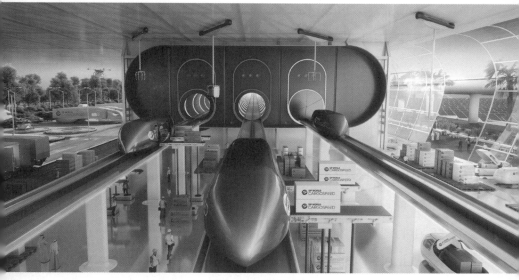

하이퍼루프 운영 상상도

　해당 프로젝트는 버진하이퍼루프원Virgin Hyperloop One이라는 회사를 통해 추진되고 있다. 이 회사는 일부 시험노선을 설치해 주행테스트를 하고 있다. 하이퍼루프원은 2020년대에 상용운용에 나서겠다는 계획을 갖고 있다.

　한국철도기술연구원은 전자기력으로 열차를 공중에 띄워 고속주행을 실현하는 자기고속열차를 20여 년 이상 연구해왔고, 해당 분야에서 세계적인 수준의 노하우를 갖고 있다. 그러다 미국에서 하이퍼루프 프로젝트가 공개되자 이에 맞서 2016년부터 한국형 하이퍼루프인 '하이퍼튜브' 연구·개발에 착수했다. 현재는 해당 진공열차의 명칭을 캡슐트레인으로 전환했다.

한국의 캡슐트레인이 미국 하이퍼루프에 대해 갖는 혁신적 차별점은 진공튜브열차에 자기부상기술을 적용했다는 것이다. 핵심 기술인 초전도전자석 및 제어시스템, 선형동기 모터추진시스템 등도 개발에 성공했다. 특히 캡슐트레인의 엔진 역할을 할 초전도전자석은 냉동기 없이도 장시간 운영할 수 있어 전 세계적으로 독보적인 수준의 장치다.

초전도전자석은 작은 전력으로 강한 힘을 낸다. 저소비 전력이나 초고속 활동이 필요한 발전기, 슈퍼컴퓨터, 초고속 자기부상열차에 사용된다. 진공에 가까운 기밀을 유지해주는 기압튜브도 국산화에 성공했다. 이를 바탕으로 시범운행 및 상용화를 조기에 이끌어낸다면 미국과 더불어 전 세계 차세대 열차 시장을 양분할 수 있을 것으로 기대된다.

달에서 취업하고 화성으로 이민 간다
: 뉴스페이스 러시

2030년대 중반의 어느 날, 지구에서 5천4백만 킬로미터 이상 떨어진 붉은 대지 위에 인간의 발자국이 찍혔다. 미항공우주국(NASA)이 쏘아 올린 유인 우주탐사선이 사상 최초로 화성에 착륙한 것이다. 닐 암스트롱이 달에 최초로 인류의 발자국을 찍은 지 70여 년 만이다. 달에 이어 화성에서도 선수를 빼앗긴 러시아와 중국은 이에 자극받아 이르면 5년 뒤에 화성에 유인탐사선을 보내겠다며 대대적으로 우주개발 투자를 늘리기 시작했다.

뉴스페이스 시대가 다가온다

10여 년 뒤 볼 수 있는 가까운 미래의 화성탐사 경쟁 시나리오다. 실제로 미국은 2030년대 중반, 러시아와 중국은 각각 2040~2045년, 2040~2060년대에는 유인 화성탐사를 시도하겠다는 계획을 세우고 있다. 이미 미국은 수차례 무인 화성탐사선을 보내 유인 착륙에 적당한 지형 등을 연구해왔다. 중국은 지난 2020년 7월 화성 무인탐사선 톈원天問 1호를 발사하며 미국과의 격차 줄이기에 나섰다.

더 원대한 꿈을 꾸는 이도 있다. 항공우주 기업 스페이스X 및 전기자동차 기업 테슬라의 CEO 일론 머스크다. 그는 지난 2012년 당시 20년 안에 화성에 인구 8만 명이 사는 도시를 세우겠다며 우주 이민 계획을 밝혔다. 지난 2020년 1월에는 "2050년까지 화성에 인구 1백만 명의 도시를 세우는 게 이론적으로 가능하다"고 트위터 계정을 통해 밝히기도 했다. 그가 제시한 밑그림은 현재의 기술로는 장담하기 어려운 목표다. 하지만 우주개발의 주역으로 정부뿐 아니라 민간기업도 부상하고 있음을 보여줬다는 점에서 의미가 적지 않다. 어쩌면 우리가 살아 있는 동안 민간인이 화성과 지구를 오가는 시대가 열릴지도 모른다.

가까운 미래에 실현될 확률이 더 높은 것은 달기지 건설 및 인간의 장기 체류다. 달에는 얼음 상태의 물과 연료 및 에너지로 쓸 수 있는 헬륨-3 등이 대량 존재한다. 달의 중력은 지구의 약 6분의 1에 불과해 우주로켓을 쏘아 올릴 때 소모되는 에너지가 적고, 대기가 없어서

날씨 걱정 없이 수시로 우주선을 띄울 수 있다. 따라서 지구에서 먼 우주로 나가는 관문 거점으로서 중요성이 부각돼 주요 나라들이 앞다퉈 개발 계획을 세우고 있다.

우선 미국 주도의 국제프로젝트인 달 궤도 우주정거장 사업이 2022~2033년 건설을 목표로 추진되고 있다. 사업명은 '딥스페이스 게이트웨이Deep Space Gateway'다. 미국은 해당 달 궤도 정거장을 화성 유인탐사선 등의 중간 정박지로 활용하려 한다. EU는 2030년까지 6~7명의 인간을 달에 보내 거주시키려 한다. 이를 위해 일종의 달기지인 '문빌리지moon village'를 짓겠다고 했다.

중국과 인도, 일본의 추격도 만만치 않다. 중국도 2030년에는 달 기지를 짓겠다는 구상을 마련했다. 앞서 2025년에는 유인 달탐사를 성공시키겠다는 로드맵도 그려놓았다. 인도는 한발 빠른 2022년에 3명으로 구성된 유인 달탐사를 실행하겠다고 공언한 상태다. 일본은 2030년까지 유인 달탐사를 이루기 위해 연구·개발에 박차를 가하고 있다.

이처럼 다극화된 우주개발 경쟁 구도를 전문가들은 '뉴스페이스New Space' 시대라고 부른다. 미국 서부개척 시대의 골드러시를 연상하면 그야말로 '뉴스페이스 러시'의 서막이 열린다고 해도 과언이 아니다. 이들 우주개발 국가의 청사진이 실현된다면 근미래에 달을 비롯한 지구 인접 우주 공간에 장기체류하면서 근무하거나 화성으로 이주하는 사람도 생길 것이다. 인간의 활동 공간이 우주 공간으로 확장되는 전환점이 가까워진다고 볼 수 있다.

먼저 깃발을 꽂는 자가 갖는다

현행 국제법상으로는 특정 국가가 우주 공간에 먼저 진출한다고 해서 소유권을 공공연하게 주장하기 힘들다. 국제연합(UN)의 '우주조약'은 어떠한 국가도 외기권(지구 대기권 밖)의 우주 공간에 대해 주권을 주장할 수 없다고 규정하고 있다. 또 어떤 국가도 우주 공간을 자국 전용으로 점유하거나 이용하지 못하도록 명문화했다.

그러나 강대국이 달이나 화성 등의 우주 공간을 선점한다고 해도 이를 강제 퇴거시키거나 빼앗기는 현실적으로 어렵다. 우주 공간을 선점하겠다고 나선 주요국 중 대부분이 UN 안전보장이사회 상임이사국이어서 이들이 우주조약을 위반한다고 해도 UN 차원의 국제 제재 결의를 이끌어내는 건 사실상 불가능하다.

국가가 아닌 민간의 우주개발 및 이용에 대해서는 아예 국제 규범이 명확하지 않다. 스페이스X와 같은 선진국 기업이 우주 자원을 먼저 상용화한다면 우리나라와 같은 신흥국은 선수를 빼앗길 수밖에 없는 상황이다. 오히려 제도가 미비할 때 강대국이나 선진국 기업이 먼저 우주 공간과 자원을 선점한 뒤, 나중에 강대국 중심으로 관련 국제법을 마련해 후발 국가에 대한 우주 진출의 문턱을 높일 수도 있다. 실제로 미국은 2015년 '상업적 우주발사경쟁력법(CSLCA)'을 제정해 민간기업이나 개인이 우주 자원 등을 보유하고 사용하거나 소유할 수 있도록 했다. 아울러 해당 자원을 운송하고 판매할 수 있도록 규정했다.

민간의 우주개발 속도와 범위를 결정할 결정적 요소 중 하나는 경제성이다. 우주 공간에 진출하고 해당 자원을 이용해서 얻는 경제적, 사회적 효용성에 비해 비용이 더 많이 든다면 민간기업이나 재정 여력이 미흡한 국가들은 적극적으로 뛰어들기 어렵다.

　특히 우주개발 비용 중 가장 큰 비중을 차지하는 게 로켓 발사 비용이다. 지구의 강력한 중력권을 벗어나 적게는 수 톤에서 수십 톤 이상의 화물을 쏘아 올리고 다시 귀환시키는 데 드는 에너지가 막대하다. 배달 음식을 시켜 먹으려는데 배송비가 수백만 원이나 든다면 당연히 서비스가 이뤄질 수 없다. 우주개발 사업도 마찬가지다.

　우주로켓의 추진 기술은 약 60년간 크게 발전해 주요국의 우주로켓은 한 번에 수 톤에서 10여 톤 이상의 탑재 화물을 지구 궤도까지 쏘아 올릴 수 있다. 미국 '아틀라스V' 로켓의 경우 1회 발사 비용이 2015년 기준 1억 6천4백만 달러인데, 최대 탑재 중량은 8천123킬로그램이다. 1킬로그램의 화물을 우주로 보내는 데 2만 2천 달러(약 2천263만 원)가 소요되는 셈이다. 이 정도 고비용이라면 보편적인 상업서비스 수요를 발굴하기 쉽지 않다.

　그래서 민간 분야에서는 우주 발사 비용을 낮추려는 신기술이 시도되고 있다. 우주로켓을 1회용으로 쓰고 폐기하는 게 아니라 주요 부위를 회수해 재사용하는 기술이다. 우주발사체를 쏘아 올릴 때 일정 고도까지는 대형 항공기를 활용하는 방법이 시도되기도 했다. 새로운 시도들은 정부 연구기관보다 유연하고 빠르게 신기술을 개발할 수 있는 기업 등을 통해 이뤄지고 있다.

우리나라의 우주 진출 과제

　현재 유인 달탐사나 달기지 건설을 추진하는 국가들의 공통점은 탐사선을 지구 대기권 밖으로 싣고 나갈 우주발사체(우주로켓)를 갖고 있다는 것이다.

　아쉽게도 우리나라 우주로켓은 이들 국가에 수십 년 뒤처져 있다. 우리나라가 2021년 완성을 목표로 개발 중인 우주로켓 '누리호'는 지구 저궤도에 인공위성을 띄울 수 있는 수준에 그친다. 정부는 2030년 이전까지 무인 달탐사선을 보낸다는 계획이지만, 이후 유인 달탐사 및 달기지 건설 계획은 공식적으로 수립되지 않았다. 선진국과 어깨를 견줄 정도로 성장한 우리나라의 첨단산업 기반과 정부의 강력한 우주개발 의지를 감안하면 2040~2050년대에는 한국도 자력으로 달

누리호의 발사 상상도

에 사람을 보내고 현지 체류 시설을 지을 수 있을 것으로 기대된다.

우리나라는 인공위성 등 우주 관련 상업 서비스 분야에서는 선진국 수준에 다가서 있다. 독자적인 우주로켓 기반만 완성된다면 급성장할 수 있는 잠재력을 갖췄다. 우주 분야에서 무역수지 적자를 보였던 우리나라가 2012년부터 인공위성 관련 수출 등에 힘입어 흑자국으로 돌아선 것도 자긍심을 갖게 하는 대목이다. 전 세계적으로 우주 분야 무역 흑자국은 극소수다.

가상과 현실의 경계가 사라진다, 사이버퓨전

실제보다 생생하다
: 가상-증강현실 쇼크

서울의 한 대학병원에 사고로 얼굴뼈가 크게 함몰된 환자가 이송됐다. 응급처치로 위급한 상황을 넘긴 의료진은 환자의 얼굴을 재건하는 수술 계획을 짜기 위해 회의실에 모였다. 각자 고글 형태의 장비를 얼굴에 쓰니 눈앞에 360도 전방위로 정밀 스캔된 환자의 안면 함몰 부위 이미지가 3차원 영상으로 펼쳐졌다. 조각난 뼛조각에서부터 미세한 혈관과 신경까지 실제 환자의 환부처럼 생생하다.

의료진이 허공에 손을 이리저리 휘저으니 손동작에 따라 영상 속 안면의 환부가 다양한 각도와 방향으로 움직인다. 의료진은 영상의 환부를 움직이며 수술 예행연습을 반복한다. 이를 통해 조각난 뼈를 어떻게 맞추고 신경을 어떻게 접합할지, 보형물과 의료용 스크루 등으로 어떻게 손실된 부위를 보완할지 확실히 몸에 익힌다. 그리고 실제 집도에 들어간다. 실전처럼 수술 계획을 면밀히 세우고 연습한 덕분에 환자의 수술은 성공적으로 끝났다.

영화보다 영화 같은 실제, 가상현실

앞의 이야기는 공상과학영화 속의 이야기가 아니다. 이미 수년 전부터 우리나라와 해외 주요 선진국에서 도입하고 있는 의료용 가상현실 기법이다. 첨단의료기술 분야의 선구자인 미국 스탠포드대학교 월터 그린리프Walter Greenleaf 박사는 2004년 가상현실을 적용할 수 있는 의료 분야 12가지를 선정했다. 여기에는 앞의 사례와 같은 예비수술계획을 비롯해 의료 및 치과 수술 연습, 의료인 교육, 장애 환자 치료 등이 포함돼 있다. 그리고 2020년 11월 현재 그린리프 박사가 예견한 12가지 분야에 대부분 가상현실 기술이 적용되고 있다.

가상현실은 특히 의료인 교육 분야에서 이용이 활발하다. 기존에는 물리적 공간과 시간의 제약으로 수술 등의 임상실습교육은 도제식으로 소수의 학생만 받을 수 있었다. 반면 가상공간에서는 물리적 공간의 제약이 없어 훨씬 많은 교육생이 참여해 반복적으로 임상실습을 체험할 수 있다. 그만큼 의료진의 숙련도가 높아져 치료 성공률도 높아진다.

가상현실이란 컴퓨터 기술을 이용해 사이버공간 속에 실제처럼 구현된 환경, 상황을 의미한다. 단순히 시각적으로 특정 상황을 보여주는 단계를 넘어 청각, 촉각 등 다양한 감각으로 체험할 수 있는 단계까지 발전하는 중이다.

그중에서도 시청각 체험기술의 가상현실은 이미 게임, 영화, 방송과 같은 엔터테인먼트 분야에서 대중적으로 상용화됐다. 국방, 재난대응, 의료 및 복지서비스, 건설·건축 설계, 자동차·항공·전자산업 엔지니어링 등 전문적인 영역에서도 급격히 확산되는 중이다.

예를 들어 현대자동차 등 세계 상위 5위권(판매량 기준)의 자동차제조사들은 이미 2000년대 초중반 무렵까지 자동차 설계 및 개발 과정에 가상현실기술을 적용해 대부분 디지털화했다. 덕분에 신형 자동차를 개발할 때 다양한 환경에서 어떤 주행 성능을 보일지, 차량 디자인이 광원과 주변 환경에 따라 어떻게 보일지를 연구진이 미리 사이버공간에서 시뮬레이션한 뒤 그중 최적이라고 판단되는 방향으로 개발을 할 수 있었다.

현실 공간에 디지털 정보를 입힌 증강현실

요즘 가상현실과 동시에 언급되는 기술이 있다. 바로 증강현실이다. 가상현실이 현실을 닮은 디지털공간 속의 가짜 현실 체험이라면, 증강현실은 현실의 공간을 그대로 체험하게 해주되 여기에 덧붙여 이용자가 현실을 더 잘 이해하고, 대응할 수 있도록 디지털 정보를 함께 표시해준다.

증강현실이 상용화된 대표적인 사례는 전투기에 이어 자동차에 보편화 기능으로 정착된 헤드업디스플레이(Head Up Display; HUD)가 꼽힌다. 자동차의 HUD 옵션은 주로 차량 앞유리에 차량의 속도와 경로 등 다양한 디지털 정보를 표시함으로써 운전자가 현실(도로 상황)을 더 잘 인지하고 안전하게 운전할 수 있도록 도와준다.

구글글래스Google Glass를 비롯한 스마트안경은 증강현실을 보여주는 착용형 정보통신기기(웨어러블)의 주요 사례다. 수년 전 세계의 게임애호가들을 열광케 했던 일본의 게임 포켓몬고는 증강현실을 엔터테인먼트 분야에 적용해 성공한 예다.

근래에는 가상현실보다 증강현실기술 및 관련 서비스의 상용화가 더 가속화하는 분위기다. 가상현실보다 증강현실을 구현하기가 더 쉽고, 그만큼 투자비용이 적게 들어 더 빨리 상용화할 수 있기 때문

구글글래스 시연 장면

이다.

가상현실은 실제 상황을 거의 유사한 수준으로 디지털공간에 재현하는 데 상당한 인력과 장비, 시간 등이 투입되어야 하지만 증강현실은 단순히 현실 그대로의 공간에서 부가적인 디지털정보를 표시해줄 수 있는 액정장치(스마트안경, 스마트폰 등) 정도만 있으면 된다. 그래서 개발자와 이용자 모두 난이도와 비용 측면에서 진입장벽이 낮은 편이다. 최근에는 야구, 축구 등 스포츠 경기를 보면서 선수 및 경기 정보를 실시간으로 보여주는 서비스가 증강현실기술을 기반으로 확산되고 있어 증강현실의 일상화를 앞당기는 기폭제 역할을 하고 있다.

가상·증강현실기술이 고도화하면서 이를 기반으로 비즈니스를 하려는 기업들도 늘고 있다. 페이스북은 가상·증강현실 장비 등을 개발해온 기업 오큘러스Oculus를 인수했고, 오리온orion이라는 명칭의 프로젝트를 발족해 증강현실을 보여주는 스마트안경 개발에 나서기도 했다. 삼성전자는 2020년 미국의 증강현실기술 기업인 디지렌즈DIGILENS에 투자했고, 2019년에는 구글, LG전자, 카카오벤처스(카카오 계열 벤처투자회사) 등이 모조비전Mojo Vision이라는 증강현실기술기업에 투자해 주목받았다.

혼합되고 확장되는 현실

가상현실과 증강현실기술은 융합되어 혼합현실(Mixed Reality; MR)

기술로 발전하고 있다. 앞으로는 이보다 한 단계 진화한 확장현실 (Expanded Reality; XR) 기술이 대세로 자리매김할 것으로 전망된다. 이중 혼합현실은 기존의 증강현실기술에 가상현실기술이 더해져 더욱 현실감 있는 체험을 가능케 해주는 기술을 의미한다.

예를 들어 증강현실 장치인 기존의 스마트안경을 쓰면 주변의 환경에 대한 다양한 정보가 단순히 표시만 되는 데 그친다. 반면 혼합현실에서는 해당 디지털정보를 실물처럼 움직이거나 3차원 입체 방식으로 한층 생동감 있게 감상할 수 있다.

쇼핑몰에 전시된 옷이 있다고 치자. 증강현실은 이용자에게 옷의

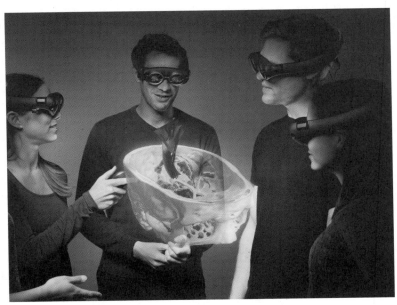

의료 교육에도 활용 가능한 혼합현실 기술

가격과 사이즈, 제조사 등 단순 정보만 보여줄 뿐이지만, 혼합현실은 이용자에게 해당 옷을 가상으로 입어 봤을 때의 모습을 보여주는 식으로 디지털화된 가상의 상황을 현실 장면과 융합한다. 따라서 혼합현실기술은 특히 쇼핑 등 유통 분야에서 서비스 혁신과 시장 성장을 불러올 것으로 기대된다. 혼합현실 분야의 대표적 기업으로는 2010년 창업한 미국의 매직리프Magic Leap가 있는데 구글과 중국 알리바바 등의 투자를 받아 화제에 오르기도 했다.

확장현실은 증강현실, 가상현실, 혼합현실을 모두 아우르는 용어이자 이들 기술이 더 진화하고 융합된 형태의 기술을 뜻한다. 사전적, 학술적 정의는 아직 명쾌히 정립되지 않았지만 현실공간과 디지털공간이 보다 정교하게 융합돼 이용자가 서로 구분하기 힘들 정도로 자연스럽고 몰입감이 높은 기술이라고 보면 된다.

아직 본격적으로 확장현실의 전형을 제시할 만한 사례는 없다. 다만 현실을 모사하는 데 필요한 컴퓨터 기술과 센서 장비, AI 소프트웨어 및 빅데이터가 한층 고도화하고, 이를 이용자가 생생하게 체감할 수 있도록 재현할 체감 장비 및 기술(디스플레이, 홀로그램, 음향장치, 촉감센서, 트레드밀 등)이 발전하고 있어 머지않아 확장현실 서비스도 대중화할 것으로 기대된다.

촉각의 신세계
: 초감각을 여는 햅틱기술

달과 화성탐사를 추진해온 유럽우주국(European Space Agency; ESA)은 최근 우주 공간을 안전하게 탐사하기 위한 새로운 기술을 개발했다. 인간이 직접 위험한 우주 공간에 나가지 않고도 원격으로 조종하는 로봇팔을 통해 자신의 팔인 것처럼 촉감을 느끼며 탐사할 수 있도록 하는 기술이다. 일명 '시그마7 조이스틱'으로 명명된 장치인데, 2019년 11월 지상 시험에서 실증에 성공했다. 이를 활용하면 달이나 화성 상공 궤도의 우주선에 탑승한 사람이 수천 킬로미터 아래의 행성 표면에 착륙해 탐사 중인 로봇팔을 사람의 팔처럼 정밀하게 원격 조종하면서 암석 등 토양 샘플을 채취할 수 있게 된다.

물리적 제약을 넘는 초감각의 시대

전자·정보통신기술이 인간 촉감에 대한 물리적 제약을 넘어 '초감각'의 시대를 열고 있다. 자신의 신체가 아닌 다른 사물이나 타인의 감각, 혹은 가상의 상황 속 감각을 마치 자신이 느끼는 것처럼 생생하게 체감할 수 있는 기술이 급속히 발전하고 있다. 일명 '햅틱haptic' 기술이다.

햅틱은 만진다는 뜻의 그리스어인 '합테스타이Haptesthai'에서 유래된 단어다. 따라서 초창기에 햅틱은 손으로 느끼는 감각을 의미했다. 이후 뜻이 점차 넓어져 신체기관으로 느끼는 촉각을 포괄하게 됐다.

햅틱기술의 시발점은 제2차 세계대전 무렵으로 거슬러 올라간다. 당시 전투기들은 비행 중 갑자기 엔진이 정지되는 경우를 종종 겪었다. 따라서 엔진이 멈추면 비행기의 운전대라고 할 수 있는 조종간이 떨리도록 해 조종사들이 즉각 알 수 있도록 하는 시스템을 도입했다.

제2차 세계대전 후에는 방사능물질 관련 작업 시 피폭 위험을 피하기 위해 햅틱기술이 발전했다. 원자력발전소, 방사능 관련 연구소 등에서 방사능물질을 처리하는 작업에 사람을 대신할 자동화 기계나 로봇을 투입하기 시작했는데, 시각에 의존해 로봇을 조정하다 보니 작업의 정확도가 떨어졌다. 이를 보완하기 위해 로봇에 가해지는 압력, 마찰력 등을 사람이 조종장치를 통해 촉감처럼 느낄 수 있도록 하는 기술이 적용됐다.

햅틱기술은 1970년대 이후 일반 대중에게도 선보였다. 비디오게임에 적용된 것이다. 일본의 게임개발사 세가Sega는 1976년 출시한 오토바이경주 전자오락인 모토-크로스Moto-Cross에 햅틱기술을 도입했다. 게임 속 주인공의 오토바이가 부서지거나 장애물에 부딪히면 조이스틱이 진동하는 방식이었다. 이후 게임업계에서 경쟁적으로 햅틱기술을 적용해 현재까지도 조이스틱(혹은 게임패드) 진동 방식은 게임용 햅틱기술의 기본이 되고 있다.

우리가 일상에서 흔하게 접하는 햅틱기술은 스마트폰의 진동 기능이다. 스마트폰으로 게임이나 각종 콘텐츠를 감상할 때 콘텐츠 속 상황에 따라 내장된 모터가 진동함으로써 촉감을 자극하는 것이다.

압력 등 촉각에 가해지는 힘의 세기를 실감하게 해주는 기술은 역감형 햅틱으로 정의된다. 역감형 햅틱 장치는 힘을 어떻게 전달하고 어떤 기계적 구조로 작동되느냐에 따라 직렬형과 병렬형으로 나뉜다. 병렬형의 경우 더 큰 힘을 전달할 수 있는 장점이 있다. 직렬형은 힘을 전달하는 구동 범위가 넓다.

진화하는 햅틱기술

이제는 단순히 진동 감지 수준을 넘어서는 수준으로 기술이 진화하고 있다. 미끌거림, 꺼끌거림과 같은 사물의 질감이나 습도, 온도까지도 체감할 수 있는 기술들이 속속 등장했다. 이처럼 질감을 느낄 수 있는 기술을 질감형 햅틱이라고 부른다.

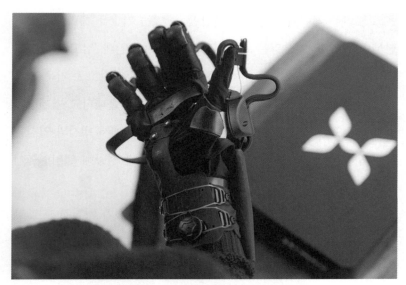
더 진짜 같은 질감을 위한 장비가 계속 개발 중이다.

상용 햅틱기술을 선도하는 기업으로는 미국의 이머전Immersion이 꼽힌다. 1990년대부터 햅틱기술을 개발해 각종 전자기기에 적용해왔는데 현재 100만 분의 1초 미만의 진동까지도 계산해 구현할 정도로 정교한 촉감 기술을 완성했다. 소니의 게임기 플레이스테이션에도 이머전의 햅틱기술이 적용돼 있다. 이 밖에도 3D시스템스3D Systems, 아이토Aito, 포스디멘션Force Dimension, 햅션Haption 등이 햅틱기술을 선도하는 주요 기업으로 평가받는다.

이 같은 기술혁신의 대열에는 한국도 당당히 자리잡고 있다. 지난 2019년 세계적 전자·가전기술 전시회인 미국 CES 행사에서 한국의 한 중소기업이 화제를 모았다. 사명은 테그웨이. 가상현실 게임 속의 온도 변화를 게이머가 실제로 체감할 수 있는 기술을 개발해 CES 혁신상을 받았다. 기술명은 온도실감장치ThermReal인데, 접고 펼 수 있는 유연한 열전소자를 몸에 착용하면 게임 속의 차갑고 뜨거운 상황을 실제처럼 느낄 수 있게 해준다. 이듬해에는 서울대학교 기계항공공학부의 고승환 교수와 이동준 교수도 가상현실에서 냉감과 열감을 느낄 수 있는 피부 형태의 열적햅틱소자 개발에 성공해 웨어러블기기 등으로 상용화할 가능성이 열렸다.

햅틱기술은 4차 산업혁명 시대에 한층 더 쓰임새가 커질 것으로 보인다. 가상현실과 증강현실기술을 기반으로 한 디지털 가상공간에서 일상생활과 비즈니스 활동이 더 늘어날 예정이기 때문이다. 이 같은 가상공간에서 활동이 용이해지려면 더욱 실감 나는 몰입감을 주어야 하는데, 단순히 시각과 청각을 주는 정도로는 충분치 않아 햅틱기술을 활용한 촉각 기능이 보강될 수밖에 없다.

시장조사 기관 글로벌마켓인사이트Global Market Insights는 햅틱기술의 전 세계 시장 규모가 지난해 70억 달러를 넘어섰고, 2020년부터 6년간 연평균 7%씩 성장해 2026년에는 100억 달러에 이를 것으로 예상했다. 햅틱기술의 주요 시장으로는 한국과 더불어 미국, 영국, 독일, 프랑스, 일본, 중국, 캐나다, 이탈리아, 인도, 브라질, 멕시코, 중동 등이 꼽혔다.

햅틱기술이 유망하게 활용될 분야로는 의료, 유통·물류, 교육, 광물탐사, 국방·안보 등이 꼽힌다. 특히 의료 분야는 로봇수술, 원격의료기술의 발전에 따라 필연적으로 햅틱기술을 수반할 수밖에 없다.

예를 들어 서로 먼 거리에 있는 의료진이 원격으로 협진하고 함께 수술 작업에 참여하려면 단순히 수술 현장의 상황을 보고 듣는 것만으로는 부족하다. 정밀하게 작업을 수행하려면 촉감 정보가 중요할 수밖에 없다.

로봇수술의 경우 아직은 로봇이 완벽하게 혼자 수술을 진행하는 게 아니라 의사가 수술로봇 근처에서 조종간을 잡고 미세수술을 진행하는 방식이기 때문에 로봇이 환부를 건드릴 때 가해지는 미세한 압력 등을 의사에게 제대로 전달해줘야 한다. 그만큼 햅틱기술의 정밀성이 더 요구되는 것이다.

유통·물류 분야에서는 드론 및 로봇을 통한 무인원격배송이 점점 더 활성화될 텐데 파손 위험 등이 있는 화물을 세심하게 배송하려면 원격관제센터 요원이 햅틱기술을 활용해 일부 배송 작업을 원격으로 제어할 가능성이 높다. 교육의 경우 항공기, 선박, 우주선 조종에 필요한 인력이나 의료 인력을 교육할 때 시뮬레이터로 가상현실을 활용하는 경우가 많아지고 있다. 이때에도 조종간 등에 햅틱기술이 적용된다.

국방안보 분야에서도 활용 가능성은 크다. 우리나라는 저출산에 따른 병역 감소에 대응해 군의 기계화와 장비 현대화를 가속화해야 하는 상황인 데다 군복무 기간이 짧아져 장비를 제대로 운용할 숙련병 양성에 어려움을 겪고 있다. 그래서 군은 디지털시뮬레이션기술 등을 활용한 훈련시설 확충에 나서고 있다. 더 실감 나고 몰입감 높은 훈련을 수행하기 위해 점차 햅틱기술을 적용할 것으로 전망된다.

대한민국은 햅틱기술의 수요가 집중될 전자·정보통신, 의료, 물류에서 세계 선도적 위치에 있다. 방위산업과 항공우주 및 자원탐사 분야에 대해서도 투자를 확대하고 있어 '햅틱 한류'가 확산될 미래를 기대해볼 수 있다.

생각으로 움직인다
: 텔레파시 혁명

지난 2016년 11월 마르코 카포그로소Marco Capogrosso 박사를 비롯한 스웨덴 연구진은 국제학술지 〈네이처Nature〉에 놀라운 국제협력 연구결과를 발표했다. 척수에 손상을 입어 하반신이 완전히 마비된 원숭이를 다시 걷게 한 것이다. 연구진은 원숭이의 뇌와 하반신 척추에 서로 무선으로 교신할 수 있는 반도체 칩을 심었다. 그 결과 뇌에 장착된 칩이 뇌의 전기적 신호를 읽어 이를 하반신의 칩으로 전달하고, 하반신의 칩이 수신된 신호에 따라 하반신 근육 등에 전기적 자극을 주어 원숭이가 보행 능력을 회복할 수 있었다.

뇌 구조를 활용한 연결 기술

뇌의 생각을 읽어 전기적 신호로 바꾼다면 각종 컴퓨터나 전자 장비 등을 손대지 않고도 원하는 대로 움직일 수 있다. 이처럼 뇌와 컴퓨터 및 기계를 연결하는 기술을 '뇌-컴퓨터 인터페이스(Brain-Computer Interface; BCI)' 혹은 '뇌-기계 인터페이스(Brain-Machine Interface; BMI)'라고 부른다. BCI나 BMI는 뇌의 전기적 신호를 측정해 어떤 의도를 갖고 있는지 파악하고, 의도대로 컴퓨터나 각종 장비를 작동시키는 기술이다. 염력이나 텔레파시와 같은 초능력을 과학기술로 구현한 셈이다.

이런 일이 어떻게 가능한 걸까? 우리 뇌가 작동하는 방식을 알면 원리를 이해할 수 있다. 뇌는 무수히 많은 신경세포의 집합체다. 신경세포들은 본체에서부터 가지처럼 뻗어 있는 축삭돌기를 두고 있다. 신경세포들은 축삭돌기가 약간의 틈을 두고 근접해 있는 공간인 시냅스에서 서로 신호(신경전달물질)를 주고받는다. 축삭돌기에서 신경전달물질이 나오면 연쇄반응에 따라 주변 신경세포막에 순간적으로 전위(전압)의 변화가 발생해 전기장을 형성한다. 우리가 무언가 생각하고 느낄 때마다 뇌세포 사이에 전기장이 생기는 것이다. 따라서 뇌 주변에 전극을 붙이면 뇌가 작동할 때마다 발생하는 전기적 신호(전기장)를 감지해 기록할 수 있다. 이렇게 기록된 전기적 신호를 해석해 우리가 어떤 생각이나 느낌을 갖고 있는지 파악하고, 그에 맞춰 컴퓨터나 각종 장비를 작동시키는 게 BCI의 원리다.

일종의 뇌 번역기 역할을 하는 기술 BCI

BCI의 가장 기초적인 기법은 느린피질전위Slow Corticail Potentials를 파악하는 방식이다. 인간이나 동물이 어떤 것에 집중해 특정한 의도를 생각할 때 일정하게 증감하는 뇌 신호 변화를 전기적 신호로 수집하는 기법이다. 이는 구현하기 쉽다는 장점이 있는 반면 속도가 느리다는 단점도 있다. 이를 통해 조작할 수 있는 컴퓨터 및 기계장비의 동작 종류도 적은 편이어서 응용할 수 있는 분야가 제한적이다.

그 대안으로 떠오른 게 감각운동파Sensorimotor Rhythms 기법이다. 뇌의 각 영역이 서로 다른 신체 부위의 동작에 관여한다는 점에서 착안한 방법이다. 팔이나 다리를 움직이려고 하면 이에 관여하는 뇌의 각 부위에서 알파파 혹은 베타파의 변화가 생긴다. 이 변화를 감지해 그에 상응하는 전기적 신호를 컴퓨터 및 전기장치로 보내 작동시킬 수 있다. 이를 이용하면 손가락조차 움직이기 힘든 장애인도 전동휠체

어를 움직이거나 컴퓨터 마우스를 조작할 수 있다. 다만 이 방식으로는 정밀하게 각종 장비를 제어하기 어렵다는 단점이 있다. 또 생각을 통해 장비를 원하는 방식으로 작동시키기 위해서는 상당한 훈련 과정을 거쳐야 한다는 제약도 존재한다.

이를 보완하기 위해 더 간편하게 사물을 작동시킬 수 있는 방법이 고안되고 있다. 대표적인 게 시각자극을 활용하는 방식이다. 특정 주파수로 점멸하는 시각자극을 주어 뇌의 신호 강도를 가감시키는 원리를 이용한 것이다. 이를 '정상상태 시각유발전위Steady-state Visually Evoked Potential'라고 하는데, 시각자극을 활용할 수 있는 분야에서 주로 응용되고 있다.

한층 정교한 동작을 구현하는 데는 방향조율Directional tuning 방법이 이용된다. 팔을 어떤 방향으로 움직이느냐에 따라 뇌 1차운동피질의 신경세포에서 포착되는 신호의 세기가 달라지는 것을 이용해 로봇팔 등을 제어하는 데 쓰인다. 이 기법을 토대로 원숭이가 뇌파로 로봇팔을 움직여 음식을 먹는 실험(2008년), 신체마비 장애인이 생각만으로 로봇팔을 움직여 음료를 마시는 실험(2012년, 2013년) 등이 성공해 주목받기도 했다.

뇌 신호는 어떻게 수집할까?

뇌 신호를 수집하는 가장 쉬운 방법은 전극을 두피에 패치 형태로 부착하거나 전극이 달린 모자나 헤드셋 형태의 장비를 머리에 쓰는 것이다. 이 방식은 피부를 절개(침습)하는 등의 수술을 하지 않고도 누구나 뇌파감지 장비를 간편하게 탈착할 수 있어 비침습적 기법이라고 불린다.

이 기술을 응용해 뇌파감지 헤드셋 형태로 상품화한 BCI 장치들도 시중에서 쉽게 구입할 수 있다. 미국의 벤처기업 뉴로스카이Neurosky가 판매 중인 마인드웨이브Mindwave라는 헤드셋이 대표적이다. 헤드폰을 쓰듯 머리에 쓰면 간단한 뇌파 변화를 감지해 블루투스 방식으로 스마트폰 등에 연동된 앱을 작동시킬 수 있다. 다만 뇌파를 정교하게 수신해 분석하지 못하는 한계가 있기 때문에 전자 및 기계장비에 아주 제한적이고 간단한 명령밖에 내리지 못한다.

더 복잡하고 정교한 작업을 수행하기 위해 두개골을 열어 뇌에 직접 전극 등을 심는 침습적 방식이 활용된다. 초창기에는 뇌에 칩을 심은 뒤 이 칩과 컴퓨터 및 전자장치를 직접 전선으로 연결하는 유선접속 방식이 쓰였다. 그러나 시술을 받은 사람이 매번 전선을 머리속 칩에 연결해 주렁주렁 달고 있어야 하기 때문에 미관상이나 위생적으로 좋지 않았고, 이동성의 제약이 있어 아주 불가피한 경우가 아니면 수술 받으려는 사람을 찾기 어려웠다.

최근에는 뇌에 무선 전극을 삽입하는 방향으로 기술 개발이 이루지고 있다. 스마트폰 등 이동통신장비의 발전으로 소형화된 무선통신용 반도체가 다양하게 개발되고 있어 이를 바탕으로 무선 전극을 한층 소형화하고 고성능화하는 것도 가능하게 됐다. 이 같은 뇌이식

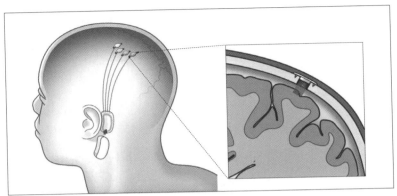

뉴럴링크 브레인칩 이식도

반도체를 영어식 표현으로 흔히 '브레인칩brain chip'이라고 부른다.

현재 침습적 BCI 기술을 선도하는 기업은 미국의 벤처기업 뉴럴링크Neuralink다. 이 회사는 테슬라의 최고경영자인 일론 머스크 등이 투자해 2016년 세워졌다. 뉴럴링크는 기존 기술보다 약 1천 배(뇌에 설치 가능한 전극 수 기준) 뛰어난 브레인칩을 2020년대 안에 개발하겠다는 목표를 갖고 있다. 2019년에는 2020년까지 초기 프로토타입을 인간에게 이식하는 시험을 하겠다고 밝혀 주목받았다.

칩은 손톱만 한 크기인데 머리카락 굵기의 약 3분의 1 이하의 얇은 실 형태로 뇌피질에 접합된다. 뇌신경이나 혈관을 손상시키지 않고 정밀하게 칩을 이식해야 하기 때문에 사람이 아니라 뉴럴링크가 직접 개발한 브레인칩 이식 전용 로봇이 수술을 담당한다. 칩이 이식되면 뇌의 신호를 읽어 블루투스 방식으로 주변 전자기기에 송신해 해당 기기를 제어할 수 있다. 뉴럴링크는 해당 기술을 우선 치매 등 뇌

질환이나 신체장애 등의 재활에 활용한다는 방침이며, 이후 기술이 완성되면 일반인을 대상으로 한 기술 적용도 추진할 예정이다.

디지털초지능의 시대가 온다

보기에 따라서는 다소 끔찍해 보일 수 있는 브레인칩 뇌이식 기술을 왜 개발하는 것일까? 일론 머스크는 인간의 두뇌 능력을 향상시켜 AI와 공생하기 위해 BCI 기술이 필요하다는 신념을 갖고 있다. 그는 2019년 뉴럴링크의 기술을 소개하는 한 강연에서 "매우 온건한 시나리오에서조차 우리는 AI에 뒤처질 것"이라며 "(뇌와 컴퓨터 사이에서 대량의 데이터를 빠르게 입출력할 수 있는) 광대역 주파수의 BMI를 사용한다면 AI와 효율적으로 융합할 수 있을 것"이라고 설명했다. 이를 통해 우리 두뇌가 사고를 담당하는 피질, 감정을 담당하는 대뇌 변연계에 이어 디지털초지능digtal super intellingence을 갖게 되기를 희망하며, 이는 인류 문명사적으로 매우 중요한 일이라는 게 머스크의 생각이다.

모든 사람이 이런 기술을 반가워하진 않겠지만 뇌과학과 정보기술이 발전하면서 인체와 전자기기를 융합하려는 일종의 '사이보그' 기술 발전은 거스를 수 없는 대세가 될 것으로 보인다. 다만 해당 기술을 재활치료나 안보 등 특수한 경우에만 적용할 것인지, 보편적으로 누구나 사용할 수 있도록 할 것인지는 우리 사회가 함께 고민하고 제도화해야 할 숙제다.

인공지능이 질병을 막는다
: 스마트 헬스케어

직장인 A씨는 업무 스트레스로 조울증 진단을 받았다. 의사는 우선 디지털 알약Digital pill을 처방했다. 그리고 적절한 운동 등 신체 활동을 권고했다. 처방받은 디지털 알약에는 인체에 무해하고 소화기에서 분해되는 미립자 형태의 센서가 포함되어 있다.

약을 복용하면 미립자 센서가 위장에서 위산에 녹아 분해되면서 미세한 전류를 발생시킨다. 해당 전류를 환자의 흉곽이나 배에 붙인 얇은 패치 형태의 착용장치(웨어러블)가 감지해 스마트폰으로 정보를 전달한다. 스마트폰이 이 정보를 수집해 환자가 제때 약을 먹었는지 기록한다.

A씨는 운동량을 늘리려고 스마트폰과 스마트시계에 신체활동과

생체정보측정센서를 주기적으로 측정해주는 헬스케어 앱도 깔았다. 해당 앱은 운동량, 혈압, 심박수, 혈당을 주기적으로 체크한다. 이 같은 복약 정보와 신체활동 데이터는 A씨의 동의를 받아 주치의에게 전달되어 정기진료 때 참조자료로 쓰인다.

고령자인 B씨는 자녀의 도움을 받아 치매예측 검진을 받았다. 그 결과 발병 확률이 매우 높은 것으로 나타났다. 해당 검진은 B씨의 DNA를 체취한 뒤 치매와 관련성이 높은 유전자를 AI가 1차로 분석하고 해당 분석 결과를 바탕으로 의사가 소견을 내는 방식으로 이뤄졌다.

의사는 발병 시기를 최대한 지연시키고, 발병 시 최대한 조기에 발견하는 쪽으로 방향을 잡았다. 그 결과 지역 보건소와 연계해 B씨에게 치매질환 관리용 돌봄로봇을 보급해줬다. 작은 인형 크기의 돌봄로봇은 B씨 거실 탁자에 놓여 수시로 말을 걸고, 퀴즈 등을 내 인지능력 개선을 유도했다. B씨의 대화 내용은 로봇을 통해 녹음되고, 이는 B씨 스마트폰에 설치된 헬스케어 앱을 통해 분석된다. 앱은 B씨의 어조나 음량 등을 분석해 말이 어눌해졌는지 등을 파악함으로써 수시로 치매 징후를 파악한다.

돌봄로봇은 또 자신과 헬스케어 앱으로 연동된 스마트폰을 들고 일정한 자세를 취하거나, 수 미터 정도 거리를 왕복해 걷도록 B씨에게 요청한다. B씨가 해당 자세를 취하면 스마트폰에 탑재된 동작감지센서가 동작 시 떨림 증상 여부 등을 측정하고 이를 헬스케어 앱이 수집해 치매 증상 발현 여부를 수시로 체크한다.

가까이 다가온 스마트 헬스케어

앞의 두 사례는 이미 도입됐거나 조만간 개발될 헬스케어 기술을 기반으로 그려본 시나리오다. 디지털과 의료·보건기술이 합쳐져 우리 일상생활 속에서 질병 예방 및 발병 시 건강관리를 돕는 시대가 열리고 있다. 스마트 헬스케어 혹은 디지털 헬스케어 시대가 문을 열고 있는 것이다.

저런 기술이 이미 있느냐고 반문하는 독자도 있을 것이다. 실제로 대부분 개발돼 상용화됐거나 시험 단계에 있다. 아직 국가별 의료제도 규제 때문에 보편화되지 않거나 상업성이 담보되지 않아 출시되지 않은 경우도 있지만, 시간이 지나면 실용화될 가능성이 높다.

특히 A씨 사례에서 소개된 디지털치료제는 이미 국내외에서 상당 수준 기술 개발이 진척돼 일부 상용화도 이뤄진 상태다. 2020년 상반기까지 총 9개의 디지털치료제가 미국 식품의약국(FDA)의 승인을 받았다. 웰독Welldoc, 프로테우스디지털헬스Proteus Digitalhealth 등 주로 미국 기업이 주도하고 있다. 이 중 A씨의 사례에서 소개한 디지털 알약인 '아빌리파이 마이사이트Abilify MyCite'는 프로테우스디지털헬스가 복약감지 기술을 개발한 뒤 일본 오츠카제약과 공동으로 개발해 상용화됐다.

디지털 알약 '아빌리파이 마이사이트'는 초기 대규모 수요 확보에 실패했고, 그 결과 유니콘 기업이었던 프로테우스 디지털헬스가 2020년 6월 파산신청을 하기에 이르렀다. 그러나 디지털기술과 의료

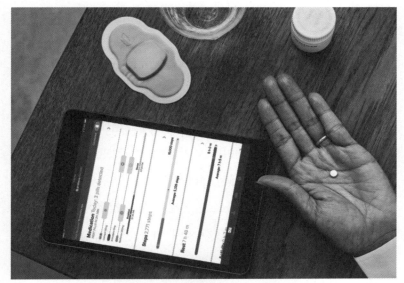

디지털 알약 '아빌리파이 마이사이트'

및 제약·바이오기술이 융합하면 새로운 혁명을 일으킬 수 있음을 보여줬고, 다른 기업의 디지털치료제 개발에 자극을 주었다는 점에서 의미가 크다.

빅데이터로 질병을 예측하는 시대

B씨의 사례에서 소개됐던 DNA 데이터 및 AI기술 기반의 질병예측서비스도 개발되고 있다. 우리나라에서는 벤처기업 인포메디텍 InfoMeditech과 한국과학기술원KAIST, 광주과학기술원GIST, 고려대학교,

조선대학교 및 조선대학교병원이 2016년부터 치매 정밀진단용 AI 개발에 나섰다. 그중 인포메디텍은 유전자 정보와 영상진단데이터 등을 빅데이터화한 뒤 이를 기반으로 치매 발병 여부를 예측하는 솔루션을 제공하고 있다.

질병예측기술의 핵심은 유효한 임상데이터를 최대한 많이 축적하는 데 있다. AI가 더 많은 데이터를 학습할수록 그만큼 정확성이 높아지기 때문이다. 그런 차원에서 영국 정부는 2억 5천만 파운드를 투자해 설립한 국가인공지능연구소를 통해 유전자 정보 등이 담긴 5백만 명 규모의 보건데이터를 활용해 치매, 암 발병 가능성을 예측하는 의료용 AI 개발에 나서고 있다.

노인 등을 위한 돌봄로봇도 근래에 속속 상용화하고 있다. 국내에선 SK텔레콤과 KT가 각각 2019년과 2020년 자사의 AI스피커 및 대화형 로봇을 기반으로 치매 예방 등을 돕는 노인돌봄서비스를 시작했다.

이처럼 스마트 헬스케어는 AI, 빅데이터, 정보통신기기, 디지털진단장치, 건강관리 애플리케이션, 로봇 등 다양한 기술 요소들이 융합해 구현되고 있다. 이를 통해 의료소비자 개인별 특성에 적합한 맞춤형 의료·보건·복지서비스를 제공하려는 것이다. 기존에도 현대 의학은 과학적 통계 기법 등에 근거해 환자 특성에 맞는 의료서비스를 제공하려고 노력해왔다.

다만 이전에는 서로 비슷한 환자 집단의 간헐적 데이터를 기반으로 한 평균적인 통계 특성에 맞춰 병증 치료와 관리가 이뤄져왔다.

그러다 보니 평균 집단에서 벗어나는 특성을 보이는 환자에게 최적의 해법을 제공하는 데는 한계가 있었다. 또 해당 데이터와 임상진단 결과를 놓고 병증을 판단하는 데 의사 개개인의 역량과 경험 차이가 크게 작용해 의료서비스의 질적 편차도 크게 나타났다.

반면 스마트 헬스케어 시대에는 고도로 의료데이터를 학습한 AI가 의료소비자 생체정보와 의료진료기록 등의 특성을 개인별로 분석한다. 이 같은 분석정보를 기반으로 의사가 진료에 나서기 때문에 한층 정밀하고 정확한 의료서비스를 펼칠 수 있다. 그만큼 질환 예방 및 발병 후 치료·관리 성공률이 높아져 국민 복지가 향상될 것으로 기대된다. 불필요한 의료비 지출이 줄어 국민건강보험 등 국가 재정의 건전성이 개선되는 효과도 누릴 수도 있다.

스마트 헬스케어의 과제

숙제는 스마트 헬스케어가 빨리 정착할 수 있도록 제도적 기반을 마련하는 것이다. 현재는 기술이 부족하다기보다 관련 규제 정비 등이 지연되거나 미흡해 의료 혁신이 더디게 진행되는 측면이 있다. 예를 들어 의료 및 보건용 빅데이터 축적을 위한 개인정보 수집, 가공, 이용에 대한 규제 장벽이 여전하다.

지난 2020년 1월 국회가 늦게나마 개인정보보호법, 신용정보법, 정보통신망법 등 이른바 '데이터 3법'을 개정해 일부 규제를 풀었다. 덕분에 개인정보를 가명화해 누구의 데이터인지 알 수 없도록 비식별화하면 당사자의 동의 없이도 연구 및 공익적 목적을 위해 활용할 수 있게 됐다. 다만 여전히 상업적 이용은 제한되며 의료 및 보건 분야보다는 금융서비스 분야 혁신에 무게가 실린 점이 있어 스마트 헬스케어 발전에 미칠 순기능은 제한적이라고 평가된다.

스마트 헬스케어 시대에는 전문적인 의료서비스와 일반 건강관리가 디지털기술로 연계돼 서로 시너지를 내야 한다. 우리나라는 의료 관련 법률 규제가 과도해 해외에서는 일반화된 건강관리서비스 상용화가 막히는 경우가 허다하다. 삼성전자의 경우 이미 스마트시계로 심전도, 혈당, 혈압을 측정할 수 있는 기술을 확보했지만 국내에선 의료관계법에 막혀 상용화가 지연됐다. 애플, 구글 등 미국 기업들은 수년 전에 상용화해 탑재한 기술이다.

지난 2020년 상반기에야 정부가 한시적으로 규제를 풀어주는 규제 샌드박스를 적용해 삼성전자가 신형 갤럭시워치 제품에 심전도측정앱을 설치할 수 있게 됐지만, 여전히 다른 스마트의료서비스 도입은 막혀 있는 상태다. 국내 기업에 기술이 있어도 자국민에게는 서비스하지 못하고 해외에서만 상용화하는 슬픈 현실이라 할 수 있다.

아바타 경제를 부른다
: 언택트 빅뱅

요즘 상하이와 푸동 등 중국 주요 도시의 호텔에서는 과거엔 볼 수 없던 광경이 일상적으로 펼쳐지고 있다. 바로 로봇 호텔리어다. 코로나19 확진자와의 접촉을 우려해 숙박객이 감소하자 주요 호텔들이 감염 걱정이 없는 로봇을 도입해 접객과 룸서비스 배송을 맡기는 것이다. 현지의 쇼핑몰, 공공시설 등도 방역을 위한 비대면 서비스 차원에서 안내로봇, 청소로봇 등을 속속 도입하고 있다. 덕분에 중국 로봇 산업계는 코로나19 불황 속에서도 반사이익을 봤다.

코로나 특수를 맞은 비대면 서비스

2010년 상하이에서 창업한 로봇개발업체 키논로보틱스Keenon Robotics도 비대면 특수 수혜를 입은 기업 중 하나다. 2020년 한 해 동안에만 1만 대 판매가 가능할 것으로 회사는 내다봤다. 3천 대 정도였던 전년보다 3배 이상 판매 실적이 늘어날 것이라고 낙관한 것이다. 이 회사 제품 중 음식을 배송할 수 있는 로봇의 가격은 5만 8천 위안(원화로 약 1천만 원)에 육박하는데 그럼에도 불구하고 수요가 늘고 있다고 한다. 키논로보틱스는 중국 배달앱서비스 기업 메이투안디엔핑美团点评과 제휴를 맺은 상태인데, 코로나19 사태 이후 집에서 음식 등을 주문하는 수요가 늘고 있어 배송로봇 판매에도 호재가 될 것으로 분석됐다.

미국에서도 일상 속 로봇 도입이 급증하는 추세다. 특히 감염 위험이 높은 의료 현장에 로봇이 투입돼 사람이 하던 업무를 대신하고 있다. 워싱턴주에 위치한 프로비던스 지역의료센터는 아예 간호로봇을 도입했다. 로봇개발사 인터치헬스InTouch Health가 제작한 로봇 비키Vici다. 장애물을 피해 건물 내에서 자율주행할 수 있는 이 로봇은 온 병실을 회진하면서 카메라로 코로나19 확진자들의 동영상을 찍어 의료진에게 실시간으로 전달한다. 환자는 비키의 본체에 달린 모니터를 통해 의사와 원격영상으로 대화를 나누며 진료서비스를 받을 수도 있다.

중국과 미국은 각각 코로나19의 첫 발병국, 최대 확진자 발생국이

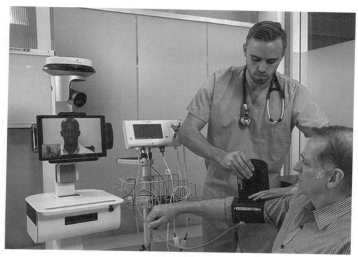
간호로봇 비키

다. 그런 만큼 감염자와의 접촉을 최소화하기 위해 공공 및 민간 분야에서 비대면 기술이 다양하게 도입되고 있다. 이 같은 현상은 전 세계적으로 확산되는 추세이고, 덕분에 전 세계 로봇시장 규모는 급성장할 것으로 예상됐다.

시장조사기관 포춘비즈니스인사이츠Fortune Business Insights가 2020년 6월 하순에 발표한 보고서에 따르면, 전 세계 로봇시장 규모는 코로나19의 영향으로 2020년부터 7년간 연평균 15.1%씩 성장해 2027년에 664억 8천만 달러에 이를 것으로 예측됐다. 이대로라면 2019년 시장 규모(218억 3천만 달러)의 3배 이상 성장하는 셈이다.

온라인 화상회의 및 협업서비스와 전자상거래서비스도 코로나19의 반사효과를 톡톡히 보고 있다. 특히 2011년 창업한 온라인 화상 플랫폼 개발사 줌Zoom이 히트를 쳤다. 2019년까지만 해도 줌 서비스 일일 이용자 수는 1억 명 수준이었으나 코로나19 사태 이후 급증해 2020년 1월 2억 명을 넘어섰고, 4월에는 3억 명을 돌파했다. 덕분에 주가도 급등했다. 2019년 60~70달러대에 머물던 것이 이듬해 6월에는 2백 달러 선을 돌파했고, 8월에는 3백 달러 선에 근접하기도 했다.

e커머스 업계의 대기업 아마존의 2020년 2/4분기 매출은 전년 동기 대비 약 40% 늘어난 889억 달러에 달했다. 비대면 소비문화가 확산된 덕분인데 특히 식료품 매출이 같은 기간 3배나 증가한 것으로 전해졌다. 2020년 5월에는 중국의 e커머스 대기업 알리바바가 2020년 연간 매출 전망을 전년 대비 27.5% 증가한 6천5백만 위안으로 내다봐 화제를 모았다.

비대면 시대를 맞는 우리의 자세

우리나라에서도 비대면 시대가 본격화했다. 미국, 중국과 마찬가지로 접객, 물류, 보건 및 복지 분야에서 로봇, 원격서비스 등이 급속히 확산되는 추세다. 국내 주요 병원들이 로봇 등을 활용한 비대면 의료서비스에 나섰다.

서울대병원의 경우 안내로봇을 도입해 본관 입구에서 내원객에 대한 발열검사 및 감염증상 문진작성 안내업무를 맡겼다. 서울의료원 등에는 자율주행로봇이 배치돼 병동 살균, 코로나 확진자 의료복 폐기 등의 작업을 수행했다. 현대자동차는 배송 및 호텔 룸서비스 등을 할 수 있는 로봇을 개발하는 데 속도를 내고 있다. LG전자는 식당에서 음식 주문을 받아 손님에게 가져다주고, 퇴식업무 지원 기능까지 갖춘 로봇 개발을 추진했다.

공공분야에선 우정사업본부가 비대면서비스 혁신에 나섰다. 2020년 우편배달업무에 로봇을 투입하기로 한 것이다. 해당 로봇은 3가지 타입(이동우체국형, 우편물 배달형, 집배원 추종형)으로 개발됐다. 우편서비스 이용자가 스마트폰에서 우체국 앱을 켠 뒤 등기나 택배우편물 접수를 신청하고 앱으로 결제하면 지정된 시간과 장소로 이동우체국 로봇이 자율주행해 도착한다.

산업 현장에도 비대면기술을 적용하려는 움직임이 가속화됐다. GS건설이 대표적이다. 이 회사는 보스턴다이나믹스Boston Dynamics의 견마로봇 '스팟Spot'을 국내 건설현장에 배치하기로 했다. 이를 통해 운

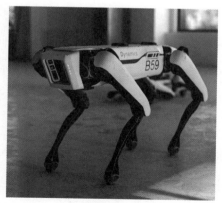

보스턴다이나믹스사의 스팟

송업무의 일부를 로봇이 분담하게 됐다.

코로나19 여파로 사람과 접촉이 더 어려워진 장애인이나 노인을 돕는 로봇사업도 펼쳐졌다. SK하이닉스가 노인복지 시설에 사람과 대화할 수 있는 AI 로봇을 보급해 어르신들의 외로움을 달래주면서 치매 예방 활동도 돕도록 했다.

온라인 세상의 대리인, 아바타 문화

로봇이나 온라인플랫폼을 통한 비대면 문화의 확산은 아바타Avatar 문화를 한층 고조시킬 것으로 보인다. '아바타'란 온라인 등 사이버 공간에서 개인을 대신해 활동하는 캐릭터다. 쉽게 말해 나를 대신하는 디지털 분신이다.

개인들은 온라인이나 로봇을 통한 원격소통 방식으로 서로 소통하고 협업하거나 거래하는 비중을 늘릴 것이며, 그때마다 본인의 민낯과 신분을 노출하기보다는 캐릭터화된 아바타를 내세워 프라이버시를 지키려 할 가능성이 크다. 그럴수록 개인은 현실과 디지털공간이 혼합된 환경에 한층 더 몰입하고 빠져들어 기존과는 전혀 다른 삶의 방식을 선택하게 될 것으로 전망된다.

아바타 경제의 융성은 2000년대 초반부터 예측되어왔다. 다만 이를 뒷받침할 정도로 고도화된 정보통신기술 수준이 전 세계 주요국에서 4세대 롱텀에볼루션(4G LTE) 이상 수준으로 완비되기까지 시간이 걸린 탓에 아바타 경제가 아직 폭발적인 성장 단계에 이르지 못한 것이다. 2019년부터는 우리나라를 시작으로 주요국이 4G보다 최대 20배 빠른 5G이동통신서비스를 상용화했고, 2020년 코로나19 여파로 비대면 문화가 확산되고 있어 아바타 경제 및 아바타 문화 조류는 가속화할 것으로 보인다.

비대면 문화와 결합된 아바타 경제는 어떤 모습일까? 서비스 상품과 노동력의 국경을 초월한 이동이 훨씬 가속화되고, 글로벌 시장의 통합이 가속화될 수 있다. 미국의 유명저널리스트 맷 빈Matt bean은 2012년 7월 메사추세츠공과대학이 발간하는 저널인 〈테크놀로지리뷰Technology Review〉에 '아바타 경제Avatar Economy'라는 글을 기고해 미국에서 1천8백 마일(약 2천9백 킬로미터) 떨어진 해외의 용역센터에서 노동자들이 로봇을 원격조종해 미국에 다양한 서비스를 제공할 수 있을 것이라고 내다봤다.

이미 미국 기업들이 다양한 업종의 콜센터를 인도 등에 두고 해당 센터를 통해 미국 고객의 민원 상담업무를 하고 있는 점을 감안하면 아바타 로봇을 통한 초국적 원격근로 서비스는 현실이 될 가능성이 커 보인다. 내국인 노동자는 외국의 저임금 근로자와 일자리 경쟁에 내몰리는 부작용이 있을 수 있지만, 공격적인 시각에서 보면 우리 근로자들이 글로벌 시장에 역으로 진출하는 기회도 될 수 있다. 이 같은 일이 실현되려면 주요국의 노동 규제와 통신 규제, 무역협정 등이 우선 정비되어야 할 것이다.

오래된 미래: 공유경제

구닥다리 경제 모형의 부활

출근길. 도로는 차로 꽉 막혔고 빈 택시도 찾기 힘들다. 그런데 자세히 보니 대부분의 자동차에 운전자만 탄 경우가 대부분이다. 도로에는 빈 좌석이 가득한 자동차가 즐비한데, 길에는 지각할까 발을 동동 구르는 이들이 많다. 만약에 각 자동차에 사람을 5명씩 채우는 방식으로 도로에 있는 차를 줄이면 길이 얼마나 뻥 뚫릴까? 돈은 얼마나 절약할 수 있을까? 요즘은 자동차 없는 집이 드물지만 자동차를 주 7일 24시간 타는 집도 드물다. 그런데도 보험료와 주차비 등 차량 유지비는 전액을 내야 한다.

집도 마찬가지다. 휴가, 출장 등으로 집을 통째로 비우기도 하고 안 쓰는 방이 있는 경우도 있지만, 집세와 관리비는 365일 100% 내야 하는 고정비용이다. 쓰지 않는 집 공간을 필요한 사람과 나눠 쓰면 어떨까? 그렇게 한 달 관리비라도 벌 수 있다면 이렇게 은혜로운 일이 있을까?

공유경제의 폭풍 성장

일상에서 겪는 불편 때문에 누구나 위와 같은 생각을 한 번쯤은 해 봤을 것이다. 실제로 우버, 에어비앤비의 창업자들은 자신이 느낀 답답함을 해결하고자 자동차, 집을 공유해서 쓰는 회사를 창업했고, 훗날 대박을 터트렸다. 기존에 볼 수 없던 비즈니스 모델에 대해 미국의 학계에는 '공유경제'라는 근사한 이름까지 붙여 주었다. 처음 회자될 당시만 해도 어색한 구석이 없지 않았던 이 조어는 이제 곳곳에서 쓰인다.

공유경제sharing economy는 여기저기 흩어져 있는 누군가의 유휴자원을 이를 필요로 하는 사람과 나눠 쓰는 경제행위다. 놀고 있는 물건, 공간을 활용할 수 있다면 소유자는 쏠쏠한 용돈벌이를 할 수 있고, 수요자는 저렴하게 이용할 수 있고, 중개자는 수수료를 챙길 수 있다. 소유가 줄어드는 만큼 자원 절약까지 하게 되니 '착한 소비'이기도 하다. 누이 좋고 매부 좋고, 도랑 치고 가재 잡는 일인 셈이다.

장점이 많지만 과거 공유경제는 비주류, 틈새 비즈니스로 취급받았다. 지인들 사이에서 또는 지역공동체 단위에서 소소한 영리 거래 혹은 아예 비영리 형태로 이뤄졌기 때문이다. 카풀, 벼룩시장, 민박을 생각해보면 쉽다. 당연히 큰돈이 될 리가 없는 경제행위들이다.

그러나 공유경제는 2000년 중후반부터 급성장해 이제는 기존 산업, 아니 자본주의 경제의 패러다임 전환을 이끄는 대세로 주목받고 있다. 대표적인 공유숙박업체 에어비앤비는 2017년 기준 총 4백만 개의 방을 제공하며 당시 총 객실 수가 390만 개인 메리어트, 힐튼, 인터컨티넨털 등 글로벌 5대 호텔체인을 넘어섰다.

우버의 시가총액도 2020년 7월 기준 5백억 달러를 웃돌아 4백억 달러에도 못 미치는 제너럴모터스를 크게 앞서 있다. 공유기업의 폭풍 성장은 여기서 그치지 않을 전망이다. 컨설팅업체인 프라이스워터하우스쿠퍼스(PwC)는 금융, 주거, 차량, 콘텐츠, 원격근무 등 5대 주요 공유경제 분야에서 기업들의 매출이 2013년에는 150억 달러였지만 2025년까지 3천350억 달러에 이를 것으로 내다봤다. 그러면서 공유기업의 시장 점유율이 6.2%에서 10여 년 만에 50%까지 급증한다는 예측을 내놨다. 공유경제를 틈새시장이나 일시적인 트렌드 정도로 치부해서는 안 되는 이유다.

소비로 자아 실현하던 현대인, 공유로 눈 돌리다

공유경제는 새로운 경제 모델이 아니다. 대량생산·대량분배·대량소비로 압축되는 산업자본주의가 도래하기 전 경제활동의 기본은 공유였다. 산업혁명을 거치며 현대적인 형태의 기업이 출현하기 전 경제활동의 핵심 단위는 가계였다. 경제라는 뜻의 영어 단어 'economy'는 가계를 뜻하는 그리스어에서 비롯됐다.

근대 이전의 사회에서는 가장의 지휘 아래 구성원 모두가 생산과 상거래에 참여했다. 아버지가 사장님, 나머지 가족이 직원인 셈이었다. 가족 중심, 지역공동체 중심의 경제에서는 서로를 믿고 재화와 용역을 빌려주고 빌리는 것이 일반적이었다. 농촌에서는 자체적으로 두레나 품앗이 등을 통해 부족한 노동력을 보완했다. 마을 냇가의 물레방아도 공동 소유이거나 소유주(영주)에게 사용료를 내고 같이 쓰는 대표적인 공유 생산설비였다.

산업혁명 이후 상업경제가 발달했음에도 공유의 명맥은 꾸준히 이어졌다. 내게 필요 없는 물건을 파는 벼룩시장은 꾸준히 열렸으며, 물자 부족을 메우기 위한 수단으로 갖가지 자원을 공유하는 것은 수십 년 전까지 흔한 일이었다. 지금의 젊은 세대는 믿지 않겠지만 한 마을이 전화기, 텔레비전을 공유했으며 세탁실, 세면장, 화장실까지 같이 썼다. 형제자매 사이에서 옷을 물려받는 일은 극히 일부 부잣집을 제외하곤 당연한 일이었다.

산업혁명 후 100여 년이 흘러 기틀이 잡힌 산업자본주의 체제는 공유하는 삶의 방식에 큰 변화를 가져왔다. 많이 생산하고 많이 소비하는 것이 미덕인 사회가 됐기 때문이다. 전지구적 분업화를 통해 대량생산 체계를 갖춘 기업들은 물건 팔 곳을 찾는 데 혈안이 됐다. 과거에는 식민지 개척으로 판로를 뚫었지만 이제는 그럴 수 없는 상황이다. 그러다 보니 기업들은 온갖 마케팅을 통해 '소비는 곧 자아실현이자 행복'이라는 공식을 소비자의 뇌리에 주입했다.

임금노동자로 주머니가 두둑해진 개인들은 소유를 통한 자유를 향유했다. 마이카·마이홈 시대가 열리면서 본격적인 과잉생산, 과잉소비 체제가 확립됐다. "나는 쇼핑한다. 고로 존재한다I shop, therefore I exist."* 사람이 무엇인가를 사기 위해 존재한다는 것은 산업, 소비 자본주의의 요체를 드러낸 말이다.

---

* 미국의 개념미술가 바버라 크루거Barbara Kruger가 1987년 선보인 작품의 제목. 데카르트의 "나는 생각한다, 고로 존재한다"를 차용한 것으로, 현대인은 자신의 존재를 확인하기 위해 쇼핑을 한다고 표현했다. 작품이 나온 후 티셔츠, 쇼핑백 등 반복 제작이 가능한 상품에 이미지로 쓰이기도 했다.

바바라 크루거, 1987.

그러나 견고했던 소비자본주의에도 2008년 금융위기를 기점으로 균열의 조짐이 생겼다. 저성장과 양극화로 대다수 가계의 구매력이 저하되면서 대안적인 소비 방식인 공유에 관심을 갖게 된 것이다. 실용주의로 무장한 밀레니얼 세대가 소비의 중심축을 이루고, 중산층에서 밀려나는 가계가 증가하면서 사용 빈도가 낮은 고가품은 빌려 쓰는 게 합리적인 소비라는 인식이 자리 잡았다. 유휴자산을 활용해 월급 외에 부가 소득을 올리려는 욕구도 커졌다.

날로 심각해지는 자원 남용, 환경 파괴에 대한 사회적 인식의 변화도 공유경제의 저변을 확대시켰다. 기후변화는 '소비 왕국' 미국처럼 전 세계인이 '사서 쓰고 버리고'를 반복한다면 지구가 버텨내지 못할 것임을 계속해서 경고하고 있다. 과잉생산·과잉소비가 지구에 가하는 하중에 대한 우려는 자연스럽게 나눠 쓰는 행동에 대한 긍정적인 인식으로 이어졌다. 중고 사용이 칙칙한 일이 아니라 쿨한 경제행위가 됐다.

디지털기술이 소환한 오래된 경제 모형

경제적, 환경적 변화가 현대 공유경제에 활주로를 깔아줬다면, 본격적으로 비상할 수 있게 한 동력은 스마트폰과 디지털기술이 제공했다. 이 지점에서 지금의 공유경제와 과거의 공유경제가 본질적으로 갈라진다.

과거의 공유는 지역 네트워크 범위 내에서만 이뤄지는 데 그쳤다. 반면 현대의 디지털기술은 공유의 스케일과 방식을 획기적으로 업그레이드했다. 지역공동체에 국한됐던 공유경제 거래 상대의 범주가 스마트폰으로 연결 가능한 모든 이들로 확장됐다. 경제적 공동체의 범위가 전 지구적으로 넓어진 셈이다.

과거에는 알음알음으로 연결된 지인들 사이에서, 동네 사람들이 모이는 장터에서 공유가 이뤄졌다면 이제는 전혀 모르는 남, 외국 사람과의 공유까지 가능해졌다. 스마트폰을 매개로 한 디지털 장터에는 국경이 없기 때문이다. 이 같은 공유경제의 화려한 부활을 놓고 요차이 벤클러Yochai Benkler 하버드대학교 교수는 "자본주의의 위세에 눌려 변방으로 밀려났던 과거의 경제 모형이 디지털기술의 출현으로 새롭게 재등장"했다고 요약했다.

고도 산업자본주의 시대에 돌아온 이단아, 공유경제는 일상의 불편을 '착한 소비'로 해결해보자는 소박한 취지에서 탄생했다. 시작은 소박했지만 이후 본격적으로 살펴볼 공유경제의 창대한 파급력은 아마 에어비앤비, 우버의 창업자들조차 짐작하지 못했을 것이다.

공유, 어디까지 가능할까

소박한 아이디어에서 시작한 공유경제는 사회의 모든 분야를 파고들며 다양한 방식으로 진화하는 중이다. 공유경제가 우선 번성한 분야는 값비싼 내구재 관련 시장이었다. 비싸지만 항상 쓰는 물건이 아니라면 소유권 100% 확보·유지를 위해 목돈을 쓸 필요가 없기 때문이다. 그래서 집, 차, 사무공간 등을 공유하는 기업이 일찌감치 탄생했고 해를 거듭하며 폭풍 성장했다. 공유경제의 진격은 여기서 그치지 않았다. 스마트폰의 보급과 디지털기술의 발달은 공유의 대상을 유형, 무형 가리지 않고 가치를 가진 모든 자원으로 확장했다. 공유경제의 무한도전은 현재진행형이다.

내 방으로 들어온 공유경제

코로나19로 자가용을 갖고 다닐 일이 부쩍 많아진 김사유 씨는 시내에 나올 때마다 스트레스다. 차를 댈 곳이 마땅치 않고, 주차장이 있다 해도 비용이 엄청나기 때문이다. 그는 최근 이런 고민을 덜어줄 앱을 발견하고 너무나 반가웠다. 공유주차장 앱이었다. 목적지를 입력하면 인근에 저렴하게 주차할 공간을 알려준다. 이 앱은 수많은 빌딩으로부터 여유 공간 상황을 실시간으로 전송받아 제공할 뿐 아니라 낮에 비워두는 거주자 우선주차구역에도 차를 댈 수 있도록 주선해준다. 주차비 수익은 앱 운용업체와 공간을 내놓은 빌딩 소유자, 거주자가 나눈다.

공유경제가 우리 일상에 성큼 다가온 사례는 셀 수 없이 많다. 공유주차장은 해외에서 먼저 시작돼 한국에서도 인기를 끌고 있다. 자주 사용하지 않는 명품 옷이나 가방 공유(옷장 공유), 아이들이 쉽게 싫증 내는 장난감 공유, 가끔 필요한 고가의 장비 공유(공구 공유) 등 공유경제의 대상은 일상용품까지 확대됐다.

넷플릭스Netflix, 스포티파이Sportify, 멜론Melon 등도 공유경제의 범주에 속하는 기업이다. 좋아하는 영화의 비디오테이프를 어렵게 구해 소장하거나 인기가수의 CD나 카세트테이프를 사는 일은 이제 추억으로만 남았다. 이제는 공유플랫폼을 통해 소유하지 않고도 필요할 때 쉽게 듣고 볼 수 있다.

숙박, 모빌리티, 사무공간 등 공유경제 바람이 처음 불었던 분야에서는 소비자 니즈에 맞춰 서비스가 세분화되는 추세다. 에어비앤비가 일반적인 호텔 시장을 겨냥한 것이라면 원파인데이One fine day라는 공유숙박기업은 대저택, 별장 등 하이엔드급 숙박시설을 제공한다. 카우치서핑Couch Surfing은 상업성이 배제된 '친구 재워 주기' 같은 서비스다.

모빌리티 분야 역시 자동차에서 시작해 자전거, 전동킥보드, 전동휠 등으로 운송수단의 경계가 넓어지고 있다. 업무공간 분야에도 위워크WeWork 같은 간판 서비스 외에 중장년층을 위한 시니어플래닛Senior Planet, 여성 창업자들을 위해 보육시설까지 갖춘 더윙The Wing 등 특정 수요자를 겨냥한 다양한 성격의 공유오피스 업체들이 등장했다.

흥미로운 점은 이런 공유업체들이 실물자산을 전혀 갖고 있지 않다는 점이다. 에어비앤비가 호텔 방 하나 소유하지 않고 전 세계 최대 호텔 체인보다 더 많은 방을 제공하듯이 주차장 공유업체는 땅 한 평 없이 서울에서 가장 큰 주차장을 운용한다. 사무실 공유업체인 위워크나 패스트파이브Fastfive도 빌딩 한 채 없이 가장 큰 사무실 임대 업체가 됐다.

노동, 시간, 돈을 공유하는 시대

공유경제의 범위는 이제 '실물자산'을 넘어섰다. 사용 빈도가 낮고 보관이 불편하고 가격이 비싼 물건을 중심으로 성장했던 공유경제는 재능, 노동력, 시간, 돈 등의 무형자산과 자본까지도 그 자장 안으로 편입시켰다.

태스크래빗TaskRabbit, 타임뱅크Time Bank, 크몽kmong, 숨고Soomgo 같은 앱에서는 사용자들 간에 재능과 노동력이 거래된다. 장보기 심부름, 이삿짐 나르기, 정원 손질 같은 단순노동부터 컴퓨터 기술, 외국어 공부, 악기 레슨, 프로그래밍 등의 고난도 기술까지 수요와 공급이 매치된다. 누구나 남는 시간, 여유 노동력, 기술이 있다면 이런 플랫폼에 접속해 자신의 무형자산을 내놓으면 된다.

프리젠테이션을 위한 슬라이드(PPT 파일)를 잘 만드는 법을 배우고 싶다고 치자. 예전 같으면 컴퓨터 학원의 강좌를 알아봐야 했겠지만, 이제는 맞춤형 일대일 강사를 재능공유 플랫폼을 통해 찾을 수 있다. 가르치는 사람의 직업이 꼭 컴퓨터 강사일 필요도 없다. 대학생이나 일반 직장인 중에 PPT의 고수가 있다면 남는 시간에 본인의 재능을 이용해 돈을 벌 수 있다.

코로나19 이후 본격화하는 언택트 시대에 온라인을 통한 교육은 더욱 활발해지고 있다. 마스터클래스, 클래스101 등에서는 오프라인 강의실에 가지 않고도 아마추어 강연자부터 유명 강사의 강의까지 골라 들을 수 있다.

자본 공유경제의 대표적인 사례는 크라우드펀딩crowdfunding 이다. 크라우드펀딩은 여러 개인이 소액의 여윳돈을 모아 투자하고 그 수익을 개인에게 돌려주는 식의 자금 조달 방식이다. 세계 최대 스타트업 크라우드펀딩 업체인 킥스타터는 2009년 설립 이래 총 52조 달러의 자금을 유치해 총 18만 5천607건의 프로젝트에 투자했다. 여기에 참여한 개인 투자자들은 1천8백만 명이 넘는다. 한국의 대표 크라우드펀딩 회사인 와디즈 역시 2016년 106억 원에 불과했던 투자 규모가 2020년에는 4천억 원에 달할 것으로 전망된다. 과거 스타트업 투자는 벤처캐피털리스트와 같은 자본가의 전유물이었지만 이제는 소액으로도 어엿한 자본가가 될 수 있는 길이 열렸다.

생산과 소비의 생태계가 바뀐다

공유경제의 진화가 함의하는 바는 크다. 기존 대량생산·대량소비 중심의 산업경제체제 아래에서는 생산자와 소비자가 이분화되어 있었다. 거대 자본이 대량생산의 주체이고, 대부분의 사람은 이를 소비하는 수동적 객체일 뿐이었다. 그리고 최대한 많은 소비를 하도록 온갖 독려가 이뤄졌다. 그러나 공유경제 시대에는 공유기업 플랫폼을 매개로 누구나 생산자이자 자본가이자 소비자가 될 수 있다. 공유경제의 물결이 산업혁명 이후 한 번도 바꾸지 못했던 자본주의 운영방식에 균열을 가져왔다는 평가가 나오는 이유다.

특히 협력적 소비와 협력적 생산을 가능하게 하는 공유경제는 창업비용을 획기적으로 낮추며 개인의 창업 문턱을 크게 낮췄다. 퀴키 Quirky라는 공유플랫폼은 아이디어를 가진 사람이 이를 사이트에 올리면 다른 사람이 사업화할 경우 아이디어를 팔거나 이익을 나눌 수 있도록 한다. 그뿐만이 아니다. 시제품을 생산하는 공유플랫폼인 테크숍Techshop에서 자신의 아이디어를 상품화해볼 수도 있다. 승산이 있다고 판단하면 킥스타터나 와디즈 같은 크라우드펀딩 플랫폼에서 자금을 조달할 수도 있다. 창업의 각 단계에서 공유플랫폼을 통해 필요한 지적재산권, 기술, 생산, 자금 등을 끌어올 수 있는 환경이 조성되자 쉬운 창업 시대가 열렸다.

꼭 창업이 아니어도 공유경제는 개인의 역량을 최대한 효율적으로 활용해 생산활동을 할 수 있는 장을 열었다. 요즘 말로 개인 역량을 '플렉스flex(보디빌더가 힘주어 근육질 몸매를 내보이듯 뭔가 뽐내고 자랑할 때 쓰는 말)'할 수 있도록 판을 깔았다.

고 이민화 KAIST 교수는 공유경제 시대에는 일자리가 일거리로 분해되고, 본인이 잘하는 일을 중심으로 일과 놀이가 재결합된다는 점을 강조했다. 본인이 잘하는 일, 좋아하는 일을 취미 이상으로 승화시켜 돈을 벌 기회의 장들이 각종 공유경제 플랫폼에 열려 있기 때문이다. 이런 플랫폼은 직장이 아닌 업을 갖는 시대가 가능하도록 만들었다. "어느 회사 다녀?"가 아니라 "어떤 일 할 줄 알아?"를 물어야 하는 세상이 열렸다. 공유경제 플랫폼은 한 직장에 얽매이기보다는 개인의 창의력과 잠재력을 극대화할 수 있는 토대가 됐다. 다만 개인의 프리랜서화에 불을 당긴 공유경제의 부작용에 대해서도 우려는 있다. 이 내용은 뒤에서 자세히 다루고자 한다.

공유경제의 대가인 아룬 순다라라잔Arun Sundararajan 하버드대학교 교수는 공유경제의 부상이 유휴자원을 이용한 소비자 편익 증대, 스타 기업의 탄생 이상의 거대한 변화를 몰고 왔다고 평가했다. 공유경제는 산업혁명 이후 한 번도 궤도 이탈 없이 질주해온 자본주의를 제3의 소유, 생산, 운영 방식의 대중자본주의 시대로 이끌고 있다.

산업자본주의에서는 기업 및 자본과 개인의 관계가 골리앗과 다윗처럼 힘의 균형이 맞지 않은 채 일방적인 관계였다. 그러나 공유플랫폼을 통해 연결된 개인은 소비자이자 생산자, 자본가가 될 수 있다. 그토록 견고했던 산업자본주의의 소비 방식에 공유경제가 어떤 지각변동을 일으켰는지 다음 장에서 집중적으로 살펴보자.

소유에서 경험으로,
오너십에서 멤버십으로

20대 회사원 김나영 씨는 해외여행을 갈 때 종종 카우치서핑을 이용한다. 카우치서핑은 에어비앤비와 여러모로 다르다. 카우치서핑은 전 세계 생면부지의 여행객을 자신의 집 한편에 기꺼이 재워주고자 하는 이들과 여행자를 연결하는 플랫폼이다. 해외에 있는 친구 집에서 머물 듯 현지인의 집에서 공짜로 묵을 수 있다. 프로필, 후기 등의 기본적 검증 외에 정성스러운 신청 편지를 통해 호스트로부터 승낙을 받는 절차가 있지만, 대가에 따른 서비스 제공이라는 상업적 요소가 빠져 있다. 그러다 보니 불편하거나 불쾌한 경험을 할 때도 있다. 그럼에도 나영 씨가 카우치서핑을 이용하는 이유는 단점을 뛰어넘는 매력이 있기 때문이다. 관광지와 호텔을 중심으로 찍어낸 듯한 여행 대신 자신의 방을 기꺼이 내준 현지인과 만나 교류하면서 '나만의 경험'을 할 수 있다는 점이다.

'미me 이코노미' 밀레니얼의 부상

지난 십여 년간 공유경제가 급성장할 수 있었던 건 이용자들의 뜨거운 호응 때문이다. 그 주축은 밀레니얼 세대다. 1990년부터 2000년대 초반에 출생한 이들이 세계 인구 3분의 1을 차지할 정도로 비중이 높은 데다 사회생활을 시작하면서 주 소비층으로 떠오르고 있다. 20대에서 30대 초반인 밀레니얼 세대의 특징은 소유보다 경험을 중시해 경험을 위해서라면 기꺼이 지갑을 연다는 점이다.

세계 어디를 가나 비슷비슷한 호텔에 투숙하고 인스타나 블로그에 소개된 유명 맛집과 관광지를 그대로 섭렵하는 방식의 여행은 밀레니얼이 보기에 따분하고 촌스럽다. 이들에겐 출발하기 전에 카우치 서핑의 호스트와 이메일을 교환하는 것부터가 여행의 시작이다. 아무 대가도 없이 자신을 재워준 집주인과 같이 현지 식당에 가거나 요리를 해주며 우정을 쌓는 것도 여행의 일부다.

공유경제는 개성과 고유의 경험을 중시하는 밀레니얼 세대의 소비코드와 만나 제대로 꽃을 비웠다. 에어비앤비나 리프트LYFT도 초기에는 기존의 숙박이나 운송서비스와 차별성이 부각됐다. 에어비앤비가 돈이 된다는 인식이 퍼지자 아예 숙박 사업을 목적으로 집을 사서 빌려주는 호스트도 이제는 많이 생겨났지만, 초기에는 집 관리비나 벌어볼 심산에 남는 방을 활용해 부가 수입을 올리려는 평범한 집주인이 다수였다. 여행객 입장에서는 현지인이 사는 집에서 저렴한 가격에 묵을 수 있다는 점이 큰 매력이었다.

핑크색 콧수염 로고가 인상적인 차량공유 앱 리프트도 초기에는 카풀의 성격이 강했다. 나 홀로 운전자가 가욋벌이를 위해 동승자를 구하는 경우가 많았다. 이용자들은 운동선수, 학교 선생님, 헤어드레서 등 다양한 직업을 가진 운전자와 이런저런 대화를 나누며 목적지에 가는 동안 느낄 수 있는 편안함을 리프트의 장점으로 꼽는다.

개성과 경험이라는 코드 외에 밀레니얼 세대가 공유경제를 즐겨 찾는 데는 경제적인 이유도 있다. 밀레니얼 세대는 자본주의가 시작된 이래 최초로 부모 세대보다 가난한 세대라는 비관적인 진단을 받았다. 2019년 뉴욕대학교 조사에 따르면, 1980년대 후반 출생 중 부모 세대보다 사회·경제적 지위가 높은 직업을 가진 이는 44%에 불과했다. 이 비율이 50% 이하로 떨어진 것은 미국 역사상 처음이었다. 2008년 금융위기 이후 저성장 시대가 본격화하면서 밀레니얼 세대의 생애소득 기대치는 부모 세대보다 낮다.

소비의 기회를 누린다

주머니가 얄팍한 밀레니얼 세대에게 공유기업은 효용감이 좋은 소비 기회를 제공한다. 사용 빈도가 높지 않은 내구재를 필요할 때만 빌려 쓰면 가성비 높은 소비를 할 수 있다. 이제는 "그런 것까지 빌려 써?" 하는 품목까지 공유의 대상이 되고 있다. 대표적인 예가 명품 가방이나 옷이다.

미국의 최대 의류 공유회사인 렌트더런웨이Rent the Runway는 지난해 10억 달러의 기업가치를 인정받기도 했다. 한국에도 이와 유사한 공유기업인 클로젯셰어Closet Share가 있다. 일정 금액을 내면 명품 옷이나 가방을 정기적으로 빌릴 수 있다. 내가 가진 옷이나 가방도 등록해놓으면 남들도 빌려 간다. 이 과정의 수익도 분배받을 수 있다.

밀레니얼 세대에게는 내 소유냐 아니냐가 중요하지 않다. 내가 필요할 때 쓸 수 있다면 그만이다. 부모 세대가 소유를 통한 자아실현이나 자기과시가 몸과 마음에 밴 소비자본주의 시대의 시민이라면, 밀레니얼 세대는 가성비를 넘어 가심비(가격 대비 만족감의 비율)를 중시하는 소비자다.

디지털 기반의 공유경제는 디지털 기기 사용이 자연스러운 밀레니얼 세대에게는 그야말로 자유자재로 이용할 수 있는 놀이터다. 이민화 교수는 "과거에는 소유해야 누릴 수 있었지만, 이제는 공유경제로 인해 누릴 때만 소비하는 것으로 바뀌고 있다"고 말했다.

밀레니얼이 이용자의 주축이기는 하지만 공유경제가 그들의 전유물은 아니다. 에어비앤비나 우버 이용자들을 분석해보면, 다양한 나이의 사람들이 이용하고 있다. 이제는 시니어 계층에 특화한 공유서비스가 나오기도 한다. 혼자 사는 노인들이 하우스셰어링을 할 수 있도록 연결해주는 실버네스트Silvernest, 중장년층을 위한 공유오피스 실버플래닛Silver Planet이 대표적이다.

한계비용 제로의 시대, 날개 단 공유경제

자원은 희소하고 공유가 흔했던 시절, 자원 사유화 과정에서 나타난 현상이 16~19세기 영국의 인클로저Enclosure 운동이다. 공유지였던 들과 숲에 울타리를 세워 사유화하는 인클로저 운동이 일어나자 땅의 소출이 늘어나기 시작했다. 새로 등장한 땅 주인들이 버려지다시피 한 공유지를 신경 써서 관리했기 때문이다.

미국의 환경학자 개릿 하딘Garrett Hardin은 이를 '공유지의 비극'이라고 명명했다. '공유물을 자유롭게 이용하도록 놔두면 누구도 이를 돌보지 않으면서 결국 모두에게 손해가 된다'는 의미다. 토지뿐 아니라 모든 자원에 대한 소유권은 자본주의 발달의 근간이 되었고, 사유제도는 자원효율 극대화의 전제가 됐다.

그러나 미래학자인 제러미 리프킨Jeremy Rifkin은 2000년《소유의 종말The age of access》에서 사유와 공유에 대한 인식의 대전환이 일어날 것이라 예언했다. 인클로저 운동이 벌어졌을 당시 사람들 사이에 반감이 컸던 것도 사실이다. 그러나 자원의 사유화는 대세였고, 사람들은 이에 수긍하면서 이제는 사람들이 재화를 공유한다는 개념을 상상조차 할 수 없다고 여겼다. 그러나 갈수록 많은 기업과 소비자가 소유권 자체를 제한적인 개념으로, 심지어는 구시대적인 것으로 여길 것이라는 게 제러미 리프킨의 주장이었다. 리프킨이 《소유의 종말》을 쓴 20여 년 전은 스마트폰도이나 공유기업도 없던 시대였다. 그는 어떻게 지금과 같은 공유경제의 시대를 예견할 수 있었을까?

리프킨이 주목한 것은 기술 발달로 인한 한계비용의 획기적 절감이었다. 한계비용이란 재화나 서비스를 한 단위 추가 생산할 때 소요되는 비용이다. 책의 생산비용을 생각해보자. 작가가 시간과 노력을 들여 소설을 쓰면 편집자와 디자이너 등 출판사를 거쳐 인쇄업자, 유통업자 등의 여러 단계에서 비용이 발생한다. 2쇄를 제작하면 그만큼 추가로 재료비와 인쇄비, 유통비가 필요하다. 그런데 인터넷과 독서 플랫폼의 발달로 그 모든 중간 단계가 생략되고 작가와 독자가 바로 이어질 수 있는 시대가 왔다.

기술 발달은 생산과 유통에 드는 비용을 대폭 낮췄다. 로봇과 AI가 인간의 육체적 노동과 정신적 노동을 대신하면서 생산비용이 획기적으로 낮아졌다. 이런 상황에서 대규모 인터넷 플랫폼이 수요와 공급을 효율적으로 연결하면서 거래비용도 과거와 비교할 수 없을 만큼 줄었다. 과거 듣고 싶은 음악이 있다면 음반 가게를 찾아 음반을 '손에 쥐어야' 했지만, 이제는 스포티파이 같은 플랫폼에 '접속'하기만 하면 된다. 과거 1백 곡의 음악을 들으려면 큰돈이 필요했지만, 이제는 정액의 인터넷 이용료와 멤버십만 구매하면 어떤 곡이든 무한대로 들을 수 있다. 곡당 한계비용이 제로 수준이 된 것이다.

'한계비용 제로' 시대에 소비는 구매보다 가입, 소유보다 접속이다. 제러미 리프킨은 2000년 초반 IT기술의 폭발적 성장을 목도하면서 한계비용 감소로 경제의 비용 구조가 획기적으로 달라지고, 산업혁명 이후 우리를 지배했던 소비 방식까지 재편될 거라는 혜안을 가졌던 셈이다.

코로나 시대의 공유경제

지난 10여 년간 순항하던 공유경제는 2020년 암초에 부딪혔다. 전 세계를 덮친 보건적·경제적 재앙 코로나19의 창궐 때문이다. 코로나19의 치명률이 1% 미만임에도 흑사병과 맞먹는 인류사적 위기로 꼽는 이유는 유례없이 빠른 감염력 때문이다. 바이러스 차단을 위해 사회적 거리두기가 우선시되면서 '공유'라는 키워드 자체가 기피 대상으로 전락해 공유경제 기업들은 직격탄을 맞았다.

대표적인 공유기업들은 코로나19로 엄청난 실적 부진을 앓는 중이다. 우버는 차량 이용이 60~70% 감소했고, 직원 3천7백여 명을 내보내야 했다. 에어비앤비는 당초 2020년 3월 310억 달러에 기업공개를 앞두고 있었으나 이를 연기해야 했다. 기업가치는 180억 달러로 급하강했다. 기업들의 셧다운으로 위기에 몰린 공유오피스기업 위워 크도 1만 4천 명에서 5천6백 명으로 직원의 3분의 2를 해고하고, 대 주주인 소프트뱅크로부터 95억 달러를 긴급 수혈받아 연명할 수 있 었다.

코로나 암초에 부딪힌 공유경제

간판 공유경제기업들이 휘청거리자 "공유경제의 버블이 터졌다. 공유경제의 시대는 저물었다"는 비관론이 여기저기서 터져 나왔다. 공유경제는 코로나19에 감염된 채 짧은 인기를 마감하고 다시 변방 으로 밀려날 것인가?

그 답에 대한 힌트는 공유주방과 공유수영장의 사례에서 얻을 수 있다. 공유주방은 말 그대로 여러 외식 업체들이 한 지붕 아래 보여 주방을 공유하는 비즈니스 모델이다. 레스토랑을 하나 차리려면 별 도의 주방, 보증금, 인테리어에 개별적으로 투자해야 하고, 식재료 구 매, 배달 등 하나부터 열까지 창업자가 죄다 신경을 써야 한다. 하지 만 공유주방에서는 셰프가 몸만 들어오면 된다. 나머지는 공유주방 플랫폼에서 대행한다.

공유주방은 지난 2017년 우버의 창립자인 트래비스 칼라닉Travis Kalanick이 창업한 '클라우드키친Cloud Kitchens'이 한국에 상륙하면서 이 목을 끌었고, 이후 토종 공유주방업체들도 속속 생겨났다. 서서히 성장하고 있던 공유주방업체에 날개를 달아준 건 코로나19였다. 사회적 거리두기로 북적이는 식당을 가는 대신 음식을 배달해 먹으려는 수요가 폭증하면서 공유주방기업은 국내에서 30여 곳 이상이 성업 중이다.

이 같은 현상은 다른 나라에서도 벌어지고 있다. 얼라이드마켓리서치Allied Market Research에 따르면, 공유주방업체의 매출액은 2019년 430억 달러에서 2027년 720억 달러까지 성장할 것으로 예상된다.

2020년 여름 뜨거운 인기를 끈 스윔플리swimfly는 한마디로 수영장판 에어비앤비다. 미국, 호주, 캐나다 등 마당에 소규모 수영장이 있는 단독주택의 집주인들이 이 공유앱을 통해 자신의 수영장을 대여해준다. 코로나19의 위험을 감수하면서 대중 수영장이나 해변을 가지 않고도 자신만의 수영장에서 즐기고픈 사람들을 겨냥한 공유서비스다. 시간 단위로 저렴한 가격에 개인 풀장을 사용할 수 있을 뿐 아니라 모든 예약이 온라인으로 이뤄지기 때문에 집주인과 이용자는 마주칠 일도 없다.

코로나19는 변화된 환경에서 사업 기회를 찾아내는 공유스타트업에 새로운 기회의 문을 열어주고 있다. 자연적으로 거리두기를 가능하게 만들어주는 서비스를 통해 공유기업들은 오히려 급성장의 기회를 맞았다.

중국에서는 대중교통을 기피하는 사람을 중심으로 공유전기자전거 산업이 급페달을 밟고 있다. 수요가 급증하자 공유자전거업체인 모바이크는 2020년 2분기에 수십만 대의 전기자전거를 추가로 갖췄다. 온라인 맞춤형 교육을 제공하는 공유기업이나 온갖 종류의 배달을 대행해주는 앱 역시 코로나 특수를 맞았다.

발 빠르게 변신하는 공유기업

위워크와 같은 기존의 공유오피스기업들도 코로나19를 전화위복의 기회로 삼고 있다. 코로나19를 계기로 확산되는 재택근무가 오히려 새로운 시장을 열어줄 것으로 본 것이다.

코로나가 잦아든 이후에도 유연근무 문화가 확산된 덕에 탄력적으로 사무공간을 임차할 수 있는 공유오피스는 새로운 수요를 만들어 낼 가능성이 크다. 실제로 마이크로소프트, 시티그룹City Group, 틱톡TikTok과 같은 회사들이 코로나가 한창인 시기에 위워크와 새로운 임대차계약을 맺기도 했다.

아마존, 구글, 페이스북 등도 직원들을 본사에 집중시키기보다 주 1~3일씩 집에서 가까운 위워크 사무실에서 일하도록 하고 있다. 우버 역시 코로나19 상황에서는 대중교통보다 상대적으로 안전한 이동수단이 될 수 있다는 점을 부각시키며 철저한 방역으로 이용자를 불러들이고 있다. 레스토랑 음식 배달서비스인 우버이츠Uber EATS의 사업을 팬데믹 쇼크의 돌파구로 삼기도 한다.

공유기업들은 전통적인 기업보다 유연하게 대응할 수 있는 속성을 갖고 있어 위기에 강하다. 무엇보다 자산을 보유하지 않는다는 게 강점이다. 코로나19 확산 이후 타격을 크게 받은 공유기업들은 차량 및 숙박공유업체들이다. 따지고 보면 '공유'기업이라서 코로나19의 타격을 받았다기보다 여행 및 이동서비스 업종에 속했기 때문에 영향이 더 큰 것으로 볼 수 있다.

같은 분야의 전통 기업들은 사실 더 큰 피해를 봤다. 빌딩을 직접 보유하는 호텔체인들은 관광객이 끊기면 당장 빚에 허덕이다가 파산할 수 있지만, 에어비앤비는 매개 플랫폼이므로 인건비 등의 운용비용만 줄이면 상대적으로 손해를 덜 보는 구조다. 다른 공유기업들도 마찬가지다. 인력이나 개인의 자금을 중개해주는 공유플랫폼기업들은 직접 이런 인력을 고용하거나 자산을 보유한 것이 아니기 때문에 고정비용이 훨씬 덜 든다.

그러다 보니 위기를 넘긴 이후에 더 강력한 플랫폼으로 자리 잡을 것이라는 기대도 크다. 기업가치가 일부 감소하기는 했지만 여전히 공유기업들의 몸값은 높다.

CB인사이트에 따르면 2020년 8월 기준 전 세계 유니콘 기업 중에서 가장 몸값이 높은 곳은 틱톡(1천4백억 달러)이었으며, 2위는 중국의 승차공유업체 디디추싱(560억 달러)이었다. 이 회사를 포함해 20위 안에 에어비앤비(180억 달러), 도어대시DOORDASH(160억 달러), 그랩Grab(143억 달러), 인스타카트instacart(138억 달러) 등 5개 업체가 포진했다. 설립된 지 10년도 안 된 회사들이 포스코, SK하이닉스보다 비싼 기업가치를 자랑하고 있다.

강력한 혁신 플랫폼은 살아남는다

코로나19 사태에도 불구하고 스타 공유기업들이 건재한 이유는 혁신적 플랫폼의 기능 때문이다. 공유기업들은 AI, 빅데이터 등의 IT기술을 활용해 효율적인 자원의 매칭을 가능케 한다.

예컨대 대출공유플랫폼인 렌딩클럽LendingClub의 경우 서류심사, 리스크관리 등의 과정을 집적된 데이터와 IT기술을 통해 해결함으로써 운용비를 2% 미만으로 낮췄다. 일반 은행의 운영비가 5~7%라는 점에서 경쟁력을 확보한 셈이다. 특히 사용자와 자산이 모일수록 비용은 더 낮아지므로 혁신의 선순환이 일어나고, 플랫폼은 더욱 견고해질 것이다.

공유기업들은 신뢰의 문제도 기술을 통해 해결하고 있다. 콘택트가 지고 언택트가 뜨는 시대에 생면부지의 상대방을 믿고 거래하려면 안전장치가 필요하다. 수많은 데이터를 집적하고 분석하는 공유기업들은 플랫폼에 접속한 수요자와 공급자의 행태와 평판을 수집하고 있다. 이렇게 분산된 정보를 모아 서로 모르는 사람끼리 기꺼이 협업하고 거래할 수 있도록 지원한다.

공유경제 전문가 레이철 보츠먼Rachel Botsman이 강조했듯이, 이제는 사람들이 만나지 않고도 신뢰하고 거래할 수 있는 대대적인 '신뢰 이동의 시대'가 오고 있다. 그 중심에 공유경제 플랫폼이 있다.

공유경제의 지속가능한 미래

공유경제는 코로나19라는 시련의 시기 속에서 새로운 수요를 파고
들고 있다. 사회적 거리두기에 따라 언택트 플랫폼이 각광을 받는 가
운데 속성상 플랫폼을 기반으로 하는 공유경제도 새로운 성장 경로
를 찾아가는 중이다.

공유경제의 키가 커질수록 그림자 역시 길어지는 것도 사실이다.
이번 장에서는 공유경제가 낳은 부작용과 대응 방안을 살펴보고자
한다. 공유경제는 우리 사회와 삶 속에서 조화로운 경제 모델로 지속
가능할 수 있을까?

공유경제의 또 다른 이름, 긱이코노미

미국 로스앤젤레스에 사는 저널리스트 조엘 스타인Joel Stein은 몇 년 전 공유경제를 통해 생계 유지가 어떻게 가능한지 실험에 나섰다. 그는 자신이 소유한 미니쿠퍼를 릴레이라이즈RelayRides라는 차량공유 앱을 통해 하루 동안 빌려주고 27달러를 받았다. 또 리프트의 운전기사로 하룻밤 동안 125달러를 벌었다. 또 자신의 집에서 식사를 제공하는 공유식탁서비스인 잇위드Eat with 앱을 통해 8명의 사람들에게 요리 솜씨를 발휘하며 인당 30달러를 받았다.

이외에도 그는 남은 시간을 활용해 펫시터pet sitter를 하거나 에어비앤비 호스트로 돈을 벌 궁리도 했다. 스타인은 본업인 글쓰기를 하면서 자신이 소유한 자산과 남는 시간(노동력)을 활용해 전보다 많은 수입을 올렸다. 이 과정을 몸소 확인하면서 새로운 일자리 시장이 열리고 있음을 체감했다.

공유경제는 그동안 생각지 못했던 방식의 일자리를 창출하고 있다. 공유경제 플랫폼에 접속하기만 하면 자신의 남는 시간, 노동력, 자산 등을 활용해 손쉽게 수익을 올릴 수 있다. 노동시장의 진입장벽이 획기적으로 낮아진 셈이다.

공유경제가 성장하면서 플랫폼에서 일자리를 찾는 플랫폼노동자도 급격히 증가했다. 2017년 EU 집행위원회의 협력경제를위한 연구프로젝트(JRC COLLEEM)가 수행한 설문조사에 따르면, 플랫폼

노동 종사자 비율이 유럽은 전체 취업자 수의 평균 10.2%, 미국은 10%~13%로 추산됐다. 한국고용정보원에 따르면, 국내 플랫폼노동 종사자는 2018년 기준 47~54만 명 선이다. 최근까지 이들의 숫자는 기하급수적으로 늘었다.

플랫폼노동자의 대부분이 공유승차기업 운전자, 배달원, 인력공유 업체의 직원 등이어서 양적인 측면에서 보면 공유경제가 일자리 증가에 기여한 것은 사실이다. 그러나 실상 양산된 일자리의 면면을 보면 실망스럽기 짝이 없다. 저임금, 미숙련의 프리랜서 일이 대부분이기 때문이다.

실제로 한국의 경우 공유기업에 접속해 일하는 배달기사, 심부름 대행 근로자들은 주 평균 5.2일, 하루에 8.22시간을 일하지만 월 평균 소득은 152만 원에 그치는 것으로 나타났다. 2018년 매사추세츠공과대학 연구팀 조사에 의하면, 우버와 리프트의 운전자 중 74%가 최저임금보다 못한 수입을 올리고 있다.

로버트 라이시Robert Reich 전 미국 노동부 장관은 공유경제를 '부스러기 경제scraps economy'라고 비판한 바 있다. 거대 공유플랫폼기업들은 돈방석에 앉았지만 수많은 플랫폼노동자들에게는 푼돈만 돌아가고 있기 때문이다. 플랫폼노동자들은 최소 근로시간을 보장하지 않는 '제로아워zero hour 계약'으로 인해 소득이 불안정할 뿐 아니라 건강보험, 산재보험, 유급병가 등 일반적으로 회사가 직원에게 제공하는 기본적인 복지혜택에서도 소외된다. 임시 일자리 경제를 뜻하는 '긱이코노미gig economy'는 공유경제의 또 다른 얼굴이었던 셈이다.

공유경제가 낳은 부작용은 또 있다. 기존 산업과의 충돌이다. 우버는 전 세계에서 택시 운전사들의 강력한 반발을 불러일으켰다. 비싼 면허를 사서 운행하고 있는 택시업계 입장에서 우버는 혁신이라는 포장지를 둘렀을 뿐 실상은 무면허 택시 영업이기 때문이다.

에어비앤비는 숙박업계뿐 아니라 세입자들로부터도 원성을 샀다. 숙박업 인가를 받기 위해서는 까다로운 위생, 안전 기준을 충족해야 하지만 에어비앤비는 빈방을 인터넷에 내놓기만 하면 끝이다. 게다가 대도시일수록 집을 단기 임대하면 더 높은 수익을 올릴 수 있어 장기 세입자를 내쫓는 집주인이 늘고 있다. 임차인이 여행객에게 쫓겨나는 '투어리피케이션tourification' 현상이다.

공유기업 혹은 또 다른 독점 플랫폼

공유경제 기업의 독점 플랫폼화 역시 심각한 문제로 부각되고 있다. 공유기업은 유휴자원과 수요자를 연결해주는 업의 속성상 플랫폼 효과의 극대화를 노린다. 플랫폼이 강력할수록 사람이 몰리고 플랫폼의 독점력도 커진다. 공유경제라는 새로운 경제 양태가 개인에게 생산과 소비의 주체가 될 수 있는 기회 민주화를 가져다줄 거라는 기대도 컸다.

그러나 플랫폼의 힘이 막강해지면 이를 통해 거래하는 개인들은 힘의 균형에서 열위에 선다. 에어비앤비는 호스트가 다른 중개사이트와 거래를 하지 못하도록 제재해 물의를 일으켰으며, 한국에서는 50%에 달하는 위약금을 부과해 논란이 되기도 했다.

당초 공유기업은 개인이 쓰지 않는 자동차, 자전거를 빌려준다는 개념이었지만 이제는 공유기업이 자동차를 아예 대량 구매해서 운행하고 있다. 똑똑한 공유경제 스타트업은 거대 벤처캐피털로부터 받은 자금으로 대대적인 투자를 집행해 플랫폼의 장악력을 극대화하기도 한다. 그래서 공유경제가 처음 내걸었던 협력적 소비 등의 가치는 퇴색했다는 비판도 일고 있다.

거금을 투자 받은 공유기업들은 최대한 수익을 뽑기 위해 플랫폼 노동자들에 대한 비용은 낮추고 서비스 이용료는 올리려고 한다. 초기에 소비자 대 소비자(C2C), 개인 대 개인(P2P) 중심이었던 공유경제가 갈수록 기업 대 소비자(B2C)로 변해가고 있는 상황이다. 이제는 공유경제가 아닌 수요에 맞춰 공급을 매치시켜주는 온디맨드on-demand 경제가 정확한 표현이라는 얘기도 나온다.

공존경제로의 진화

초심을 잃은 공유경제는 곳곳에서 규제의 칼날에 직면하고 있다. 우선 거대 공유기업 플랫폼노동자에 대한 보호장치를 도입하는 나라들이 늘고 있다. 공유기업들은 플랫폼노동자들이 업무 시간을 원하는 대로 선택할 수 있다는 점에서 개인사업자라고 주장하며 복지 사각지대에 이들을 방치해왔다. 그러나 수년간의 법적 다툼 끝에 이러한 고용 행태에 경종을 울리는 판결이 나왔다. 2020년 8월 캘리포니아 주법원은 우버와 리프트에 운전기사를 직접 고용하라는 판결을 내렸다. 최종 판결이 아니어서 아직 이행되지 않고 있지만, 긱 노동자의 고용 행태에 강력한 변화를 주문한 결정이었다.

영국에서는 우리나라의 특수고용직군처럼 아예 제3의 근로자 범주를 도입하고 플랫폼노동자들에게 병가, 최저임금, 실업급여 등을 보장하도록 하는 입법 움직임이 나타나고 있다. 플랫폼기업의 배달기사들이 급증하고 있는 한국에서도 비슷한 사회적 목소리가 커지고 있다.

공유경제 성장의 그늘에서 피해를 보고 있는 이들을 위한 규제도 속속 도입되고 있다. 항상 여행객으로 붐비는 네덜란드 암스테르담은 투어리피케이션의 부작용을 완화하기 위해 2016년까지 1년에 60일까지만 에어비앤비로 집을 내놓을 수 있도록 규정했다. 그럼에도 주거난이 심해지자 2019년부터 최대 허용 숙박일을 30일로 줄였다. 런던은 1년에 최대 90일, 일본도 180일까지만 주거 시설의 공유숙박을 허용한다. 뉴욕은 실제 거주하지 않는 주택 단기 임대를 금지하는 조례를 통과시키기도 했다. 한국에서도 공유숙박업 규제를 완화하는 추세이긴 하지만, 일부 예외를 제외하고 내국인 대상 영업은 아직 풀지 않고 있다.

지난 10여 년간 거침없이 성장한 공유경제가 성장의 '마디'에 이르렀다. 자원 활용의 효율성을 배가시키고 개인에게 소비자와 생산자,

자본가로 활동할 수 있는 기회의 장을 열어주었다는 점에서 공유경제는 패러다임의 전환을 가져왔다. 그러나 노동권 보호 사각지대 속 플랫폼노동자의 양산, 기존 규제의 회피 등 공유경제의 성장이 빚은 문제들은 이제 본격적으로 도마 위에 올라 사회적 논의가 커지고 있다. 코로나19 역시 공유경제에 전략 수정을 요구하는 외생변수다.

공유경제가 초기 모델에 머물지 않고 다양한 분야에서 다양한 서비스를 제공하기 위해 끊임없이 변신해야 하는 것이 맞다. 그러나 '세계에서 최고best in the world'보다는 '세계를 위한 최고best for the world'의 경제 모형이 되어야 한다. 그러기 위해서는 공존을 위한 타협점을 찾아가려는 노력이 필요하다.

공유경제 예찬론자였던 KAIST 고 이민화 교수의 당부는 "공유경제 플랫폼이 경제를 선도하되, 이들의 독점으로 인한 과도한 지대 추구 행위를 막는 사회적 해결책을 모색해야 한다"는 것이었다. 마디가 대나무의 성장에 필요하듯 공유경제도 슬기롭게 마디를 맺어갈 때 더 크게 성장할 것이다.

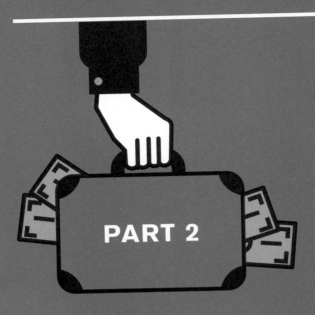

PART 2

경제구조가
바뀐다

기본소득인가, 보편복지인가

소득의 역사, 다시 변곡점

"사람한테 패배했다면 열심히 해볼 수 있겠죠. 그런데 이건 뭐 사람도
아닌 것이…… 절대 이길 수 없다, 상대가 안 된다고 느끼는 암담함이
있었어요."

- 이세돌 9단, 2020년 6월 MBC <라디오 스타> 중에서

4차 산업혁명이 전에 없던 지각변동을 일으키고 있다. 1차부터 3차
까지의 산업혁명이 경제와 산업구조를 중심으로 변화를 몰고 왔다
면, 4차 산업혁명은 인간과 기계, 기술과 기술의 연결성을 극대화하
면서 지금껏 인류가 경험해보지 못한 세상을 만들어가고 있다.

인간과 로봇이 경쟁하는 시대

인류의 역사를 돌이켜볼 때 노동과 소득의 개념은 산업혁명의 물결이 덮치는 순간마다 큰 변곡점을 맞곤 했다. 농경 사회에서는 수확이 곧 노동의 대가였다. 농부가 얼마나 일했는지는 그해 추수한 곡식의 양으로 평가받았다. 가족 단위의 생산과 의식주 소비는 그 소득을 기반으로 오랜 기간 유지됐다.

18세기 후반 1차 산업혁명에 따른 산업화와 도시화의 물결은 노동과 소득에 새로운 방정식을 세웠다. 자본가들이 만든 대량생산 공장에는 대규모 노동력이 필요했고, 노동자들은 임금을 받는 조건으로 분업 체계에 맞춰 정해진 시간과 장소에서 일했다.

19세기 후반 2차 산업혁명(전기혁명), 20세기 중반 3차 산업혁명(IT 혁명)으로 기업의 생산과 상품 유통 과정이 복잡해지고 자동화기술이 속속 도입됐지만, 노동과 소득의 상관관계는 고효율, 고성장이라는 목표 아래 큰 틀이 유지되어 왔다.

20세기 신자유주의는 완전고용을 목표로 세계화, 산업화에 속도를 올렸지만 이에 따른 부작용 또한 커지기 시작했다. 성장률이 점점 가라앉는 저성장이 고착화했고, 그나마 이룬 성장조차 고용으로 이어지지 않는 '고용 없는 성장'이라는 막다른 길이 나타난 것이다. 완전고용을 목표로 배열된 사회구조는 실업이라는 난제에 부딪히자 균열이 가기 시작했다.

이 와중에 AI, 빅데이터, 사물인터넷, 로봇, 드론, 자율주행차, 가상현실 등 첨단기술을 앞세운 4차 산업혁명이 IT기술을 빠르게 융합하며 초연결 사회를 열었다. 새로운 기술은 성장률 회복에 대한 기대감을 높였다. 그러나 과거와 달리 성장의 열매는 인간의 몫(고용)이 아니었다. 오히려 인간의 노동력에 근본적인 질문을 던지고 있다.

2016년 세계경제포럼이 발표한 〈직업의 미래 보고서Future of Jobs Survey〉에 따르면 5년 안에 현재 일자리 가운데 710만 개가 없어지고 2백만 개가 만들어질 것으로 전망됐다. 우리에게 익숙한 510만 개의 일자리가 사라진다는 것이다.

최근 이세돌 9단은 한 방송에 출연해 프로 바둑계 은퇴를 결심한 데에는 2016년 그에게 패배를 안긴 딥마인드의 AI 바둑 프로그램 알파고가 영향을 미쳤다고 털어놨다. 바둑 기사만의 이야기는 아니다. AI와 로봇이 도입된 물류창고에서는 인간 직원의 수가 줄고 있다. 날씨와 야구 기사를 쓰는 AI 기사 작성 프로그램은 기자를 대체하고, 의사들은 최신 의학 정보가 업데이트된 AI의 의견을 참고해 암과 감염병 치료 방법을 판단한다.

지금까지 인간의 몫이었던 자리는 갈수록 줄어들고 있다. 인간의 손발에 이어 머리와 가슴까지 대체해버리는 놀라운 기술 앞에서 인간은 적잖이 당황하고 있다. 인간과 인간의 대결이 아닌, 인간과 기계의 대결이라는 전대미문의 상황은 인간의 노동이 새로운 도전을 받고 있음을 의미한다.

기본소득의 뿌리

바로 이때 비현실적인 몽상으로 치부되던 '기본소득'이 전 세계적인 관심사로 떠오르고 있다. 기본소득에서 '기본'은 무엇을 의미하는 것일까? 기본소득을 연구하는 학자로 꼽히는 필리프 판 파레이스Philippe Van Parijs와 야니크 판데르보흐트Yannick Vanderborgh는 기본소득이란 근로 조건, 소득 유무, 자산 유무와 상관없이 모든 국민에게 개인적으로 지급되는 현금이라고 말한다. 즉 무조건성, 현금성, 개인성, 보편성을 갖춰야 한다.

기본소득을 지지하는 사람들이 만든 글로벌 네트워크인 기본소득지구네트워크(Basic Income Earth Network; BIEN) 역시 비슷한 5가지 조건을 제시한다. BIEN에 따르면, 기본소득은 국가 또는 지방자치단체가 모든 구성원 개개인에게 아무 조건 없이 정기적으로 지급하는 소득을 말한다.

이때 5가지 조건을 충족해야 하는데 첫째 정기적으로, 둘째 현금을, 셋째 가구가 아닌 개인에게 지급해야 한다. 넷째, 별도의 자산 기준은 없으며, 다섯째 의무적인 근무 같은 조건 또한 없다. 별도의 기준이나 의무가 없다는 점에서 기본소득은 기존의 복지와 뚜렷하게 구분된다.

기본소득의 기원은 16세기 영국 사상가인 토머스 모어Thomas More의 저서 《유토피아Utopia》로 거슬러 올라간다. 모어는 생계형 절도범에게 끔찍한 처벌을 내리는 대신 모든 사람에게 약간의 생계수단을 제공하는 것이 훨씬 더 적절하다고 주장했다.

18세기 미국 정치가 토머스 페인Thomas Paine은 기본소득에 대해 좀 더 구체적인 밑그림을 그렸다. 그는 토지의 자산 체계로 인해 모든 사람의 권리인 자연유산이 일부에게만 돌아가는 것은 문제가 있다고 봤다. 즉 토지 자산이 없는 사람에게는 따로 보상을 줘야 한다는 것이었다. 그는 지대를 재원으로 21세가 되면 자산 여부와 상관없이 모든 사람에게 15파운드를 지급하고, 50세가 되면 해마다 10파운드를 평생 지급해야 한다고 제안했다. 이 밖에 프랑스의 사회주의자 샤를 푸리에Charles Fourier, 영국의 자유주의 사상가 존 스튜어트 밀John Stuart Mill 등도 기본소득이 필요하다는 주장을 펼쳤다.

20세기 들어 기본소득은 학자들의 연구 대상을 뛰어넘어 제도 도입 여부를 고민하는 단계로 접어들었다. 1963년 미국의 흑인 인권운동가 마틴 루서 킹은 정부가 인종이나 노동 여부에 관계없이 기본소득을 지급해야 한다고 촉구했다.

레이거노믹스Reaganomics의 설계자이자 1976년 노벨 경제학상 수상자인 경제학자 밀턴 프리드먼Milton Friedman은 1962년 기본소득이 전통적인 복지제도보다 비용이 적게 들 것이라는 점을 내세워 '음의 소득세Negative income tax*' 개념을 제시했다. 소득이 일정 수준 밑이면 세

---

* 1940년대 영국의 정치학자 줄리엣 리스-윌리엄스Juliet Rhys-Williams가 제안한 제도로 고소득자에게 세금을 징수하고 특저소득자에게는 보조금을 지급하는 형식의 기본소득이다. 줄리엣 윌리엄스에 이어 1960년대 밀턴 프리드먼도 비슷한 제안을 했다. 경제학자들이 이 제도에 대해 논의한 적은 있지만 완벽하게 실현된 경우는 찾기 어렵다.

금을 내지 않고 오히려 보조금을 받아야 한다는 주장이다. 실제 1970년 리처드 닉슨 미국 대통령은 빈곤선 이상의 소득을 모든 가구에 보장하는 법안을 제출했으나 상원의 문턱을 넘지 못했고, 1971년 다시 수정법안을 제출했지만 재차 부결됐다.

1980년대 유럽 국가들 사이에서 복지제도의 사각지대 문제와 행정 비용 부담을 해결할 대안으로 기본소득제의 도입이 필요하다는 목소리들이 뭉치기 시작한다. 1986년 벨기에 루뱅에서는 기본소득 유럽 네트워크가 결성됐고, 2004년 이 조직은 앞서 언급한 BIEN으로 확대됐다.

찻잔 속의 태풍 같던 기본소득에 전 세계의 뜨거운 관심이 집중된 건 2016년 전후였다. 2016년 6월 5일 스위스는 세계에서 최초로 기본소득 헌법개정안에 대한 국민투표를 실시했다. 투표는 부결됐지만 투표 당일까지 스위스 국민은 물론 전 세계 국가가 진지하고 실질적인 토론으로 뜨겁게 달궈졌다.

이에 앞서 2015년 12월 핀란드 정부는 세계 최초로 국가 차원의 기본소득 보장을 실험한다는 계획을 내놓아 세계를 깜짝 놀라게 했다. 핀란드는 2017년부터 2년간 시민 2천 명을 대상으로 매달 약 6백 유로(70만 원)를 지급했다. 2년간의 실험을 마친 핀란드는 지난 2020년 5월 최종 보고서를 내놓았다. 결과를 놓고 엇갈린 해석이 쏟아지며 갑론을박이 벌어졌다. 기본소득 실험은 성공이었을까, 실패였을까?

인간의 새로운 역할을 찾는 기회

기본소득은 21세기 최대 이슈로 등극했다. 기본소득 찬성론자들은 기본소득이 기존의 복잡한 복지제도와 행정 비용을 절감할 수 있는 길이라고 주장한다. 또 복지와 달리 '낙인효과'가 없어 오히려 가난한 사람들을 돕는 데 훨씬 유용하다고 말한다. 로봇으로부터 일자리를 위협받는 인간이 새로운 역할을 탐색할 수 있는 기회가 될 것이라는 주장도 있다.

반면 반대론자들은 기존 사회보장제도를 보완하는 것이 훨씬 효율적이고 바람직하다고 주장한다. 기본소득에 들어갈 엄청난 규모의 재원을 확보하기가 어렵다는 현실론에 이어 공짜 돈은 근로 유인을 감소시키기 때문에 오히려 자립에 방해가 된다는 비판도 존재한다.

기본소득 논의에서 흥미로운 것은 기본소득이 정치적 진영 논리를 떠나 보수와 진보 양편에서 모두 지지를 받거나 비판을 받고 있다는 사실이다. 4차 산업혁명의 선두주자라고 할 수 있는 테슬라의 CEO 일론 머스크, 페이스북 창업자인 마크 저커버그, 트위터의 창업자인 잭 도시Jack Dorsey 등 미국 실리콘밸리의 성공한 기업인들이 기본소득 도입에 목소리를 높인다는 점도 주목할 만하다.

일부 학자들은 기본소득 도입이 노예제 폐지나 남녀평등처럼 인간의 기본권을 보장하는 새로운 전환점이 될 것이라고 주장한다. 단순히 지원금의 문제가 아니라 4차 산업혁명기에 인간의 일과 노동에 대한 새로운 정의를 내릴 기회라고 보는 것이다.

국내에서 기본소득은 2022년 대통령 선거에서 '뜨거운 감자'가 될 전망이다. 특히 2020년 코로나19의 해결책으로 등장한 재난기본소득은 기업의 생산을 유지하고 경기 급랭을 막는 '경제적 활약'으로 주목받았다. 우리에겐 아직 먼 나라 이야기로 여겨지던 기본소득에 대한 관심이 부쩍 높아졌다. 기본소득은 4차 산업혁명을 맞이하는 우리가 새로 입어야 할 옷인지 진지하게 고민해야 하는 영역으로 들어섰다.

달콤한 복지의 꿈에서 깨다

막대한 재원이 필요한 기본소득을 도입하는 것보다 현재의 사회복지제도를 손봐 복지 사각지대를 줄여나가는 게 더 바람직하다는 목소리가 아직은 주류인 게 사실이다. 그러나 현재의 복지제도 역시 달라진 사회구조에서 많은 문제점을 드러내고 있다.

기존 복지제도의 한계

복지국가의 개념은 19세기 독점적 자본주의 시대에 등장했다. 당시만 해도 국민의 자유를 보장하기 위해 국가는 최소한의 역할을 해야 한다는 공감대가 있었다. 그러나 자본주의 병폐로 인해 빈부격차가 심각해지고, 사회적 갈등이 고조되면서 국가의 역할에 대한 근본적인 고민이 시작됐다.

그 결과물로 등장한 복지국가 개념은 사회적 불균형을 해소하고 국민의 인간적 생활을 보장하는 데 국가가 적극적인 역할을 해야 한다는 목표를 설정한다. 이를 위해 노동자에게 최저임금을 보장하고, 각종 사회보험과 공적부조를 도입하는 등 시장의 실패를 바로잡고 소외된 계층의 기본권을 보장하기 위한 다양한 정책들이 등장했다. 우리나라는 1998년 외환위기로 기업이 파산하고 실업자가 급증하면서 복지제도가 전면 확대됐는데, 경제와 복지가 상호 보완된다는 믿음 아래 새로운 복지제도 도입과 기존 제도의 확대 노력이 이어졌다.

물론 복지가 근로 의욕을 줄이고 정부의 재정 부담을 과도하게 늘린다는 주장은 꾸준히 제기됐다. 그럼에도 경제가 성장하고 장기간 근무할 수 있는 일자리가 계속 만들어졌기 때문에 복지시스템은 효율적으로 작동하는 듯 보였다. 예를 들어 실업자가 발생하면 실업급여를 지급하고, 직업을 잡으면 복지의 손길을 떼는 순환이 가능했다. 그러나 고용시장 유연화, 불완전 고용 확산 등으로 기존의 복지정책은 여러 문제를 드러내기 시작했다.

가장 먼저 선별적 복지에 따른 '사각지대' 문제를 생각해볼 수 있다. 지난 2014년 2월 발생한 '송파 세 모녀 자살 사건'은 복지의 사각지대 이슈를 여실히 드러낸 안타까운 사건이었다. 반지하 월세방에 살던 50대 어머니와 30대 두 딸은 방에 번개탄을 피워 동반 자살했다. 그들은 집주인에게 집세와 공과금을 못내 죄송하다는 내용을 담은 쪽지와 돈 70만 원을 남겼다. 이들은 기초생활수급 신청을 했지만 수급자로 선정될 수 없었다. 식당에서 일하는 어머니의 소득 150만 원이 최저 생계비보다 많고, 만성질환을 앓던 큰딸을 포함한 세 모녀가 근로능력자로 구분돼 지원 대상에 선정되기 어려웠기 때문이다. 신청 방법부터 선별 조건까지 현 복지제도의 문제점이 고스란히 드러났다.

실제 현실에서 우리나라의 사회보험제도는 보편주의 원칙을 온전히 지키지 못하고 있다. 고용보험은 전체 근로자의 절반 정도만 보호하고, 국민연금은 노후 소득 보장에 여전히 취약하다. 질병보험은 아예 없고, 산재보험 역시 보완하는 영역보다 보완하지 못하는 영역이 더 넓다.

사회수당제도 역시 아직 부실하다. 문재인 정부 들어 아동수당이 도입됐지만 7세 미만에 월 10만 원을 지급할 뿐이다. 노인수당은 하위 70%에게 지급되고 있지만, 장애인수당은 소득 조사를 통해 선별하고, 학생수당은 아예 없다.

의료, 보육, 교육 등 사회서비스도 사정은 비슷하다. 의료는 외형적으로 보편주의를 달성한 것으로 평가되지만 예산의 한계로 질을 높이는 데 어려움을 겪고 있다. 교육은 사교육 의존도가 세계 최고 수준으로 높고, 장기요양보험은 급속한 노령화로 인해 지속성을 장담하기 어려운 상태다.

복지제도는 지원받는 데 성공한 사람이라고 해도 '낙인효과'의 문제와 부딪힌다. 선별적 복지제도는 복지 혜택을 받는 사람에 대한 편견과 갈등으로 쉽게 번진다. 기초수급자에 대한 편견이 종종 이웃 간의 갈등을 유발하는 사례를 떠올리면 이해할 수 있다. 이를 줄이는 과정에서 과다한 행정 비용이 발생하고, 담당 공무원의 업무 부담이 커지는 것도 심각한 문제다.

기본소득은 기존 복지의 한계를 보완할 수 있는가?

4차 산업혁명은 복지의 기본 전제였던 일자리의 지형을 완전히 바꿔놓았다. 지금까지 일자리는 한 장소에 모여 9시부터 6시까지 같이 일하는 방식이었다. 하지만 일자리의 장소와 시간 개념이 모두 해제됐다. 공장이나 사무실 근무에 일률적으로 맞췄던 고용의 형태가 다양해지고 정규직보다 비정규직, 영세 자영업자, 프리랜서, 플랫폼노동자 등 불안정한 일자리가 크게 늘었다. 고용과 복지의 맞물린 보완관계는 느슨해졌고, 복지시스템은 급변하는 산업구조를 따라가지 못하는 '비효율적인' 안전장치가 되어버렸다.

지금까지 근로자의 고용 가능성을 높이는 것이 복지의 목표였다면, 이제는 일자리와 복지를 따로 분리한 전략이 필요하다는 목소리가 커지기 시작했다. 전통적 복지제도로는 사회안전망을 짜기가 어려워졌다는 의미다. 세계에서 가장 완벽한 복지제도를 갖췄다는 핀란드가 기본소득 실험에 가장 먼저 나섰다는 것은, 현대 복지시스템의 변신이 그만큼 절박하다는 의미다.

기본소득은 복지제도의 한계를 뛰어넘을 수 있는 돌파구일까? 진보적인 성향의 사람들은 4차 산업혁명 이후 심각해진 양극화를 해결하고 선별적 복지정책의 부작용을 최소화하기 위해 기본소득이 필요하다고 주장한다. 모든 시민의 사회권을 보편적으로 보장하기 때문에 가장 이상적인 사회보장제도라는 것이다.

보수 성향 인사들은 결이 좀 다르다. 기본소득이 도입되면 복지제도를 단순화하고 행정 비용을 줄일 수 있다는 점에 주목한다. 또 기본소득이 생기면 근로자들에게 주는 임금, 즉 최저임금을 낮출 수 있다는 점, 수요를 유지해 생산을 지속할 수 있다는 점에도 높은 관심을 보이고 있다.

그러나 기본소득과 복지는 서로 대체재가 될 만큼 상관관계가 간단치 않다. 일단 기본소득은 복지국가의 보편적 사회보장이 제공하는 사회안전망보다 복지 효과가 현저히 낮을 가능성이 크다. 기본소득을 도입해도 복지제도를 없앨 수 없다는 문제에 봉착한다.

앞에서 언급했듯 기본소득은 소득이나 재산과 관계없이 모든 국민 개개인에게 지급된다. 이 보편성 때문에 고소득자나 자산가에게도 똑같이 현금이 주어지면 한 사람이 받는 금액은 자연히 줄어들게 된다. 기존 복지제도보다 소득재분배 효과는 줄어들 수밖에 없다. 증세를 통해 어느 정도 완화할 수는 있겠지만, 선별 지원을 통한 선택과 집중이 어렵다는 문제는 여전히 남는다.

이런 이유에서 기본소득 도입 초기 단계에서 복지제도와 기본소득을 병행하거나 단계적으로 이행해야 한다는 아이디어들이 나온다. 윤홍식 인하대학교 사회복지학과 교수는 아동수당, 기초연금, 청년수당 등 '부분 기본소득'과 전국민사회보험을 양립할 수 있다고 주장한다. 김교성 중앙대학교 사회복지학부 교수는 우선 고용보험 적용을 확대한 뒤 장기적으로는 이를 기본소득으로 전환할 수 있다고 설명한다. 기본소득한국네트워크 이사장인 강남훈 한신대학교 경제학과 교수 역시 예산이 덜 드는 고용보험을 전 국민에게 확대 적용한 뒤 기본소득의 공감대를 넓혀갈 수 있다고 주장한다.

인간의 기본권을 새로 정의하는 씨앗

잇따른 산업혁명의 성과로 인류는 과거 어느 때보다 부유한 삶을 살고 있다. 세계 총생산 규모는 1960년 7조 달러에서 2010년 56조 달러로 8배 성장했다. 하루 수입이 1.9달러(2천3백 원)에 못 미치는 절대빈곤인구 비율은 1981년 42%에서 2015년 10%로 줄었다. 최빈국에서 10위권 경제 대국으로 급성장한 한국은 이 같은 변화를 단적으로 보여주는 사례다. 한국의 1인당 국민소득은 1963년 1백 달러에서 2017년 3만 달러로 급증했다.

그러나 부의 불평등 문제도 심각하다. 경제협력개발기구(OECD)에 따르면 전 세계 소득 상위 10%가 하위 10%보다 소득 규모가 10배나 많다. 또 소득 상위 10%가 전 세계 자산의 절반을 소유한다. 그 정도로 부의 편중이 심각하다.

우리나라의 불평등지수는 1998년 외환위기를 기점으로 급속히 높아졌다. 4차 산업혁명 후 경제성장이 일자리 증가로 이어지지 않으면서 부의 격차는 더 벌어지는 추세다. 인류가 그 어느 때보다 부유해진 만큼 부를 나누는 방식과 시스템에 대한 새로운 공식이 세워져야 하는 것이다.

기본소득은 복지제도 개편은 물론 인간의 노동과 소득, 사회보장에 대한 새로운 공식을 세울 수 있다. 새로운 기술의 부상으로 고용 없는 성장시대를 헤쳐 나가야 하는 인간이 사회의 부를 어떻게 재분배하고, 어떤 사회계약을 통해 구성원들의 기본권을 지킬 수 있을 것인지 근본적으로 고민하는 기회가 될 수 있다. 기본소득은 어쩌면 자본주의의 궤도를 다시 한 번 수정하고 인간의 기본권을 새로 정의하는 씨앗이 될 수 있을지 모른다.

뜨거운 기본소득 실험실

2016년 6월 5일 스위스에서는 세계 최초로 기본소득 헌법개정안에 대한 국민투표가 실시됐다. 찬성 23.1%, 반대 76%로 기본소득안은 부결됐지만, 46.95%라는 높은 투표율의 의미는 다시금 회자됐다. 스위스에서 UN 가입, 군대 폐지 등 현안에 대한 투표율이 평균 42%였던 것을 감안하면 상당히 높은 편이었기 때문이다. 스위스 국내의 관심도 높았지만, 한 국가가 기본소득 도입 여부를 국민투표에 부친다는 사실에 나라 밖의 관심은 더욱 뜨거웠다.

기본소득 국민투표

스위스에서 기본소득이 대중적인 관심을 끌기 시작한 건 어느 다큐멘터리 영화 때문이다. 기본소득 시민운동을 이끌던 다니엘 하니 Daniel Häni는 2008년 〈기본소득, 하나의 문화 충격〉이라는 영화를 만들어 1백만 관객을 모으며 흥행에 성공한다. '기본소득이 생기면 무엇을 할 것이냐'는 현실적인 질문은 몽상적인 아이디어로 여겨졌던 기본소득을 현실로 끌어와 대중적인 논의가 시작되는 데 마중물 역할을 했다.

스위스에서 기본소득 도입을 위한 국민투표는 2011년 처음 시도됐다. 그러나 주어진 기간 내에 필요한 서명인 수를 채우지 못해 실패했다가 2013년 국민발안에 성공했다. 그해 10월 국민발안이 연방정부 사무국에 제출됐고, 심의 기간을 거쳐 2016년 6월 국민투표에 이르게 된 것이다.

일부 언론에서는 스위스가 월 3백만 원의 기본소득을 받는 내용을 두고 국민투표를 한다고 알렸지만 이는 사실과 조금 다르다. 구체적인 사항은 사회적 합의에 따라 법률로 정하도록 했다. 입법안에 따르면 정부는 합법적으로 거주하는 성인에게 1인당 월 2천5백스위스프랑(280만 원)의 기본소득을 보장하고, 19세 미만 자녀에게는 월 625 스위스프랑(70만 원)을 지급해야 한다. 스위스의 빈곤선인 2천 378스위스프랑(267만 원)을 살짝 넘는 수준이다. 기본소득의 개념인 보편성, 무조건성, 개별성, 현금성 등을 충족할 뿐 아니라 충분성도 어느 정도

맞추는, 기본소득의 개념에 가장 근접한 형태다.

국민투표는 스위스 국민이 기본소득에 대해 학습하고, 개인과 공동체에 대해 깊이 생각할 수 있는 공론의 장을 만들었다는 점에서 의미 있는 역할을 한 것으로 평가된다. 실제 국민투표에 참가한 유권자 중 69%는 향후 2차 투표를 기대한다 응답했고, 찬성한 유권자의 83%, 반대한 유권자의 63%는 기본소득과 관련한 논의가 앞으로도 계속 이어질 것으로 내다봤다. 스위스의 국민투표를 기본소득으로 가는 '과정'이라는 해석이 나오는 이유다.

세계 곳곳의 기본소득 실험

핀란드는 국가 차원에서 최초로 기본소득 실험에 나섰다. 핀란드에서 공산당이나 녹색당 등 소수 좌파정당이 주장하던 기본소득이 급부상한 것은 중도우파 연합정권이 실업률을 떨어뜨리고 막대한 사회보장 비용을 줄이는 방안으로 주목했기 때문이다. 하지만 핀란드가 기본소득 실험을 한 핵심 이유는 과도한 복지비용에 대한 문제의식에서 출발했다는 점을 기억해야 한다. 핀란드의 국내총생산 대비 공공사회지출 비중은 2018년 기준 28.7%로 OECD 국가 가운데 3위다. 사회보장기여금을 합친 총조세는 국내총생산 대비 42.7%로 5번째로 높다.

핀란드 정부는 임의로 선정한 2천 명의 장기 실업자에게 2년간 매달 560유로(76만 원)을 지급했다. 2020년 5월 핀란드는 2년간의 기본소득 실험에 대한 최종 보고서를 발표했다. 핀란드 정부가 실험을 통해 확인하고 싶었던 부분은 기본소득이 핀란드의 높은 실업률을 낮추는 데 도움이 되는가였다. 기존의 실업급여와 비슷한 액수이면서도 아무 조건이 붙지 않는 기본소득이 취업 동기를 더 강화하고 취업률을 높일지가 관건이었다.

핀란드 정부의 기대와 달리 기본소득이 실업자들의 취업률에 미치는 영향은 확인할 수 없었다. 다만 경제적 안정 덕에 삶의 만족도는 전반적으로 올랐다. 기본소득 수급자들은 노동 외에도 다양한 예술활동과 창업, 자원봉사, 공동체 참여 등 다양한 활동을 한 것으로 나타났다. 기본소득이 단순히 소득 보장의 역할을 넘어 21세기 참여민주주의의 출발점이 될 가능성을 확인한 것이라는 분석도 나왔다.

탄탄한 기금을 바탕으로 일찌감치 기본소득 제도를 도입해 현재까지 유지하는 곳도 있다. 미국 알래스카주는 1982년부터 전 주민에게 석유 수입을 재원으로 영구기금배당Permanent Fund Dividend이라는 기본소득을 지급하고 있다. 석유 등 천연자원 수입의 25%로 기금을 만들어 알래스카주에 1년 이상 거주한 주민들을 대상으로 배당을 지급한다. 1984년 연 331.29달러(35만 원)에서 시작해 2015년에는 2천72달러(230만 원)를 나누어주었다. 덕분에 알래스카주는 미국에서 가장 낮은 빈곤율과 가장 낮은 소득불평등도를 기록하고 있다.

실험을 중도에 포기한 곳도 있다. 캐나다 온타리오주 정부는 2017년 7월 18~65세의 빈곤선 아래 주민 4천 명에게 3년간 매월 1천 320

캐나다달러(113만 원)를 지급하는 사업을 시도했다. 직장이 있는 사람은 최대 지급액에서 소득의 50%를 뺀 만큼 지급됐는데, 정권이 바뀌고 예산 부족이 커지며 2018년 8월 중단됐다. 이 밖에도 네덜란드, 영국 스코틀랜드, 이탈리아 리보르노, 스페인 바르셀로나 등도 다양한 조건과 금액으로 기본소득 실험에 나섰다.

최근 미국에서는 2020년 대통령선거에 민주당 후보로 출마를 선언한 대만계 벤처사업가 앤드류 양이 기본소득 지급을 공약으로 내걸어 이목을 끌었다. 비록 중도 하차했지만, 새로운 기술 발전으로 일자리가 사라질 미래를 대비해 18~64세 국민에게 한 달에 1천 달러씩 기본소득을 지급해야 한다는 내용이었다. 이 정책은 코로나19 사태 때문에 미국 정부가 실업자를 대상으로 긴급재난지원금을 지급하면서 재조명받았다.

기본소득이라는 양날의 칼

국내에서 기본소득 도입의 선두주자로는 이재명 경기도지사가 꼽힌다. 그는 2016년 성남시장 재직 시절, 소득과 관계없이 24세 청년 모두에게 연간 1백만 원의 지역화폐를 지급하는 청년배당을 시행하며 '퍼주기 복지' 논란의 불을 당겼다. 이재명 지사는 2019년 경기도지사로 취임한 후 청년배당과 같은 개념의 청년기본소득을 도입했다. 경기도는 2019년 관련 예산 1천 753억 원을 편성했다. 경기도에 3년 이상 연속 거주하거나 전체 합산 10년 이상인 만 24세 청년이 대상이었고, 그해 대상자는 17만 5천 명으로 집계됐는데 첫 접수에 71%인 12만 4천335명이 신청했다.

경기도 산하 경기연구원은 2019년 12월 〈경기도 청년기본소득 정책 효과〉라는 보고서를 통해 경기도 청년기본소득을 받은 청년들과 경기도를 제외한 전국 만 24세 청년을 비교 분석했다. 그 결과 청년 기본소득은 경기도 청년들의 전반적인 삶의 만족과 자신의 일에 대한 가치 인식, 행복 수준을 향상시켰다고 주장했다. 타인, 법과 제도, 정치인에 대한 신뢰 수준이 상승하고, 자기 결정권이나 타인에 대한 영향력이 소폭 향상한 것도 긍정적인 결과로 꼽혔다. 재미있는 점은 청년들이 청년소득을 전국적으로 확대하는 것에 대해서는 긍정적이나 전 국민에게 확대하는 것에 대해서는 유보적이었다는 사실이다.

경기도는 청년기본소득의 경험을 바탕으로 농민기본소득 도입을 추진 중이다. 농촌의 빈부격차를 줄이고 지역 경제를 활성화하기 위해 기본소득 지원 대상을 확대한다는 설명이다. 조례 개정안이 도의회를 통과하면 2020년 하반기부터 도입될 예정이다. 경기도 인구의 3%인 29만 4천 명이 지급 대상이고, 지급액은 확정되지 않았으나 농민 1인당 월 5만 원을 지원하는 방안이 검토 중이다.

경기도 내 기본소득 찬성론자들을 중심으로 예술인, 플랫폼노동자 등으로 지원 대상을 점차 확대하자는 제안도 나왔다. 복지 사각지대에 있는 취약계층을 지원해야 한다는 당위성과 현실적인 재정적 한계 사이에서 실험은 계속 진행될 것으로 보인다.

다른 지방자치단체들이 기본소득에 눈길을 주기 시작한 계기는 코로나19 사태였다. 코로나19 사태로 지역 경제가 직격탄을 맞자 소상공인과 자영업자를 돕기 위한 발 빠른 지원책으로 '현금 지원'만큼 효과적인 대책을 찾기 힘들다는 이유에서였다. 경기도 외에도 대구, 제주 등 여러 지방자치단체들이 5~20만 원을 지역 주민에게 지급했고 2차, 3차 지급을 검토하는 지방자치단체도 나타나고 있다.

침체된 지방 경제에 활기를 불어넣는 마중물이 될 가능성 등 긍정적인 면이 있는 동시에 한편으로는 가뜩이나 재정 자립도가 낮은 지자체의 곳간만 축내는 '돈 먹는 하마'가 될 수 있다는 점에서 전 국민에게 기본소득을 지급하는 정책은 '양날의 칼'이다. 정치권의 진영 간 논리 싸움이나 포퓰리즘 경쟁에 매몰시키지 말고 더 정교한 실험을 통해 지속가능한 모델을 고민해야 하는 까닭이 여기에 있다.

디지털 경제의 도래

클라우스 슈바프 세계경제포럼 회장은 저서 《제4차 산업혁명Fourth Industrial Revolution》에서 과학 발달로 성장 가능성이 큰 사업이 나타날 가능성을 기대하면서도 자본이 노동을 대체하며 대량 실업이 발생할 수 있다고 우려했다. 이미 AI와 로봇은 단순 노동자의 일자리를 빼앗았고, 기술소외층을 빈곤층으로 추락시키고 있다.

과거에도 기계와 자동화에 저항하는 운동이 존재했다. 19세기 영국에서 일어난 러다이트운동Luddite Movement(기계파괴운동)은 섬유 기계를 파괴하는 폭동이었고, 노동자들은 자본가들에 맞서 계급투쟁을 벌였다. 하지만 4차 산업혁명은 과거보다 훨씬 복잡하고, 전혀 다른 양상의 산업 생태계와 고용 구조를 만들어가고 있다.

새로운 노동 방식의 등장

　새로운 변화를 보여주는 단적인 예가 공유경제와 온디맨드 경제의 확산이다. 공유경제란 물건을 소유하지 않고 서로 빌려 쓰는 경제활동을 말한다. 온디맨드 경제란 플랫폼과 기술력을 가진 회사가 수요자의 요구에 즉각 대응해 제품과 서비스 제공을 의미한다.

　공유경제와 온디맨드 경제가 활성화하면 기업은 상품과 서비스 차원을 넘어 수요자와 공급자 간 실시간 연결까지 경쟁하게 된다. 온디맨드 경제의 대표적인 사례는 숙박공유서비스 에어비앤비와 모빌리티서비스 우버다. 에어비앤비는 실시간으로 임대인과 임차인을 이어주고, 우버는 운전기사와 승객을 모바일 앱을 통해 연결한다.

　이용자의 편의성은 극대화될 수 있지만, 근로자에게는 과거와 전혀 다른 근무 환경이 펼쳐진다. 정해진 근로시간과 계약 기간 없이 고객의 수요에 맞춰 그때그때 노동력을 제공하는 유연한 일자리가 대폭 늘어나는 것이다. 자연히 정규직보다 계약직 근로자의 활용도가 높아지고, 고급 일자리보다 저임금 근로자가 크게 늘어날 것이다.

　플랫폼노동자는 지금까지의 노동시장과 4차 산업혁명으로 달라질 노동시장의 차이를 보여주는 가장 단적인 사례다. 플랫폼노동자란 애플리케이션, SNS 같은 디지털 플랫폼을 매개로 노동력이 거래되는 근로 형태를 말한다. 배달대행이나 대리운전, 택시 같은 형태가 대표적이다. 이 같은 직업군은 전통적이고 획일적인 기준에 따라 근로자를 보호하기가 어렵다. 새로운 노동법이 필요하다는 목소리가 나오는 이유다.

우리나라의 노동법은 경직되기로 잘 알려져 있다. 1997년 현행 체제로 만들어진 근로기준법은 몇 차례 개정을 거쳤지만 기본 골격에는 변화가 없었다. 4차 산업혁명으로 노동의 시간과 공간 개념이 파괴됐지만, 법은 여전히 고용과 피고용의 이분법적인 그림에서 벗어나지 못하고 있다.

현행 근로기준법은 근로자를 '직업 종류와 관계없이 임금을 목적으로 사업이나 사업장에 근로를 제공하는 자'라고 정의한다. 특정 사용주에 종속되어야만 근로자로 인정받고 주 52시간, 연차휴가, 퇴직금 등 근로자의 권한을 보호받을 수 있다.

플랫폼노동자 같이 여러 사업주와 일하면서 대가를 받는 사람은 보호 대상에서 제외된다. 또 근로기준법은 긴박한 경영상 필요 등 엄격한 조건에 맞아야만 '경영상 해고'를 가능하도록 제한하고 있다. 유연성이 없다 보니 기업은 정규직 근로자를 채용하기가 부담스럽다. 근로시간을 1주에 52시간 이하로 제한한 것도 근로시간이 상황에 따라 매일 달라지는 플랫폼노동자에겐 현실과 동떨어진 법 조항이다.

법의 보호를 받지 못하는 노동자들

문제는 4차 산업혁명의 충격이 경제와 노동에 그치지 않는다는 점이다. 기술로 촉발된 경제적 불평등은 정치, 사회적 이슈로 번진다.

경직된 노동법, 구멍 뚫린 복지제도는 부의 편중이 가속화하고 소외 계층이 증가하는 상황에서 법으로 보호받지 못하는 사람들의 불안을 더 증폭시킨다.

여기에 세계경제를 마비시킨 코로나19 사태는 기본소득 논의를 더 활발하게 만드는 촉매제가 됐다. 왜 코로나19 사태가 계기가 됐을까? 실업급여처럼 정부가 신청을 받고, 자격심사로 수급자를 걸러내고, 사용처를 제한하는 모든 절차가 생략되고, 시간과 행정력이 대폭 절감될 수 있기 때문이다.

코로나19가 번지면서 취업 시장은 급랭했고, 고용보험에 가입하지 못한 취약계층은 사회안전망 밖으로 노출됐다. 국민이 최소한의 삶을 유지하고 경기부양을 위한 소비를 할 수 있도록 직접 지원이 필요하다는 목소리가 커졌다. 코로나19가 사회 불평등, 사회복지시스템의 불완전성 등 기존의 문제점을 수면 위로 끌어올린 셈이다.

UN도 코로나19에 따른 빈곤계층 지원책으로 기본소득 지급을 제안했다. 전례 없는 시기에는 전례 없는 사회, 경제 조치가 필요하다는 이례적인 성명도 함께 발표됐다. 국제연합개발계획(United Nations Development Programme; UNDP)은 전 세계 132개 개발도상국의 빈곤·취약계층 약 27억 명에게 일시적으로 기본소득을 지급하면 코로나19 사태 여파를 완화할 수 있다고 내다봤다. UNDP는 구체적인 방안으로 국가 평균 소득이 취약선보다 부족한 만큼 보충해줄 것, 모든 빈곤·취약계층 인구에 각국 중위소득의 절반만큼 일괄 지급할 것, 모든 빈곤·취약계층 인구에 하루에 5.5달러(약 6천6백 원)씩 일괄 지급할 것 등을 제시했다.

　전염병으로 인한 사회활동의 위축은 전통적인 통화정책과 재정정
책으로 반등시키기 어려운 경제활동을 직접 지원하는 정책으로 이어
졌고, 기본소득이 해결할 수 있는지 확인할 기회가 됐다. 코로나19 사
태로 실업률이 최대 난제가 된 상태에서 취업-소비-생산으로 이어지
는 연결고리를 잇는 기본소득의 역할은 더욱 관심을 모으게 된다.

국가가 국민에게 임금을 주는 시대

　2020년 3월 도널드 트럼프 미국 대통령은 코로나19로 타격을 입은
경제를 살리기 위해 1인당 현금 1천 달러(약 124만 원)를 지급하는 방
안을 포함한 1조 달러 규모의 경기부양 자금을 투입하겠다고 발표했
다. 의회 반발로 이 부양책은 연소득 7만 5천 달러 이하 가구에 1인
당 최대 1천2백 달러(147만 원)을 지원하는 방안으로 수정되긴 했지
만, 트럼프 대통령을 비난해온 노벨경제학상 수상자 폴 크루그먼Paul
Krugman을 포함한 많은 경제학자가 코로나19 대응을 위해 세금 감면
같은 간접 방식보다 정부가 국민에게 직접 현금을 지급하는 방식이
효과적이라는 점에는 같은 목소리를 냈다.

　미국뿐 아니라 전 세계적으로 코로나19 사태로 인한 경제위기를
넘기기 위해 직접 소득 지원을 시도하는 정부가 나타났다. 대외경제
정책연구원에 따르면 홍콩, 대만, 싱가포르, 일본 등이 직접 소득 지

원책을 내놓았다. 홍콩은 모든 영주권자에게 1만 홍콩달러(155만 원), 싱가포르는 21세 이상 모든 시민권자를 대상으로 소득과 재산에 따라 최고 3백 싱가포르달러(26만 원)를 지급했다. 일본은 전 국민을 대상으로 '신속하게' 10만 엔씩 현금을 지급하려고 하다가 낙후된 행정 시스템으로 실제 집행에 두 달 이상이 걸리면서 웃음거리가 되기도 했다.

국내에서는 이재웅 쏘카 대표가 2020년 2월 청와대 국민청원 게시판에 재난기본소득 도입을 요청하면서 찬반논쟁에 불이 붙었다. 초기에 부정적이었던 여론은 점차 긍정적인 방향으로 전환됐다. 2020년 3월 3일 리얼미터 조사에 따르면 재난기본소득 도입 찬성 42.6%, 반대 47.3%였다가 3월 16일 48.6% 대 34.3%로 역전됐다. 기본소득이 단순히 포퓰리즘에 기댄 퍼주기라고 생각했던 인식에 변화가 감지된 것이다.

물론 재난기본소득은 기본소득과 전혀 다르며 기본소득이라 불려서는 안 된다는 주장도 있다. 기본소득의 5가지 요건인 보편성, 무조건성, 개별성, 정기성, 현금성을 갖추지 못했기 때문이다. 이 때문에 재난소득, 재난생계소득, 긴급생계지원금 등 다른 용어를 쓰는 것이 적절하다는 지적도 있다.

그러나 "국가가 국민에게 임금을 주는 시대가 열렸다"는 진단에는 귀를 기울일 필요가 있어 보인다. 민간 싱크탱크 LAB2050의 이원재 대표는 "소득은 기업이 노동자를 고용해 임금을 지급하면 생기는 것이라는 통념에 균열이 생기고 있다"고 말한다. 기업에 고용되어 노동으로 생계소득을 올리는 사람이 앞으로 점점 줄어들 것이기 때문이다.

그렇다면 나머지 사람들은 어떤 방식으로 살아야 할까? 국가는 이들의 행복을 어떻게 보장해줘야 할까? 이 대표는 국가가 적극적인 분배 기능을 통해 노동으로 생계비를 벌지 못하는 사람들을 뒷받침해야 한다고 말한다. 방향은 이미 정해졌고, 이제 방법이 남았다는 것이다.

기본소득을 받으면 임금을 받는 전통적 개념의 노동뿐 아니라 창조적인 활동, 정치 참여 등 공동체를 위한 일에 더 많은 시간을 할애할 수 있다는 전망도 있다. 어쩌면 기본소득은 지난 수백년간 기업의 생산활동에 발목 잡혀 있던 인류의 시간을 자유롭게 풀어줄 수 있는 기회일 수도 있다.

기본소득 계산서는 누구 몫인가

트위터 창업자 겸 최고경영자 잭 도시는 최근 미국 내 기본소득 실험을 위해 3백만 달러(36억 원)를 쾌척했다. 잭 도시는 미국 지자체장 협의기구(Mayors for a Guaranteed Income; MGI)에 이 돈을 지원했다. MGI는 기존의 사회보장을 보조하는 기본소득 시범 프로그램을 검토 중이다. 지급 대상과 액수는 아직 정해지지 않았지만, 로스앤젤레스와 애틀랜타, 뉴저지 뉴어크, 미시시피 잭슨 등 주민 7백만 명 중에서 선별될 것으로 예상된다. 현재 잭슨 등 일부 지역에서는 시범 프로그램이 가동 중이다.

어디서 재원을 확보할 것인가?

기본소득에 대한 논의가 나올 때 반드시 따라다니는 게 재원 문제다. 세목을 신설하자는 주장부터 기존 복지제도에 들어가는 비용을 재조정해야 한다는 주장까지 다양한 아이디어가 나오고 있다. 그중에서도 4차 산업혁명의 선두주자라고 할 수 있는 미국 실리콘밸리 사업가들의 목소리가 누구보다 높다.

마이크로소프트의 창업자 빌 게이츠는 로봇세를 거둬 기본소득의 재원으로 삼아야 한다고 말한다. 공장에서 5만 달러를 벌며 일하는 인간에게 소득세 등 각종 세금을 부과하듯, 같은 노동을 하는 로봇에게도 비슷한 수준을 과세해야 한다는 것이다. 그래야 똑같은 일을 하는 인간과 로봇의 수입이 같아진다는 논리다.

일론 머스크 테슬라 CEO와 마크 저커버그 페이스북 창업자도 빌 게이츠의 로봇세 도입에 찬성하는 입장이다. 2016년부터 기본소득 도입을 주장해온 일론 머스크는 AI로 인해 지능형 자동화 시대가 확산할 경우 사회구조가 변하면서 최저소득을 보장해주는 기본소득이 필요할 것이라고 이야기해왔다. 저커버그는 알래스카의 기본소득 제도인 '영구기금배당'을 혁신적 제도라고 평가하기도 했다.

탄소세 역시 기본소득의 유력한 재원으로 주목받는다. 탄소세란 이산화탄소 등 온실가스를 방출하는 기업에 부과하는 세금으로, 온실가스 배출을 줄이고 지구온난화를 방지하기 위해 만들어진 환경세다.

지난 2019년 1월 노벨 경제학상 수상자 27명을 포함한 미국 경제학자 3천여 명은 '탄소배당과 녹색 뉴딜을 위한 성명서'를 발표했다. 탄소 배출에 세금을 매겨 거둔 수입을 전 국민에게 나눠주는 탄소배당(기본소득)을 실시하자는 내용이었다. 이 성명에는 재닛 옐런, 폴 볼커, 앨런 그린스펀, 벤 버냉키 등 전 연방준비위원 4명이 모두 참여해 크게 주목받았다. 실제로 현재 핀란드, 독일, 영국 등 많은 국가가 탄소세를 거두고 있다. 특히 유럽 국가들은 탄소세로 늘어난 세수를 전반적인 조세 부담 완화와 복지 향상으로 전환하는 방안을 고민하고 있다.

어느 정도의 재원을 확보할 것인가?

구글, 페이스북 등은 개인으로부터 데이터를 받아 돈을 버는데, 이를 활용하는 기업으로부터 데이터세를 거둬 기본소득 재원으로 써야 한다는 주장도 있다. 4차 산업혁명 시대에 개인의 데이터는 AI, 빅데이터, IoT 등의 기술을 개발하는 토대가 된다. AI는 데이터를 수집하지 않으면 학습이 불가능하다. 석유가 기계를 돌리듯 데이터가 알고리즘의 출발점이다. 기업이 데이터로부터 얻은 이익을 데이터를 제공한 개인에게 돌려줘야 한다는 논리가 성립하는 이유다.

결은 다르지만 토지보유세를 재원으로 활용하자는 주장도 있다. 이재명 경기도지사는 국토보유세를 걷어 전 국민에게 기본소득을 주는 데 쓰자고 말한다. 단기적으로는 지방세법에 국토보유세를 신설해 운용한 뒤 장기적으로는 종합부동산세법을 폐지하고 기본소득형 국토보유세법을 신설하자는 것이다. 현재 한국의 재산세 실효세율은 0.1%대로 미국(1~4%), 일본(1.7%)보다 훨씬 낮다. 현재 토지에 부과하는 세금을 국토보유세 명목으로 선진국 수준까지 올리면 자산 불평등 문제와 기본소득 재원 문제, 두 마리 토끼를 잡을 수 있다는 것이 그의 설명이다.

그렇다면 우리나라 국민에게 기본소득을 지급하기 위해 어느 정도의 재원이 필요할까? 대한민국 전 국민에게 월 1백만 원을 지급하려면 연간 600조 원이 필요하다는 계산이 나온다. 2020년 정부 예산은 약 513조 원이다. 10만 원을 지급하려면 연 60조 원, 30만 원을 지급하려면 180조 원이 들어가는데, 정부 한 해 예산에서 보건, 복지, 고용 부문 예산은 200조 원 정도다. 보건, 복지, 고용 부문 예산을 모두 포기한다고 가정해도 국민 한 사람당 돌아가는 돈은 30만 원밖에 안 되는 셈이다.

조세부담률을 높여 예산을 확보해야 한다는 주장도 있다. 한국의 조세부담률은 20% 수준으로 OECD 평균인 24.9%보다 낮은 편이다. 이를 OECD 수준으로 올리면 약 180조 원을 추가로 거둘 수 있다. 북유럽 국가들의 조세부담률인 덴마크 45.9%, 스웨덴 34.3%, 핀란드 31.2% 등과 비교하면 여전히 낮은 편이기도 하다.

민간 싱크탱크 LAB2050은 세목 신설이나 세율 인상 없이도 기본소득제를 시행할 수 있다고 주장한다. 각종 비과세 감면 제도를 정리하고, 현금성 복지를 통폐합하면 130조 원을 마련할 수 있고, 재정 구조조정까지 단행하면 총 187조 원을 모아 전 국민에게 30만 원씩 기본소득을 줄 수 있다는 계산이다. 우리나라는 각종 공제 및 세금감면 제도가 많은 편인데, 이를 모두 현실화하면 가능하다는 얘기다.

정치권의 기본소득 논의

2020년 국회에 처음 입성한 기본소득당은 1인당 60만 원의 기본소득 지급을 핵심 공약으로 내세웠다. 60만 원은 1인 가구 기초생활수급자 생계급여가 53만 원이기 때문에 나온 금액이다. 기본소득당은 재원으로 시민재분배 기여금, 토지보유세, 탄소세를 도입해야 한다고 주장한다. 이 가운데 시민재분배 기여금이란 기본소득을 위해 통합소득의 15%를 세금으로 걷자는 개념이다.

기본소득당이 아니더라도 여야 국회의원을 막론하고 기본소득 도입에 대한 정치권의 관심은 매우 높은 편이다. 여당 측에서는 '기본소득에 관한 법률 제정안'이 발의돼 국회 입법조사처의 검토가 진행되고 있다. 법안에는 기본소득 정책을 전담하는 국가기본소득위원회를 출범해 국무총리와 민간 전문가가 공동의장을 맡도록 하는 내용이 담겨 있다. 위원회는 기본소득 제도 설계, 재원 마련 방식 등을 논의한다.

기본소득은 2022년 대통령선거를 앞두고 잠룡들의 기 싸움에 동원되는 핵폭탄급 이슈다. 2020년 4월 총선에서 '속도전'으로 도입된 재난기본소득이 여당의 총선 압승으로 귀결됐음을 우리는 다 함께 지켜봤다. 기본소득 프레임 경쟁은 이미 시작됐다.

처음 논쟁에 불을 붙인 건 김종인 미래통합당 비상대책위원장이다. 그는 2020년 6월 "배고픈 사람이 빵을 먹을 수 있는 물질적 자유 극대화가 정치의 목표"라며 기본소득제 도입을 공론화했다. 그러자 다음 날 안철수 국민의당 대표는 정부의 가용 복지 자원이 어려운 계층에 우선 배분돼야 한다는 개념에 따라 한국형 기본소득 도입 방안을 집중 검토하겠다고 밝혔다. 이재명 경기도지사는 "기본소득을 백가쟁명의 장으로 끌어내 주신 김종인 위원장의 뛰어난 역량에 경의를 표한다"고 환영했다. 이낙연 더불어민주당 의원까지 기본소득제의 취지를 이해한다고 발언하면서 기본소득은 정치권의 뜨거운 감자가 됐다.

AI나 로봇이 인간의 전통적인 노동력을 대체하고, 실업자와 저소득자의 지갑을 기본소득으로 채우는 일이 정말 현실로 다가올지 아직은 알 수 없다. 정치권의 기본소득 논의는 이러한 측면에서 반가운 마음도 들지만, 자칫 선심 경쟁으로 번질 경우 국가재정에 돌이키기 어려운 손실을 가져온다. 기본소득을 도입하면 기존의 복지제도는 어떻게 운영할 것인지, 고용과 기본소득의 관계는 어떻게 가져갈 것인지, 기본소득에 필요한 재원은 어디서 마련할 것인지를 충분히 준비하지 않으면 말잔치로 끝날 가능성이 크다. 단순히 '기본소득'이라는 이름의 새로운 현금 복지가 추가된다면 그것이야말로 최악의 선택이 될 것이다.

특히 전 세계 국가들의 국가 부채가 빠르게 증가하는 상황에서 재원 논의는 지금보다 훨씬 다듬어져야 할 필요가 있어 보인다. 국민에게 충분한 정보를 전달하고 논의하는 단계도 필요하다. 더 촘촘한 설계, 시범사업의 시행착오를 거치면서 지금보다 더 구체적인 청사진이 그려져야 한다.

무엇보다 기본소득의 기본적인 토대는 정부와 정치권에 대한 신뢰에서 출발한다. 기존 복지제도에 대한 진단도 정확하게 되지 않은 상태에서 기본소득, 즉 공짜 돈에 대한 사회적 합의에 이르기는 쉽지 않다. 이러한 과정 없이 추진되는 기본소득이라면 오히려 사회적 약자에게 돌아갈 몫을 빼앗는 결과를 낳을 수 있다. 전 세계의 기본소득 실험은 이제 겨우 출발선에 섰을 뿐이다.

경제성장률을 견인할 다크호스, AI

왜 지금 AI인가?

2020년 대한민국 정부 연구·개발 전체 예산은 국회 의결을 거쳐 24.2조 원으로 확정됐다. 2019년의 정부 연구·개발 전체 예산인 20.5조 원에서 18%나 증가된 것인데, 증가분을 금액으로 따지면 3.7조 원이다. 원래 정부에서 국회에 제출한 예산안인 24.1조 원보다도 약간 늘어난 것을 보면, 예산안을 심사하는 국회에서도 미래성장동력을 찾기 위한 연구·개발의 중요성에 동의하는 모양이다. 2015년부터 2019년까지 5년간 연구·개발 예산의 증가율은 연평균 3% 수준에 불과했기 때문에 이번의 대폭적인 예산 증액은 의미하는 바가 크다.

'DNA 산업' 예산 증액의 의미

정부가 연구·개발 예산을 많이 늘렸음에도 국회의 승인을 받을 수 있던 데는 이유가 있을 것이다. 연구·개발 예산안의 세부 내역을 살펴보자.

증가율이 가장 높은 분야는 이른바 '소·부·장 산업'이다. 소재·부품·장비산업을 이르는 표현이다. 2019년 1천550억 원에서 2020년도 3천370억 원으로 늘었다. 2019년 뜨거운 이슈였던 일본의 산업 원료 등의 수출 규제 조치는 대한민국 첨단산업에 위기를 가져올 수 있다는 우려를 낳았다. 이 경험 때문에 소재·부품·장비산업의 국산화가 필요하다는 인식이 퍼졌고, 이를 대비하기 위한 예산이 책정됐다.

둘째로 증가율이 높은 분야는 'DNA산업'이다. 2019년 6천780억 원에서 2020년 1조 480억 원으로 늘었다. 증가율은 둘째지만 증가한 금액 규모는 첫째다. 여기서 말하는 'DNA'는 생물학에서 말하는 유전자 뭉치가 아니라 데이터(Data), 5G 이동통신(Network), AI의 머리글자다. 데이터와 네트워크는 AI 개발과 운영에 필수적인 요소다. 이들의 머리글자를 더해 우리에게 친숙한 'DNA'라는 용어가 만들어지다니 우연이긴 하지만 의미심장하다.

이 외에도 1조 7천억 원이 투자되는 '3대 신산업'과 '8대 선도사업'에는 'AI 자율주행 미래자동차' '자율운행 무인이동체(드론)' 'AI 프로세서(시스템 반도체)' '데이터 기반 스마트시티' 등 직간접적으로 DNA 사업과 관련 깊은 내용이 큰 부분을 차지한다. 이러한 사업에 배정된 예산을 더하면 실질적으로 AI와 관련된 사업에 투자될 예산은 DNA 사업에 배정된 표면적인 숫자보다 커진다.

연구·개발 예산뿐 아니라 연구·개발 정책 기조가 AI 관련 기술 개발의 필요성을 역설하고 있다. 과학기술정보통신부의 정책 보도자료에서는 AI와 관련된 이슈가 가장 많다. 중요성으로도 높은 순위를 점하고 있다.

대한민국 정부가 발표한 〈2020년 경제정책방향 주요 내용〉을 참고하면, 혁신동력을 강화하기 위한 정책으로 'DNA 확산 및 Post 반도체 육성'이 최우선 순위를 차지한다. 또 소프트웨어정책연구소가 2019년에 소프트웨어 전문가와 산업계의 설문조사를 거쳐 〈2020 SW 산업 10대 이슈 전망〉을 내놓았는데, 10대 이슈 중에 7개 이슈*가 AI를 핵심 기술로 지목하고 있다.

AI기술 개발에 적극적으로 투자하고 인력 육성 정책을 펼치는 건 우리나라뿐만이 아니다. 투자 규모의 차이는 있을지언정 AI 관련 산업 육성 정책은 많은 나라에서 필수 전략으로 추진되고 있다. 정책 담당자들은 AI기술 주도권을 향후에도 미국이 유지할 것인지, 중국이 가져갈 것인지에 특히 관심을 갖고 있다.

---

* AI가 핵심기술인 이슈는 1위-자율형 IoT, 2위-교육을 위한 AI, 3위-금융권 AI 투자 본격화, 4위-의료 빅데이터 개방, 5위-지능형 물류 로봇 시장의 성장, 6위-설명가능 인공지능 eXplainable AI(xAI)의 현실화, 8위-에너지산업의 소프트웨어 융합 가속화다.

AI기술 개발의 새로운 흐름

지금까지는 미국에 근거지를 둔 글로벌 거대 기업들이 AI기술 개발을 이끌어왔다. 2019년까지 미국 대기업이 인수한 AI 솔루션 기업의 수는, 보도 시점에 따라 차이가 있겠으나 아이폰을 만드는 애플이 18개, 구글을 운영하는 알파벳Alphabet이 17개, 마이크로소프트가 10개, 반도체 회사인 인텔Intel이 7개 등이다. 2018년 스위스의 제약회사 로슈Roche Holdings가 19억 달러에 미국의 플랫아이언헬스Flatiron Health를 인수한 일이 AI 기업 인수 건 중에서 가장 큰 규모를 차지한 것으로 알려져 있다.

컨설팅회사인 PWC는 중국이 AI 분야 논문 수에서 미국을 앞질렀고, 2030년에 이르러서는 AI로부터 창출되는 경제적 효과가 미국은 3.7조 달러인 반면 중국은 7조 달러로 예상된다는 자료를 발표해 미국과 중국 간의 AI의 기술 헤게모니 전쟁에 불을 붙였다.

또 ABI리서치에 따르면 2017년에 미국 AI 벤처기업들은 155개의 투자 건을 통해 44억 달러를 조달했는데, 중국의 AI 벤처기업은 19개의 투자 건을 통해 49억 달러를 조달했다고 한다. 전체 규모도 중요하지만, 투자 건당 조달 금액이 미국은 0.28억 달러(약 340억 원), 중국은 2.58억 달러(약 3천10억 원)이므로 중국의 AI 벤처기업이 당분간은 자금 걱정 없이 연구·개발에 몰두할 수 있을 것으로 예상된다.

왜 미국과 중국 기업들은 이렇게 큰돈을 들여 AI기술을 가지려는 걸까? 정부는 왜 여러 혜택을 주면서 적극적으로 지원하는 걸까?

AI의 산업 파급력

세계은행World Bank은 2020년 1월 발표한 세계경제 전망을 통해 2018년의 세계경제성장률 3.0%에 비해 2019년의 성장률은 2.4%까지 하락할 것으로 내다봤다. 2020년의 세계 경제성장률은 원래 2.5%로 예측됐지만, 6월 발표에 의하면 코로나19 확산으로 경제성장에 타격이 불가피해 -5.2%까지 하락할 것으로 보았다.

미국을 포함한 선진국의 경제성장률은 2018년 2.2%, 2019년 1.6%이며, 2020년은 코로나19의 영향을 반영해 -7.0%로 예측됐다. 더 오래전의 수치와 비교해볼 때 경제성장률은 완연한 하락세다. 경제성장률이 하락하는 데는 인구 고령화로 노동생산성이 감소하는 것도 하나의 원인으로 작용하지만 더 근본적인 문제는 총요소생산성, 즉 기술혁신에 의해 발생하는 생산성의 역량이 줄어들었다는 데 있다고 봐야 한다.

데이터가 잘 쌓여 있는 미국의 경우, 총요소생산성의 증가율은 20세기 첫 10년 동안 연평균 0.25%에 불과했으나 점차 증가해 1940년대에는 연평균 3.4%로 최고치를 나타냈다. 이후 1950년대부터는 연평균 1.6%로 급격히 감소한 후 2000년대에는 연평균 0.7% 수준까지 떨어졌다.

총요소생산성을 늘리는 방안은 연구·개발에 투자해 기술혁신을 이끌어내는 것이다. 증기기관, 전기, 질소 비료 등 과거 혁신을 이끌었던 발명품은 2020년대에 더 이상 총요소생산성을 늘리는 데 도움

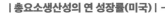

| 총요소생산성의 연 성장률(미국) |

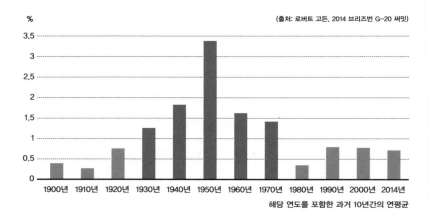

을 주지 못한다.

　컴퓨터와 인터넷 기술은 계속 생산성을 올려주고 있지만 생산성의 증가율 면에서 한계에 다다랐다. 연구·개발에 투자할 돈은 무제한이 아니기 때문에 가급적 생산성을 늘리는 유망 분야에 투자를 집중해야 한다. 현재 유망할 것으로 기대되는 주제는 AI, 로봇, 재료과학, 생명과학, 블록체인, 클라우드 등이다. 2018년 조사전문업체 가트너Gartner는 AI가 몰고올 산업 파급력이 그중에서도 가장 강력할 거라 예상했다.

　세계은행그룹 산하의 국제금융공사(International Finance Corporation; IFC)는 2019년 9월 발표한 〈이머징마켓컴퍼스Emerging Market Compass〉에서 AI를 통한 생산성 향상의 결과 국내총생산(GDP)이 1% 증가할 수 있을 것이라고 전망했다. 아울러 아시아 개발도상국에서는 더 큰 생산성 향상으로 이어질 수 있다고 덧붙였다.

전 세계 GDP의 총합은 2018년 기준으로 1백 조 달러를 약간 넘는 수준(그중 미국이 20%를 차지한다)인데, IFC의 전망을 반영하면 AI를 통해 세계적으로 연간 1조 달러 이상의 부가 발생할 수 있다는 말이다. 단, 부의 대부분은 AI기술의 주도권을 가진 나라, 즉 미국과 중국에 집중될 것이다.

PWC의 2030년 전망 중 하나를 더 공개하면, 2030년에 이르러 중국은 38조 달러의 GDP를 창출할 것이며(참고로 중국의 2018년 GDP는 13.4조 달러), 이 중 18%인 7조 달러가 AI가 창출할 경제적 효과일 것이라고 한다. 이 정도면 미국이 AI기술의 주도권을 두고 중국을 견제할 만하다는 생각이 든다. 그동안 IBM이 AI '왓슨Watson'을 개발하는 데 10억 달러(1조 원이 넘는 돈)를 썼고, 알파벳(구글)이 2019년에만 AI와 클라우드컴퓨팅 분야에 130억 달러(15조 원이 넘는 돈)를 투자한 일이 허무맹랑한 돈잔치는 아니라는 생각이 든다.

미래는 기대보다 빨리 온다

고백하건대 여기서 다루는 이야기는 오롯이 AI에 대한 것이 아니다. 인터넷을 조금만 뒤져도 AI와 자율주행에 관한 자료는 차고 넘친다. 이 책의 목적이 재테크를 위해 시장과 트렌드를 읽는 법에 맞춰져 있다는 사실을 기억해주길 바란다.

　AI는 생산성이 정체된 현재, 향후 생산성을 향상시켜줄 해결책으로 주목받고 있다. AI를 산업현장에 도입한 기업들이 수익을 창출해 주가를 올릴 수 있을지 여부를 알기 위해 우리는 AI의 종류와 AI를 구분하는 방법을 이해할 필요가 있다. 또 AI가 금융업에 적용되는 모습을 살펴보고, AI와 관련된 잠재적 유망 산업은 어떤 것이 있는지 알아보는 작업도 중요하다.

　AI기술은 너무 빨리 변하고 있어 관련 뉴스를 볼 때마다 놀랍다. 마치 아이가 성장하면서 보여주는 모든 행동이 천재적으로 보이는 것과 마찬가지다. 그러나 그 아이가 정말 천재가 될 수 있는지는 시간이 흘러 아이가 다 커야만 알 수 있다.

　새로운 AI기술이 장차 어떤 효과를 낼지 지금으로선 불투명하다. AI 솔루션 기업들은 자신이 개발한 AI기술을 다른 회사가 베끼지 못하도록 철저히 비밀에 부치고 있다. 이러한 상황을 감안해 여기서 언급한 내용이 실제와 다른 경우가 있다면, 틀렸다기보다는 미래가 생각보다 더 빨리 다가오고 있다는 것으로 이해해주길 바란다.

생산성을 높이는 알고리즘

1989년 1월 22일 일요일자 〈뉴욕타임스〉 12면에는 평소와 마찬가지로 빼곡하게 광고가 실렸고, 왼쪽 구석에는 앞으로 일주일 동안 열릴 음악회를 안내하는 작은 기사가 실렸다. 기사에서 소개하는 음악회 일정은 모두 9개였는데, 첫째 꼭지는 이렇게 시작했다.

IBM 연구원인 '케말 엡시오글루Kemal Ebcioglu' 박사는 제바스티안 바흐Sebastian Bach가 작곡한 코랄 찬송가Chorale의 구조를 5년 동안 연구했다. 엡시오글루 박사는, 바흐의 코랄 찬송가에서 발견한 350개의 규칙과 함께 바흐의 코랄 찬송가 4곡을 컴퓨터에 입력해 컴퓨터가 새로운 곡을 작곡하도록 했다.

웨스트체스터 코랄합창단이 공연하는 오후 8시 콘서트에서는 린든 우드사이드Lyndon Woodside가 바흐가 작곡한 4곡의 코랄 찬송가 원곡을 먼저 지휘하고, 이어 컴퓨터가 새로 작곡한 코랄 찬송가를 지휘할 것이다.

바흐 음악을 작곡하는 딥바흐

기사 원문에는 독자가 음악회에 대해 문의할 수 있도록 전화번호가 안내되어 있다. 그러나 엡시오글루 박사가 바흐의 코랄 찬송가를 연구해 찾아냈다는 350개의 규칙이 과연 어떤 것이었는지, 그날 연주의 녹음이 남아 있다면 인터넷 어디에서 들어볼 수 있는지, 30년이 지난 지금 전화해서 물어보기에는 너무 늦었을 것이다.

시간이 흘러 2016년 12월에는 소니컴퓨터과학연구소Sony Computer Science Laboratories의 연구원인 게탄 하제레스Gaetan Hadjeres 박사와 프랑수아 파셰Francois Pachet 박사가 AI 기계학습을 거친 컴퓨터로 바흐 '스타일'의 코랄 칸타타*를 만들었다는 보도가 등장했다. 하제레스 박사와 파셰 박사는 기계학습의 한 종류인 딥러닝을 통해 AI를 만들었으므로 이 AI 시스템에 딥바흐Deep Bach라는 이름을 붙였다.

이들이 딥바흐의 인공신경망을 학습시킨 방법은 이랬다. 먼저 바흐

---

* 바흐가 능숙하게 다루었던 유형의 음악. 칸타타는 보통 4성부로 구성되는데 소프라노가 주된 성부를 부르고 알토, 테너, 베이스가 주된 성부에 어울리는 각각의 선율을 부른다.

가 작곡한 코랄 칸타타 중에서 지금까지 남아 있는 352곡의 코랄을 다른 조성으로 변경해* 2천503개의 코랄을 만들었다. 이 중 2천여 개의 코랄을 이용해 딥바흐의 인공신경망을 바흐 스타일의 곡을 만들어낼 수 있도록 학습시키고, 나머지 코랄을 이용해 딥바흐가 학습한 결과를 검증하는 데 이용했다. 실제로 딥바흐가 만들어낸 바흐 스타일의 음악을 4백 명의 전문가와 1천2백 명의 일반인에게 들려주었을 때, 절반 정도가 진짜 바흐가 작곡한 음악이라고 판단했다.

바흐와 음악의 알고리즘

바흐는 '음악의 아버지'라는 위상을 가진 인물이다. 그는 전 생애에 걸쳐 1천2백 곡의 작품을 남겼고, 모두 음악적 완성도가 높은 작품으로 평가받는다. 바흐는 당대에 훌륭한 오르간 연주자로 활약하는 데 그치지 않고 평생 자신의 음악을 발전시켰다. 그가 남긴 음악의 형식과 방법론은 인류의 유산으로 인정받으며 후대 음악가를 통해 지금까지도 계승되고 있다.

바흐는 유명한 음악가 가문에서 태어난 천재였지만, 10살에 고아가 되어 친척 집에서 자란 탓에 대학에 가지는 못했다. 대학에 갔다면 고급 음악 교육을 받았을 테지만, 지금 고등학생 나이에 자립해

---

* 예를 들어 소프라노 성부를 알토 성부와 테너 성부 등으로 변경했다는 얘기다. 그래서 숫자가 늘어난다.

직업 음악인으로 살았다. 먹고살기 위해 교회에 고용되어 예배에 사용할 음악을 만들거나 귀족의 의뢰를 받아 행사 음악을 만들라는 지시를 받았다.

한 번 제사를 지낸 음식을 다른 제사상에 올리지 않는 것과 마찬가지로, 바흐가 살았던 시기의 교회 예배에서 음악을 재활용한다는 것은 불경한 일이었기에 바흐는 직업적 요구로 많은 음악을 생산해내야 했다. 바흐가 작곡한 음악 중 남아 있는 1천2백 곡을 바흐의 활동 기간으로 추정되는 45년으로 나누면 연평균 27곡을 지었다는 얘기가 된다. 가외 수입을 얻기 위해 오르간 연주도 하고 후학도 양성하면서 한 달에 2곡 이상을 작곡하려면 얼마나 바빴을지 상상도 되지 않는다. 한창 건강했던 30대에는 고용된 교회의 일요일 예배에 사용하려고 매주 1곡의 칸타타를 작곡했다는 얘기가 전해진다. 복사기가 없었으므로 작곡한 악보를 일일이 베껴 연주자에게 나누어주는 일도 했을 것이다.

바흐가 즉흥으로 4중주를 연주했다는 일화는 여러 개 남아 있다. 바흐가 천재성을 갖췄다는 데는 이견이 없다. 아무리 천재였다지만 이렇게 다작이 가능했던 이유는 무엇일까? '화성법harmony'과 '대위법counterpoint'을 아주 효율적으로 활용했기 때문이다. 화성법과 대위법은 어떤 음끼리 조화를 이루게 해야 하는지, 시간순으로 어떻게 음과 조를 배열해야 좋게 들리는지에 대한 일종의 기교다. 당대의 음악가들은 물론이고 현대 음악가들도 활용하는데, 음악 분야에서 일종의 알고리즘이라고 할 수 있겠다.

'알고리즘'을 다른 말로 표현하면 '수학과 논리로 구현한 과정'이다. 어떤 일을 할 때 잘 짜인 알고리즘을 적용하면 일을 효율적으로 처리할 수 있다. 예를 들어 외판원이 거래처를 방문할 때 최소 경로나 최단 경로를 미리 알아본 다음 행동하면, 투입한 시간에 비해 생산성을 높일 수 있고, 같은 일을 하는 데 드는 시간을 줄이는 만큼 편해질 수 있다.

음악에는 수학이나 논리가 적용되지 않을 것 같지만, 사실 음악의 재료인 '소리'의 속성에는 수학적인 요소가 많다. 수학자 피타고라스가 음정과 음계에 관한 최초의 음악 이론을 만들었다는 얘기는 거의 모든 서양 음악사의 서두를 장식한다. 화성법과 대위법이라는 기교는 바흐에게 작곡의 생산성을 늘리고 음악의 완성도를 높이는 알고리즘이었다. 바흐는 그 의미를 문장이나 수학으로 표현하지 않았고, 자신의 노하우를 〈푸가의 기법〉이라는 미완성 걸작으로 후세에 전수했다.

AI는 여전히 인간의 도구일 것이다

엡시오글루 박사와 하제레스·파셰 박사가 똑같이 바흐의 음악을 이용한 건 우연이 아니었을 것이다. 바흐가 사용했던 화성법과 대위법은 수학적 논리 과정인 알고리즘으로 분석하는 게 가능했고, 그래서 음악을 아는 컴퓨터 과학자들은 일찍부터 바흐의 음악을 분석하려고 관심을 갖고 있었기 때문이다.

컴퓨터 기술이 더욱 발전하고 바흐의 음악을 공학적으로 분석하는 사람이 많아지면서 알려진 사실이지만, 바흐는 마치 거울로 악보를 반사시키듯 음악의 선율을 위아래로 뒤집거나, 시간적인 순서를 거꾸로 하거나, 선율의 마디를 자유자재로 잘랐다 붙였다 할 수 있었다. 머릿속 알고리즘을 이용해 새로운 선율을 만드는 데 능했던 모양이다.

바흐의 음악을 AI로 모사하는 작업의 의미는 어디서 찾을 수 있을까? 고전 음악가들에게 몇 날 며칠 걸리던 작업이 이제는 단 몇 초 만에 컴퓨터로 완성된다. 음악을 필요로 하는 입장에서는 시간과 비용이 많이 줄어든다. 창작자가 느끼는 괴로움도 사라지며, 표절 문제도 데이터베이스를 구축해 방지할 수 있다. 이렇게 AI가 세상을 바꾸어 놓을 거라는 기대가 크다.

알고리즘의 집합체인 지금의 컴퓨터나 스마트폰 같은 전자장비로 우리는 어떤 삶을 추구하는 것이 좋을까? 생산성을 늘리는 수단으로 이용하는 게 바람직할까? 일찍 일을 마치고 여유 시간을 갖는 게 현명한 선택일까? "목마르지 않는 약을 먹고 물 마시는 시간을 아껴 하고 싶은 일을 하라"는 약장수의 말에 어린 왕자는 이렇게 답했다.

"목이 마르지 않는 약을 먹고 물을 마시는 시간을 줄일 수 있다면, 그 아낀 시간을 이용해서 깨끗한 물이 흐르는 샘물을 찾아가고 싶어."

- 생텍쥐페리의 《어린 왕자》 중에서

산업혁명 때 신기술 때문에 일자리를 잃은 사람들이 있었다. AI가 발달하면 사람의 일거리가 없어진다는 염려는 당연하다. 하지만 우려와 달리 AI는 인간의 삶을 윤택하게 하는 방향으로 진화할 거라 믿는다. 왜냐하면 인간은 편안함을 추구하기 위해 지금까지 많은 기술을 발전시켜 왔고, AI의 활용도 그 일부분일 것이기 때문이다.

알고리즘의 차이가 AI의 차이

사회에 충격을 주는 사건이 발생하면 사람들의 관심이 몰리게 되고 언론에서 계속 보도를 하기 때문에 사건에 대한 대중의 지식이 늘어나게 된다. 특히 첨단과학 분야와 관련한 사건은 어떤 주장이 맞는지 쉽게 판단할 수 없기 때문에 논쟁이 길어지고, 오랫동안 다양한 관점에서 사건을 분석한 기사가 나온다. 자연스럽게 그 분야에 대한 일반인의 지식 수준은 한 단계 높아진다.

2016년 알파고라는 AI 바둑기사가 이세돌 9단에게 도전하고 결국 승리에 이르기까지의 기사가 언론을 장식했다. 이에 따라 AI에 대한 사람들의 관심과 지식 수준도 높아졌다. 대국의 무대가 한국이었다는 점이 특히 영향을 줬다. 아쉽게 이세돌 9단이 패했지만, 만약 알파고가 졌다면 오히려 AI에 대한 관심은 그 정도로 불붙지 않았을 것이다.

알파고가 이슈가 되는 동안 AI를 소재로 한 유명 SF 영화들이 다시 언급됐지만, 정작 AI가 무엇이고 무엇을 AI라고 불러야 할지 같은 중요한 주제는 금세 수면 밑으로 잠겨버렸다. AI 세탁기, AI가 디자인한 골프 드라이버, AI 로보어드바이저 등 AI를 활용한 상품 광고가 많아졌는데, 과연 그 상품들은 AI를 어떻게 활용하고 있는 것일까? 결국 AI는 유용하게 이용되는 마케팅 용어에 불과한 것은 아닐까 생각이 들 정도다.

무엇이 AI인가?

바흐 스타일의 음악을 재생산하기 위해 엡시오글루 박사는 자신이 발견한 바흐 음악의 규칙을 일일이 코딩해 컴퓨터에 넣었고, 소니컴퓨터과학연구소에서는 컴퓨터에게 바흐의 작곡 방법을 학습시켰다. 여기서 어떤 것이 AI이고, 어떤 것이 AI가 아니라고 말할 수 있는 기준은 무엇일까?

인간이 아닌 무언가가 인간처럼 지능을 갖고 생각한다는 개념은 신화나 동화에 나오는 상상의 영역에 머물러 있었다. '인공지능(Artificial Intelligence; AI)'이라는 학술 용어는 1956년 미국 다트머스대학교에서 열린 회의에서 비로소 정립되었다. 컴퓨터의 아버지 앨런

튜링 Allan Turing은 인간과 대화를 하는 건지 기계와 대화를 하는 건지* 구별할 수 없을 정도라면 그 기계가 '생각'을 한다는 근거가 될 수 있다고 말했다.

지금은 컴퓨터에 내재된 알고리즘에 따라 AI를 분류한다. 초기에는 단순한 제어 프로그램에도 AI라는 용어를 붙였다. 예를 들면 센서가 인식하는 온도 변화에 따라 풍량을 조절하는 에어컨이나 음식물의 종류에 따라 가열 시간을 달리하는 밥솥 같은 것에 AI라는 타이틀을 붙여 팔았다.

좀 더 발전한 형태로 소위 '전문가 시스템'이라고 하는, 여러 다양한 상황에 따른 대응 방법을 미리 입력해놓는 솔루션이 있다. 1996년 세계 체스 챔피언인 인간을 최초로 이긴 컴퓨터 딥블루 Deep Blue가 하나의 사례이고, 엡시오글루 박사가 바흐 스타일의 음악을 만들도록 프로그래밍한 것도 이것이다. 이 알고리즘은 프로그래밍에 따라 세밀한 작업도 가능하다. 지금 사람들이 'AI라고 느끼는 것'들은 그 분야의 전문가들이 다양한 상황을 가정해서 미리 구축해놓은 시스템이 대부분이다.

길이 4백 미터에 이르는 세계 최대의 화물선에 필요한 승선 인원은 20명 남짓에 불과하다. 운항에 필요한 많은 정보와 의사결정이 시나리오에 따라 자동화되어 있기 때문이다. 그런데 이 수준의 '전문가 시스템'은 미리 상정한 상황에서 벗어나는 예외적인 일이 발생하는

---

* 1950년에는 음성인식이나 음성조합 기술이 없었기 때문에, 인간이든 기계든 글자 telegraph로 대화한다고 가정했다.

경우 대응하지 못한다는 한계가 있다. 단어의 뜻을 알려주는 건 사전과 단어 검색 시스템을 컴퓨터에 설치함으로써 가능하지만, 여러 단어를 조합해 문장을 만들었을 때 문장의 의미를 해석하는 건 그 정도로 해결할 수 없는 것과 마찬가지다.

딥러닝 알고리즘으로의 진화

이런 한계를 극복하기 위해 인공신경망을 이용한 기계학습 알고리즘이 개발됐다. 이 알고리즘은 방대한 데이터와 적절한 성능의 컴퓨터, 충분한 시간만 있다면 스스로 학습해서 인간의 물음에 답할 수 있다. 딥러닝 알고리즘 이전의 문장 번역 프로그램과 초기 AI 스피커 등이 이런 알고리즘을 가지고 있다.

세계 최고의 체스 프로그램인 딥블루의 시스템을 바둑에 적용하는 데는 한계가 있었다. 바둑은 체스보다 고려해야 하는 수가 더 많기 때문이다. 바둑을 둘 때 나올 수 있는 모든 경우의 수를 탐색해 돌을 놓는다면 현재의 기술 수준으로도 거의 무한한 시간을 필요로 한다.

알파고에 적용된 딥러닝 알고리즘은 인공신경망을 이용한 기계학습 알고리즘의 일종이기는 하지만, AI 스스로 데이터에서 규칙을 발견하고 해결책을 찾게 하는 알고리즘이다. 여기서 문제는, 인간이 딥러닝 알고리즘으로부터 도출된 결과를 봐도 왜 딥러닝 알고리즘이 그런 생각(?)을 했는지 인간은 이해하지 못한다는 점이다. 딥러닝 알고리즘이 내놓은 결과를 사람이 이해할 수 있게 해석하는 일 역시 중요한 AI 연구과제 중 하나다.

정해진 규칙에 따라 할 일을 정확하게 알려줘야 일을 하는 '기계'(그러지 않으면 전혀 일을 못 하는)가 전문가 시스템이고, 정해진 규칙을 어렵게 프로그래밍하지 않고 말로 알려줘도 알아듣는 '비서'(종종 명령을 알아듣지 못하거나 지시사항을 오해하는 일이 있어 중요한 일을 맡길 수 없는)가 기계학습 시스템이라면, 딥러닝 시스템은 목표만 알려주면 무엇을 해야 할지 스스로 찾아내 인간보다 더 좋은 결과를 만들어낸다.

이런 면에서 우리가 AI라고 부를 수 있는 알고리즘의 범위는 꽤 넓은 편이다. 현재 첨단기술은 딥러닝이지만, 지금 AI를 적용했다고 홍보하는 제품들이 모두 딥러닝을 적용하고 있는 것은 아니다. 현재 투자비용에 비해 효용이 높은 AI 솔루션은 '전문가 시스템'이나 '기계학습' 알고리즘에 의한 업무자동화 수준에 머물러 있다.

알게 모르게 우리는 이미 이런 AI 자동화 시스템에 많이 익숙해져 있다. 국제로봇연맹의 2019년 컨퍼런스 자료에 따르면, 한국은 2018년 기준 근로자 1만 명당 산업용 로봇의 수가 774대로, 싱가포르의 831대에 이어 세계에서 두 번째로 많은 나라다.* 반도체, 자동차 등 수출 목적의 첨단 제조업이 많이 발전했기 때문이다.

아쉬운 점은 우리나라에서 사용되고 있는 AI 솔루션의 대부분이 해외에서 개발되었다는 것이며, 중요한 점은 AI와 업무자동화를 도

---

* 국제로봇연맹의 과거 자료에 의하면, 한국은 2010년부터 2017년까지 8년 동안 근로자 1만 명당 산업용 로봇의 수가 세계 1위였다.

입한 회사가 이를 통해 얼마나 효율성을 높일 수 있는지 생각해보는 것이다.

결국 비용의 문제

AI의 첨단기술인 딥러닝은 미래의 유망주지만, 실용화를 위해서는 비용이 많이 들고 선결 과제가 있다는 점도 이해해야 한다. 구글의 모회사 알파벳이 2014년에 딥마인드를 인수하는 데 약 7천억 원을 쏟아 부었다. 딥마인드가 알파고를 개발하는 데 쓴 비용은 공개된 하드웨어 스펙을 검토해보니 1백억 원에 이르고, 인건비는 알파고 프로젝트 기간 동안 30억 원 수준으로 추측된다.

구글이 딥마인드에 지나치게 큰돈을 들였다는 우려도 있지만, 구글이 추진하는 AI 사업의 홍보 효과에 비해서는 7천억 원도 '새 발의 피'라는 분석도 있다. AI가 바둑을 두는 행위가 이벤트 효과는 있을지언정 돈이나 쌀이 나오는 생산활동은 아니다. 딥마인드가 진행한 알파고 프로젝트의 목적은 다목적으로 이용할 수 있는 범용 AI의 개발과 인간과 AI의 협력 방안을 연구하는 것이다. 그 연구는 생산성이 필요한 분야에 AI 딥러닝 알고리즘을 적용할 수 있는 데이터가 충분히 확보되어야 의미가 있다.

임진왜란을 배경으로 한 사극을 보면, 일본군의 조총이 막강한 전투력을 가진 것으로 묘사된다. 드라마에서 조총이 연기를 뿜으면 조선 병사들이 소리에 놀라 우왕좌왕하는 장면도 등장한다. 그런데 사실 조총은 활보다 명중률이 낮고 파괴력도 약하고 비가 오면 화약이 젖어 쏠 수 없다는 약점이 있다. 그럼에도 총이 활을 대체한 것은 전투에서 활약 가능한 궁수를 길러내는 데 걸리는 시간과 병사가 총을 다루고 쏘는 방법을 익히는 데 걸리는 시간을 비교했을 때 극단적으로 총이 유리했기 때문이다.

마찬가지다. 인간 전문가를 육성하는 데는 10여 년의 시간이 필요하지만, AI 솔루션을 적용할 때는 개발된 프로그램을 설치하는 정도의 시간이면 된다. AI와 업무자동화에 투자하는 기업은 비용을 줄일 수 있을 뿐만 아니라 잠재적인 생산성도 높아진다고 기대할 수 있다. 그래서 투자자 입장에서는 기업이 도입한 AI와 업무자동화 시스템이 얼마나 생산성을 향상시키는지 관찰하는 일이 중요하다.

그래서,
인공지능이 돈을 벌 수 있나요?

AI는 여러 산업 분야에 적용할 수 있는 범용기술이다. 금융 분야에도 도입되고 있다. AI가 금융회사의 생산성과 수익성을 높이는 데 도움이 될 가능성이 충분하기 때문에 금융회사는 AI를 어떻게 활용하는지 구체적으로 공개하는 일이 드물다. 장맛 좋은 집에서 장 담그는 비결을 며느리에게도 알려주지 않는 심리와 비슷하다고 할까?

금융회사는 AI 솔루션을 도입하고 적용하기에 좋은 조건을 갖추고 있다. 지식 집약적인 산업인 데다 업무의 많은 부분이 전산화되어 있어 IT가 중요한 역할을 하고, 상대적으로 인건비가 비싼 편이며, 새로운 솔루션에 투자할 수 있는 자금 여력이 충분하기 때문이다. 다만 장애물이 딱 하나 있는데, 금융회사 경영진들이 아직 AI 솔루션을 신뢰하지 않는다는 점이다. 이 장에서는 재테크 분야에 초점을 맞춰 AI를 투자에 활용하고 있는 노력에 대해 살펴보자.

컴퓨터에게 주식을 가르치다

투자 분야에 실무적으로 많이 사용되는 전문가 시스템의 대표적인 사례로 '알고리즘 트레이딩Algorithmic Trading'을 꼽을 수 있다. 어떤 상황일 때 주식을 사거나 팔라고 하는 조건을 미리 컴퓨터에 등록해두고, 프로그램을 이용해 자동으로 주문을 보내 주식을 매매하는 방법이다. 사람이 판단하고 매매 주문을 내는 것보다 속도가 월등히 빠르기 때문에 알고리즘 트레이딩 도입 초기에는 사람보다 높은 수익을 내는 게 가능했다. 하지만 너도나도 알고리즘 트레이딩을 도입해 일반화된 지금, 수익을 내기 위해서는 다른 알고리즘 트레이딩 프로그램을 이겨야 하기 때문에 더욱 치열한 경쟁 구도를 보인다.

기계학습 알고리즘을 적용해 이용하는 사례로 '로보어드바이저Robo-Adviser'가 있다. 쉽게 말해 컴퓨터가 투자자에게 사고팔 주식을 선별해 추천해주는 기능이다. 이미 제도권 금융사나 투자자문사에서 서비스를 제공하고 있다. 이들은 경쟁적으로 '빅데이터 AI 분석'이라는 문구로 앞다퉈 홍보하고 있지만, 어떤 데이터를 쓰는지, 어떤 AI 알고리즘인지 등 기술정보를 공개하는 회사는 없다. 기술정보를 공개한다고 해도 고객은 이해하는 데 한계가 있을 것이고, 경쟁사만 좋은 일을 시켜주는 결과가 되지 않을까?

어쨌든 인간 펀드매니저가 나은지 로보어드바이저가 더 나은지는 아직 결론이 나지 않은 상태다. 기계학습 알고리즘을 적용하려면 우리나라 금융시장에서 파생되는 데이터가 필요한데 그 데이터의 양과 속성이 기계학습에 적합하지 않기 때문일 수도 있고, 기계학습 알고리즘이 투자 전략을 제대로 수립하지 못하기 때문일 수도 있다.

자산운용사나 헤지펀드 회사에서는 펀드 자산을 직접 운용해서 수익을 낼 목적으로 AI를 적용하기도 한다. 재테크에 관한 AI 활용법의 궁극적인 지향점이라고 할 수 있다. 자산운용은 한두 가지 업무로 구성된 단순한 일이 아니기 때문에 이 분야에 AI를 적용하는 방안은 매우 다양할 수밖에 없다.

주식(투자 대상이 주식이 아니라도 마찬가지)을 낮은 가격에 사서 높은 가격에 팔면 시세 차익이 생긴다. 단순하게 생각하면 아주 쉬워 보인다. 그런데 실제로 주식시장은 생각한 대로 수익을 낼 수 있을 만큼 단순하지 않다.

전문가 시스템인 알고리즘 트레이딩에서는 주식이 얼마여야 싼지(어떤 조건일 때 살 것인지), 얼마여야 비싼지(어떤 조건일 때 팔아야 할지)를 미리 정해서 컴퓨터에 입력해둬야 한다. 하지만 정해둔 조건이 언제 달성될 수 있을지 모른다. 그래서 산 가격보다 (거래 비용을 감안해서) 1원이라도 올라가면 파는 전략을 시도하는데, 알고리즘 트레이딩이 모두 같은 전략을 이용한다면 핵심은 알고리즘에 있는 것이 아니라 매매 '속도'에 있다. 이런 전략은 이미 한계에 이르렀다.

딥러닝, 수익을 내!

기계학습 알고리즘을 주식을 사고파는 데 도입한다면 학습한 컴퓨터는 주식이 얼마일 때 싸다고 판단할지(사야 할지), 얼마일 때 비싸다고 판단하지(팔아야 할지)를 파악하게 될 것이다. 만일 딥러닝 알고리즘을 적용한다면, 사람은 컴퓨터에 주식 가격 데이터를 주고 "수익을 내라!"고 명령만 하면 된다. 딥러닝을 한 컴퓨터는 주식 가격 데이터를 이용해 어떻게 하면 수익을 낼 수 있을지 규칙을 만들어 수행하기 때문이다.

현재까지의 연구 결과는 이런 상상이 실현되기 어렵다는 쪽에 무게가 실려 있다. 자본시장에서 초과수익*을 얻는 방법을 연구한 역사는 제법 길다. AI가 등장하기 전부터 사람들은 어떻게 주식을 사고팔면 돈을 벌 수 있을지 다양한 매매 전략을 고안해냈고, 주식시장을 통해 실증한 결과 다음과 같은 결론을 얻었다.

> 공개된 정보를 이용해서는 초과수익을 내기 어렵다. 미공개 정보나 시장의 이상한 현상을 다른 사람들보다 먼저 입수해 잠깐 동안 초과수익을 낼 수는 있다. 그러나 지속적으로 초과수익을 낼 수는 없으며, 자산을 운용하는 규모가 커지면 초과수익을 낼 수 있는 기간은 훨씬 짧아진다.

---

* 여기서 초과수익은 다른 사람보다 수익을 더 내는 것을 말한다. 보통 종합주가지수(또는 펀드의 벤치마크)가 오르는 것보다 수익을 더 내면 초과수익이 발생했다고 표현한다.

이것을 금융론에서는 '효율적 시장 가설'이라고 한다. 실망스럽지만 이런 결론이 나온 이유는, 이렇게 주식시장을 이용해서 돈을 벌어보려고 하는 투자자가 많기 때문이다. 돈을 벌 수 있는 기회(어떤 자산을 원래 가치보다 싸게 살 수 있는 기회)가 생기면 눈 깜짝할 사이에 누군가가 나타나 그 기회를 가져가버린다.

여러분이 주식을 산 기업이 경영을 잘해서 주가에 좋은 영향을 준다 하더라도 회사 밖에서 일어나는 일 때문에 주가가 폭락하기도 한다. 테러가 발생하기도 하고, 대통령이 다른 나라에 무역전쟁을 선포하기도 하며, 어떤 권력자가 바다에 미사일을 쏘아대는 바람에 그 배경이 밝혀질 때까지 주식시장이 냉각되기도 한다. 언론사들이 서로 다른 관점으로 뉴스를 쓰기 때문에 원인과 결과의 판단을 어렵게 하는 보도가 나오기도 하고, 주가가 오를 만한 호재가 생긴 회사와 이름이 비슷한 다른 회사도 덩달아 주가가 오르는 황당한 일도 가끔 벌어진다. AI조차 미래를 내다보지 못하는 건 마찬가지인데, 이런 상황에 어떻게 대처할 수 있겠나.

희망을 내려놓기는 이르다. AI는 데이터를 인식하고 처리하는 속도가 사람보다 월등히 빠르고 정확하며 세밀하다. 사람은 처음 어떤 느낌이 들면 선입견이 되어 바꾸기 어려운데 컴퓨터는 조건이 바뀌면 가차 없이 바뀐 환경에 적응한다.*

AI의 이런 장점을 자산운용에 적극적으로 활용해 성공한 해외 자

---

* 학습을 잘못한 AI는 가끔 사람처럼 편견과 고집을 부려 잘못된 결과를 내놓기도 한다. 잘못된 학습의 대표적인 유형은 과학습 또는 오버피팅overfitting이다.

산운용회사들이 있다. 노하우를 완전히 공개하고 있지는 않지만, 언론에 보도된 활용 사례를 살펴봄으로써 참고할 만한 아이디어를 얻을 수 있다.

2011년에 등장한 미국 리서치업체 에스티마이즈Estimize는 10만 명에 달하는 투자자들의 예상치를 통계적으로 분석해 주가의 흐름을 예상한다. 에스티마이즈는 방대한 데이터의 양을 장점으로 내세우고 있다. 경제학자 존 메이너드 케인즈John Maynard Keynes는 "주식시장은 미인 선발대회와 비슷한 속성이 있다"고 말했다. 이처럼 투자자의 예상이 주식시장에 반영된다면 이를 충실히 따랐을 때 초과수익을 얻을 가능성이 있다.

정보 우위를 점하는 게 효율적

2013년 설립된 금융정보 분석기업 켄쇼Kensho*는 AI로 금융정보를 분석해 제공하는 회사다. 공시, 뉴스, 시장 정보 등 금융시장에서 끝없이 나오는 빅데이터를 기계학습을 통해 구조적으로 분석하고 투자판단에 도움이 되는 부가가치 높은 정보로 변환한다.

켄쇼는 대형 금융사 골드만삭스Goldman Sachs와 함께 AI 검색 분석 소프트웨어 워렌Warren을 만들었다. 워렌은 몸값 비싼 애널리스트 15

---

* 2018년 미국 신용평가사 S&P글로벌이 5.5억 달러(약 6천6백억 원)에 인수했으나, 사명은 그대로 유지하고 있다.

명이 4주 동안 매달려야 하는 분석 작업을 5분 안에 끝낸다. 골드만삭스는 2017년에 6백 명에 달하는 주식 매매 트레이더를 해고하고, 그 일을 워렌에게 맡겼다. 엄청난 정보가 집중되는 금융시장에서는 남보다 더 정확하고 중요한 정보를 입수해 정보 우위에 서는 것이 돈을 버는 길이니 AI로 어떤 주식을 사야 하는지 탐색하는 것보다 현명한 방법이라 할 수 있다.

AI를 트레이딩에 직접 활용하는 금융사도 있다. 리벨리언리서치 Rebellion Research가 대표적이다. 리벨리언리서치는 금융시장에서 나오는 빅데이터를 기계학습 알고리즘으로 분석해 매매할 종목을 추천한다. 홍콩의 자산관리업체 에이디야Aidyia는 경제지표, 기업재무 데이터, 뉴스 기사, 인터넷에 올라온 조각 정보를 기계학습 알고리즘으로 분석해 패턴을 뽑은 다음, 여러 투자 전략 중에서 도출해낸 패턴을 적용했을 때 가장 성과가 좋은 것을 활용한다고 알려져 있다.

우리나라 투자자들에게도 이 같은 AI 기반의 투자서비스가 제공될 예정이다. 다만 한 가지만 기억해두자. 주식시장은 우연과 변수가 많이 적용되는 시장이다. 예를 들어 동전을 던져 삼성전자 주식이 오를 때는 동전의 앞면이 대응한다고 하고, 삼성전자 주식이 내릴 때는 뒷면이 대응한다고 해보자. 동전이 하나만 있을 때는 삼성전자 주가의 오르내림과 동전을 던져 나오는 결과가 일치하기 어렵다.

그러나 10만 개의 동전을 매일 던져 그 결과를 기록한다면, 한 달이 흐른 후 10만 개의 동전 중에서 삼성전자의 주가 오르내림과 가장 가까운 동전 하나를 발견할 수 있을 것이다. 그럼 이 동전은 삼성전자 주가가 내일 오를지 내릴지 맞출 수 있을까? 수억 번을 돌린 AI 시뮬레이션 결과가 아무리 명확해 보여도 미래 수익은 장담하지 못하는 게 투자의 속성이다. 장기적으로는 AI를 활용해서 정보 우위를 선점하는 전략이 유리할 것이다.

AI, 산업지도를 새로 그리다

AI의 미래를 믿는 투자자 입장에서는 AI와 관련된 투자 대상에 관심을 가질 수밖에 없다. 그럼 어떻게 포트폴리오를 구성해야 할까? 먼저 AI 원천기술을 개발하는 회사를 눈여겨봐야 한다. 개발한 소프트웨어나 서비스를 다른 회사에 팔아 수익을 낼 수 있으니, 먼저 이런 회사의 주식을 투자 대상으로 삼아보자. 구글, IBM 등이 대표적이다. 아직 몇 안 되는 수준이며 한국 토종 회사는 찾기 어렵다. 다음으로 AI기술을 사 와서 업무에 적용해 생산성을 높이려는 회사의 주식도 포트폴리오에 담아보자. 보통 '4차 산업혁명'이라는 테마가 적용되는 회사가 대부분일 것이다. 이렇게 하면 투자 대상의 범위를 넓힐 수 있다.

밸류체인을 파악하라

또 어떤 회사가 있을까? 삼성전자는 메모리 반도체를 수출해서 막대한 이익을 거둔다. 그런데 반도체산업에는 삼성전자만 있는 게 아니다. 반도체 원료를 생산하는 회사, 생산 장비를 만드는 회사, 품질 측정 장비를 만드는 회사, 연구와 설계를 전담으로 하는 회사, 생산된 반도체를 제품에 쓸 수 있는 형태로 만드는 패키징 전문 회사 등 여러 분야의 회사가 협업하고 있다.

한국반도체산업협회의 회원사는 260개가 넘는다. 당연한 얘기지만 각각의 회사가 첨단기술을 갖고 있다. 메모리 반도체의 국제 시세가 올라 삼성전자의 주가가 오를 때는 관련 회사들도 수익 전망이 좋아져 덩달아 주가가 오른다.

제품이나 서비스 생산 과정에서 고객이 흔쾌히 지갑을 열게 하는 가치가 어디서 만들어지는지를 쉽게 파악할 수 있도록 한 것을 '밸류체인Value Chain'이라고 한다. 밸류체인을 알면 큰 부가가치가 생기는 곳을 안다는 이야기이고, 제품이나 서비스가 성공했을 때 큰 수익을 버는 곳을 알 수 있다는 말과 같다. AI를 테마로 포트폴리오를 구성할 때 이런 밸류체인을 염두에 두어야 한다.

우리나라 정부가 AI 사업 육성에 중점을 두고 발표한 정책 자료에서 'DNA'라는 용어를 확인할 수 있다. 데이터, 네트워크, AI를 이르는 말이다. 비슷한 개념으로 'ABC'도 있다. A는 당연히 AI이고, B는 빅데이터, C는 클라우드컴퓨팅을 의미한다. 데이터산업과 클라우드

컴퓨팅을 중심으로 하는 네트워크산업은 AI산업 육성에 필요한 선결 과제로 주목을 받고 있다. 즉 이들은 산업 단위의 큰 그림에서 밸류 체인을 이루는 것이다.

빅데이터는 AI를 학습시키는 재료가 되는 한편 AI를 활용해서 분석해야 하는 대상이기도 하다. 클라우드컴퓨팅 네트워크 기술은 빅데이터를 모으는 데 필요할 뿐 아니라, AI를 사용할 때 비싼 값을 내지 않게 해줄 수 있는 솔루션이다. 저렴한 스마트폰도 인터넷에 연결만 되어 있으면 구글, 애플 등이 제공하는 첨단 음성인식서비스를 이용할 수 있다는 사실을 생각해보라.

콘텐츠 업계가 AI를 활용하는 법

2020년 코로나19 사태 아래 바이러스의 전파를 막기 위해 '사회적 격리'가 권장됐다. 사람들 간 거리를 두고 되도록 집에 있으라고 정부는 권고한다. 사람 간 접촉을 최소화하는 비대면 시대가 됐다. 집에 머무는 시간이 길어지면서 유튜브, 넷플릭스 같은 동영상 콘텐츠의 사용량이 늘어났다.

시청자를 오래 붙들기 위한 업계의 경쟁이 치열하게 벌어지고 있다. 총 시청 시간은 콘텐츠회사의 수입과 직결되는 중요한 요소다. 시청자의 눈을 붙들어두려면 재미있는 동영상을 끊임없이 보여주어야 한다. 텔레비전 같은 기성 미디어는 미리 정해진 스케줄에 따라 콘텐츠를 송출하지만, 유튜브나 넷플릭스 같은 뉴미디어에서는 시청자가 콘텐츠를 선택해서 시청한다.

콘텐츠가 너무 많아 시청자가 볼 것을 결정하지 못하거나, 볼 것을 결정하는 데 시간이 걸린다면 시청률이 떨어지는 문제가 생긴다. 때문에 유튜브나 넷플릭스는 적극적으로 동영상을 추천하는 기능을 갖고 있다. 물론 콘텐츠가 시청자의 입맛에 맞아야 한다. 누적 시청률이 아무리 높은 콘텐츠라 해도 연령에 맞지 않거나 오래된 콘텐츠를 거듭 추천하면 시청자를 잡아 둘 수 없다.

뉴미디어에서는 콘텐츠를 추천하기 위해 AI 알고리즘을 이용한다. 초기에는 시청자가 지금까지 많이 본 콘텐츠와 유사한 내용의 콘텐츠를 추천하는 전략으로 알고리즘을 이용했다. 액션 영화를 많이 본 사람에게 액션 영화를, 멜로 영화를 많이 본 사람에게 멜로 영화를 추천하는 식이다. 이러한 알고리즘으로 추천하는 콘텐츠를 보다 보면 시간이 갈수록 시청자의 만족도는 떨어진다.

어떤 시청자가 2019년 화제의 드라마였던 〈호텔 델루나〉를 보고 만족도가 높았다 치자. 그럼 알고리즘은 유령, 사후세계, 로맨스가 나오는 유사 드라마 〈도깨비〉를 추천할 것이다. 하지만 애초에 시청자가 〈호텔 델루나〉의 주연 배우인 아이유 때문에 만족도가 높았다면? 알고리즘이 이 사실을 알았다면 아이유가 등장하는 또 다른 드라마를 추천했을 것이고, 시청자가 콘텐츠를 보는 데 시간을 더 쏟을 수 있을 것이다.

지금 뉴미디어회사들은 시청자의 시청 이력뿐 아니라 시청자의 다양한 정보를 이용하고 분석해 콘텐츠를 제공하는 데 노력을 기울인다. 알고리즘이 시청자의 직업을 알게 된다면 시청자의 직업에 따라 관심을 가질 수밖에 없는 콘텐츠를 추천할 수 있을 것이다. 시청자의 SNS 친구들이 누구이고, 친구들 사이에 어떤 콘텐츠가 화제가 되는지 알 수 있다면 시청자가 친구들과 대화하는 데 도움이 되는 콘텐츠를 먼저 제시할 것이다.

시청자에게 직접 설문해서 성향을 분석하는 방식은 설문 응답률이 저조하다는 문제도 있지만, 정확성이 떨어진다는 결과가 있다. 사람은 의식적으로 설문자의 의도에 맞게 포장하거나 일반 대중의 예상 평균치에 가깝게 응답하는 경향이 있어서 정말 좋아하거나 싫어하는 것을 잘 드러내지 않기 때문이다. 설문과 달리 그 사람이 사적인 공간에서 한 행동은 거짓말을 하지 않는다.

AI를 알아야 돈을 번다

요즘은 사적인 공간이 온라인 사이버 환경에 펼쳐져 있다. 무수히 많은 사람이 사이버 공간에 남기는 글과 사진, 그 모든 흔적이 바로 빅데이터다. 빅데이터는 컴퓨터나 스마트폰 같은 개인용 단말기에 축적되는 것이 아니라 네트워크를 통해 데이터센터라는 곳에 집중적으로 모여 있다.

데이터산업과 네트워크산업이 발달하지 않으면 AI산업을 발전시키기가 불가능하다. AI 알고리즘이 능력을 갖게 되는 건 네트워크를 통해 수집한 데이터에서 패턴을 찾아내도록 학습하기 때문이다. 학습된 AI 알고리즘은 정해진 규칙이 없는 데이터에서 인간 대신 의미를 찾아내고 부가가치를 만들어 고객이 지갑을 열게 한다.

고객의 니즈를 파악하기 위해 행동패턴에 관심을 기울이는 곳은 콘텐츠회사뿐만이 아니다. 대중 마케팅 시대에 기업이 홍보와 마케팅에 쓰는 비용은 상상을 초월한다. 금융감독원 발표에 따르면, 우리나라 신용카드 회사들의 2019년 총 수익은 25조 원인데, 같은 해 마케팅에 6.7조 원이 넘는 돈을 썼다. 총 수익의 27%에 달한다. 신용카드 회사는 하나의 사례에 불과하다. 기업들은 큰돈을 들여 경쟁적으로 회사와 상품을 대중에게 어필해야 한다. 고객이 원하는 것을 족집게처럼 알아서 팔 수 있는 AI 솔루션이 있고, 마케팅 비용의 반을 들여서라도 이 솔루션을 도입한다면 얼마나 좋겠는가?

컨설팅회사 맥킨지에서는 AI기술을 사업에 적용한 회사가 그렇지 않은 회사보다 수익성이 높다고 분석했다. 그 격차는 시간이 지날수록 확대될 것이다. AI 솔루션을 도입함으로써 증가하는 수익성은 산업의 속성에 따라 차이를 보인다. 헬스케어, 금융, 교육 분야는 AI 도입에 따른 효과가 크게 나타날 것으로 보인다. 10여 년을 공부한 전문의를 도와 병을 진단하는 AI 솔루션이 보급되고 있다. 모두 인건비가 높다는 공통점이 있는 분야다.

맥킨지의 분석에 따르면 이러한 산업 분야에서는 AI를 도입할 경우 15~20%포인트의 수익성 향상이 기대된다. 상대적으로 소비재,

건설, 여행산업 분야에서는 AI 활용에 따른 수익성 향상 기대가 5% 포인트 수준에 그쳤다. 아무래도 정보보다는 실물을 다루는 분야이기 때문에 영향을 덜 미친다는 분석이다.

지금까지 AI산업이나 관련 산업에 투자하면 유망하다는 이야기를 해왔다. 구체적으로 어디에 투자해야 할까? AI를 개발하고 활용하는 분야에서 성공적인 기업을 쉽게 찾아보는 방법은 전문가들의 선택을 참고하는 것이다. AI를 테마로 한 상장지수펀드(Exchange Traded Fund; ETF)*가 거래되고 있는데, 이 ETF에는 전 세계에 상장된 AI 하드웨어, 소프트웨어, 네트워크회사의 주식이 편입되어 있다. 전 세계 약 1백 개 정도의 기업으로 구성되어 있으며, 미국과 중국의 기업이 대부분이다. 한국 기업으로는 삼성전자, 네이버, 카카오 정도가 있다.

이런 ETF에 장기적으로 투자하는 게 도움이 된다고 생각하지만, 이 ETF에 편입된 기업 중 친근한 회사 몇 개를 선택해 그 회사가 AI산업에서 어느 정도의 비중을 가지고 어떤 역할을 하는지 연구해보기를 권한다. 그러다 보면 점점 AI산업의 밸류체인이 눈에 보이기 시작하고, 글로벌 수준에서도 결국 몇몇 회사로 수렴된다는 걸 느낄 수 있다. 아울러 어떤 정보가 거짓인지 아닌지를 구별하는 안목도 생긴다. AI를 이용해서 코로나19 치료제를 개발한다는 제약회사의 주가가 왜 널뛰기를 하는지 스스로 이해할 날도 멀지 않았다.

---

* IRBO(iShares Robotics and Artificial Intelligence Multisector ETF), AIQ(Global X Artificial Intelligence & Technology ETF) 등 www.etf.com에서 해당 ETF에 편입된 기업들을 검색할 수 있다.

· 제 7 강 ·

비트코인에서 혁명의 기술로,
블록체인의 도전

탈중앙화 솔루션,
블록체인

어느 마을에 히어로가 있었다. 그는 무예가 뛰어났지만, 어렸을 때 겪은 트라우마 탓에 피 보는 것을 무서워해 평소 마을 사람들에게 겁쟁이 취급을 받았다. 자연스레 강한 무공은 감춰졌다. 그 틈을 타서 히어로는 마을 사람 몰래 범죄를 소탕하고 악당들을 혼내줬다. 그런데 이런 일을 오래하다 보니 스트레스가 커졌다. 히어로는 사건이 언제 터질지 몰라 초조한 마음으로 불면증에 시달리고, 늘 신경을 곤두세우다 보니 모든 일에 예민해지게 됐다. '자라 보고 놀란 가슴 솥뚜껑 보고도 놀란다'고 했던가. 히어로는 무고한 사람을 악당으로 오인해 폭력을 휘두르는 실수를 저지르게 되었고, 자신이 한 일에 놀라 무공을 봉쇄하고 잠적한다. 곤경에 처한 마을 사람들은 히어로가 나타나지 않아 당황하더니, 시간이 지나자 힘을 합쳐 스스로 악당들을 물리치기 시작했다. 마을 사람들에 의해 악당의 최고 보스가 소탕되고 평화가 찾아오면서 히어로는 더 이상 영웅 노릇을 할 필요가 없어졌고, 평범한 삶을 살 수 있었다.

히어로가 필요 없는 세상

앞의 이야기는 어느 드라마의 줄거리다. 당시에는 히어로가 악당의 최고 보스를 물리치는 것이 히어로물의 문법이라 생각했기 때문에 이런 결말이 낯설었다. 요즘 영화나 드라마에서 히어로들은 곤경에 처하거나 죽기도 하고, 그냥 평범한 사람들이 문제를 해결하는 플롯도 많다. 특별한 히어로가 아니라 사회 구성원이 합심하면 악을 막아낼 수 있다는 메시지를 전하는 것이다.

블록체인이 관심을 끌게 된 계기는 드라마 속 '탈히어로'의 시대적 요구와 맥이 닿아 있다. 2008년 10월, 사토시 나카모토Satoshi Nakamoto라는 의문의 인물이 전자금융 거래를 할 때 중앙에서 중재하는 은행과 같은 금융회사를 거치지 않고도 P2P 거래를 할 수 있게 해주는 '비트코인bitcoin'이라는 개념을 소개했다. 사토시 나카모토가 비트코인이라는 개념을 착안하게 된 배경은 무엇일까?

금융거래는 은행이 중재한다는 신뢰를 기반으로 한다. 하지만 은행에게 거래를 중재해달라고 부탁하려면 비용이 발생하고, 은행에서 만들어둔 정형화된 틀에 맞춰야 하기 때문에 거래 형태에 제약을 받을 수밖에 없다. 즉, 현대 사회에서도 신뢰가 완전하지 않다는 점과 그 신뢰를 유지하는 데 비용이 필요하기 때문에 혜택을 받지 못하는 사람이 있다는 문제를 제기한 것이다.

2008년 당시 글로벌 금융회사들은 2007년부터 시작된 서브프라임 모기지 사태의 여파로 매우 불안정한 상태였다. 급기야 그해 9월 초 대형 투자은행인 리먼브라더스Lehman Brothers가 파산하면서 순식간에 글로벌 금융위기로 이어졌다. 2차 산업혁명 이후 경제와 산업의 발전을 이끌어내는 돈줄로 인류 문명의 히어로 역할을 했던 금융회사의 신뢰가 바닥에 떨어지는 순간이었다. 이러한 환경에서 사토시 나카모토는 금융계에 더는 히어로 역할을 기대하지 말고 개개인이 신뢰할 수 있는 시스템을 만들자는 차원에서 비트코인을 제시했다.

비트코인을 실제 네트워크에서 구현하고 운영하는 기반기술이 블록체인이다. 그렇다면 블록체인과 비트코인은 같은 개념일까? 그렇지 않다. 비트코인은 블록체인 기술을 응용해서 만든 일종의 분산된 기록장치(데이터베이스)다. 여러분의 은행 거래 기록은 은행에서 보관하고 있지만, 비트코인이 움직인 기록은 누구도 독점하지 않는다. 인터넷망에 분산되어 있다.

블록체인은 비트코인 외에도 탈중앙화 생태계를 구현하는 범용기술로 쓸 수 있다. 블록체인이 작동하는 원리를 여기서 구체적으로 이야기할 필요는 없을 것 같다. 중요한 점은, 미래전략가와 컨설팅회사들은 블록체인의 대중화 활용 가능성을 타진하고 있고, 블록체인으로 중앙의 중재자나 결정권자 없이 정보 유통망을 간소하게 만들 수 있어 미래 유망 산업으로 꼽힌다는 것이다.

보이지 않는 거래, 전자상거래의 등장

1969년 미국 각지의 연구소와 대학교의 컴퓨터를 연결한 프로젝트인 아르파넷ARPAnet의 성공으로 등장한 인터넷이라는 개념도 이후 30여 년간 어떻게 실생활에 활용될지 짐작하기 어려웠다. 처음에는 통신회사들이 전자메일을 상업적인 서비스로 제공했고, 인터넷에 정보가 쌓이기 시작하자 정보를 쉽게 찾을 수 있도록 해주는 검색서비스 회사가 수익을 창출하게 되었다.

전자상거래는 인터넷을 개척해 성공한 시장으로 손꼽힌다. 전자상거래가 활성화된 우리나라의 경우, 통계청 자료를 보면 2019년 온라인쇼핑 거래 금액이 전체 소매 판매액의 30%에 육박한다. 물론 처음부터 전자상거래가 활성화되었던 것은 아니다. '실물을 보지 않고 쇼핑한다'는 개념은 받아들이기 어려웠고 어색했다. 그러나 전자상거래를 추진하는 기업은 언젠가 성공하리라는 믿음을 가지고 소비자의 고정관념을 깨뜨려왔다. 사기 거래를 없애면서 신용을 쌓아나갔고, 첨단 물류시스템을 도입해 배송 시간을 단축해나갔다. 같은 물건이면 최저가를 제공하고, 타깃 마케팅을 도입하는 등 전자상거래를 성장시키기 위해 노력했다.

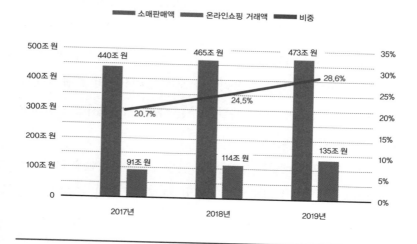

전자상거래의 성공 비결은 현실 세계의 유통 단계를 간소화하는 데 있었다. '생산자-도매상-소매상-소비자'를 거치는 유통 단계를 줄여 생산자에서 소비자에게 직접 또는 도매상만을 거쳐 소비자에게 닿을 수 있도록 만들어 제품 가격을 낮췄고, 좋은 상품을 선별해 추천하면서 소비 가치를 높인 것이다.

정보의 유통 단계를 줄여 비용을 낮춘다

정보의 흐름도 유통 단계를 거친다. 정보가 생산지에서 최종 도착

지까지 도달하는 하나의 거래를 완성하려면 여러 단계를 거쳐야 한다는 말이다. 증권회사에서 주식 사고파는 일을 상상해보자. 주식을 사려면 스마트폰 단말기를 통해 증권사 중앙 서버에 주문을 보내야 하고, 증권사는 이런 주문을 모아서 다시 한국증권거래소에 보내야 한다. 한국증권거래소는 우리나라 모든 증권사에서 보낸 주문을 모아 거래를 체결한다. 주문 체결 여부는 다시 각 증권사로 전달되고 주문을 낸 사람에게 알려지게 된다.

이렇게 주식을 매매하는 일은 많은 전산시스템과 판단을 거치도록 되어 있다. 수십 년의 경험과 노하우가 시스템에 녹아 있긴 하지만, 급속히 발달하는 현재 기술의 관점에서는 정보 유통 단계에 비효율적인 부분이 적지 않게 보이기도 한다.

그래서 '주식을 사는 사람과 파는 사람이 일대일로 즉시 매매할 수 있도록 하면 어떨까?' 하는 블록체인주의적인 솔루션이 탄생하고 있다. 우리나라를 포함한 많은 나라에서 증권매매시스템에 블록체인을 적용하는 방법을 연구하고 있다. 지금 당장 증권거래시스템을 블록체인으로 구축하는 게 최선이라는 결론은 아니지만, 정보의 유통 단계를 줄여 비용을 낮추면 효율을 높일 수 있을 것이다.

블록체인을 활용하는 기회는 이뿐만이 아니다. 은행을 거치지 않고 돈을 주고받는 것, 즉 단순한 금융거래인 '송금'은 블록체인 기능 중에서도 기본이다. 한 나라에서 같은 은행에 개설된 계좌 간의 송금은 수수료가 없다시피 하니 블록체인을 이용하면 오히려 비효율적이다.

그러나 해외 송금은 이야기가 다르다. 고객의 송금 의뢰를 받은 은행이 국제결제시스템을 갖춘 다른 은행을 거쳐야 하고, 고객은 환전 수수료와 송금 수수료를 부담해야 한다. 정보 유통망이 복잡해지기 때문이다. 송금 지역과 송금 화폐에도 국제결제시스템에 따른 제한을 받게 된다. 아무래도 개발 수준이 낮은 나라로 송금하는 비용은 높을 수밖에 없다. 블록체인은 보내는 사람과 받는 사람을 직접 연결할 수 있기 때문에 중간 단계의 누군가가 정보 처리하는 데 드는 비용을 절감할 수 있다. 외환 거래액이 큰 나라나 기업의 경우 잠재적으로 활용할 수 있는 여지가 높다.

기부를 할 때도 마찬가지다. 내가 자선단체에 내는 기부금이 중간에서 사라지지 않고 필요한 사람에게 온전하게 도착할 수 있을지 의심해본 일이 있을 것이다. 블록체인을 이용한다면 이 또한 자선단체라는 중간 단계를 줄일 수 있기 때문에 필요한 사람에게 직접 전달할 수 있고, 비용도 최소화할 수 있다.

음원이나 웹툰 같은 콘텐츠를 소비할 때도 중간 유통사를 거치지 않고 소비자가 지불하는 비용 거의 전부가 창작자에게 입금될 수 있도록 솔루션을 구축할 수 있다. 이를 구현하기 위해서 몇 가지 법규나 선결 문제를 보완해야겠지만, 이런 사례들이 앞으로 블록체인 기술이 활용될 분야가 많다는 기대를 갖게 해준다.

토큰이코노미, 찬성 혹은 반대

오스트레일리아 대륙의 북쪽, 적도 위에 작은 섬들이 모여 연방을 이루고 있는 미크로네시아 지역은 섬마다 독특한 문화가 있다. 팔라우섬과 미국령 괌 사이에 위치한 얍Yap섬에는 '돌 화폐stone money' 유적이 남아 있어 관광객이 많이 찾는다. 말이 화폐지, 눈으로 보면 실제로 쓸 수 있을까 싶다. 보통 지름 30센티미터의 맷돌만 한 것부터 지름이 3미터에 이르는 것도 있으니 가지고 다니면서 값을 치르지는 못할 것이다. 돌 화폐는 고정된 자리에 두고, 거래에 따라 소유권자만 바뀐다고 한다. 주인이 바뀌면 이전 주인은 동네 사람들에게 소문으로 그 사실을 알려 다음 거래에 지장이 없도록 했다.

신뢰에서 발생하는 화폐의 가치

인류학자들은 20세기 초반에 얍섬의 이 같은 독특한 경제활동을 학계에 보고했다. 이후 유명한 경제학자인 밀턴 프리드먼이 1990년대에 저술한 책에서 얍섬의 돌 화폐를 언급해 유명해졌다. 화폐의 가치는 그 재료나 구체적인 교환에 있지 않고 사람들 간의 인지 활동, 즉 '신뢰'에서 발생한다는 좋은 예를 보여줬기 때문이다.

송금, 기부, 유통 등의 서비스를 위해 블록체인망을 구축했을 때 누구나 자유롭게 이용할 수 있는 블록체인망을 퍼블릭블록체인public blockchain이라고 한다. 퍼블릭블록체인이 운영되는 동력인 '토큰이코노미token economy*'의 개념을 처음 들었을 때 얍섬의 돌 화폐가 떠올랐다. 아니나 다를까, 얍섬의 돌 화폐 이야기는 토큰이코노미 관련 자료와 기사에 자주 인용된다. '신뢰'는 기존 화폐 제도와 경제가 움직이기 위해서만이 아니라, 퍼블릭블록체인의 토큰이코노미를 움직이기 위해서도 반드시 필요하다.

2016년 세계경제포럼 행사에서는 미래 유망 기술의 하나로 블록체인 기술을 선정했다. 2025년까지 세계 GDP의 10% 이상이 블록체인 플랫폼에서 움직일 거라는 설문 결과가 보도됐다. 이 때문에 블록체인이 '디지털 자산 혁명'을 불러올 것이라는 전망이 나오고 있다. 이를 가능하게 하는 것이 토큰이코노미다.

---

* 블록체인을 이용한 새로운 교환경제. 블록체인 위에서 대가를 지급하거나 교환하는 데 이용하는 수단을 토큰이라고 한다. 화폐가 아니라 토큰을 이용하는 경제시스템을 토큰이코노미라고 부른다.

토큰은 지금 우리가 쓰고 있는 화폐와 다르다. 화폐는 중앙은행이 발행하지만 토큰은 다양한 블록체인을 통해 얻을 수 있다. 화폐는 그 자체로 기능이 없지만 대부분의 토큰은 '스마트컨트랙트smart contract' 라는 코드를 짜 넣어 사전에 정한 조건이 발생하면 자동으로 어떤 조치나 행동을 취하게 할 수 있다.

토큰은 퍼블릭블록체인을 이용하거나 퍼블릭블록체인의 운영에 기여함으로써 얻을 수 있다. 탈중앙화의 보상으로 토큰이 지급된다. 페이스북 이용자가 페이스북에 글을 쓴다고 해보자. 플랫폼 제공자인 페이스북은 이용자에게 노출되는 광고 수입으로 돈을 벌지만, 글을 쓴 이용자에게 직접 돌아가는 건 없다.

만약 퍼블릭블록체인 기반의 소셜 플랫폼이라면 수입을 가져갈 플랫폼 제공자가 없기 때문에 발생하는 수입이 이용자에게 그대로 간다. 이 단계에서는 블록체인 플랫폼에 화폐가 없으므로 이용자는 토큰으로 대가를 받는다. 토큰은 블록체인에서 줄 수 있는 유일한 보상 수단이다. 이용자는 이 토큰에 경제적 가치가 있다고 생각하는 누군가와 거래해 토큰을 화폐로 교환할 수 있다.

토큰이코노미의 성공 조건

토큰이코노미를 요약해보자. 블록체인 플랫폼으로 구성되어 있다면, 이용자는 소셜 네트워킹을 하면서도 보상을 받을 수 있고 금융

거래를 하면서도 보상을 받을 수 있다. 심지어 게임을 하는 데 보상을 주는 블록체인 플랫폼도 있을 수 있다. 플랫폼에서 창출되는 수입을 가져가는 중앙관리자가 없기 때문에, 즉 탈중앙화를 실현했기 때문에 가능한 보상 구조다. 더 나아가 금융 자산은 물론 부동산, 예술품, 지적 재산권과 같은 유무형 자산의 권리를 토큰의 형태로 전환할 수 있어 이를 매매하고 유통함으로써 큰 부가가치를 얻을 수 있다는 것이 토큰이코노미의 핵심이다.

토큰이코노미가 성공을 거둘 수 있다고 주장하는 측의 논거는 다음과 같다. 첫째, 대기업이 블록체인 사업에 진출하고 있다는 사실. 삼성전자에서 블록체인 지갑 기능이 담긴 갤럭시폰을 출시했고, 페이스북에서 '리브라프로젝트Libra Project'를 진행하고 있으며 카카오, 라인 등 IT기업들이 블록체인 토큰을 내놓고 있다. 둘째, 비트코인이 코인이코노미를 개척하고 있다는 사실. 비트코인은 해외 송금, 취약계층에 대한 금융서비스의 대체 수단, 소액결제, 모금 등에 활용된 실험적인 사례가 있다. 셋째, 중앙은행이 발행한 화폐를 국가가 끝까지 지급 보증을 해줄 수 있을지 믿을 수 없다는 것. 세 번째 논거는 토큰이코노미가 성공한다는 근거라기보다 한 나라의 경제가 파탄에 이를 때를 대비한 대안이라고 해야 할 것이다.

토큰이코노미가 성공하기 위해서는 철저한 검증이 필요하다. 검증해야 할 첫째는 블록체인 플랫폼 이용자에 대한 보상과 관련된 일이다. 먼저 토큰 보상이 적정한 가치인지를 면밀하게 조사해야 한다. 또 보상을 어떻게 배분해야 공정한지 방법을 찾아야 한다. 아울러 보상이 현실에서 화폐와 현물로 교환할 수 있는 일정 수준의 구매력을 유지할 수 있는지 살펴봐야 한다.

둘째, 금융자산이나 유무형 자산의 권리를 토큰화할 경우 과분산으로 인한 그리드락grid lock*을 피해야 한다. 예를 들어 부동산의 권리를 토큰으로 분산해서 매매한다고 치자. 이론적으로는 좋은데, 시간이 지나 이 부동산 자체를 매각하거나 허물고 재개발해야 할 경우, 토큰 소유자들이 과연 하나의 의견으로 똘똘 뭉칠 수 있을까? 현실에서 '기획 부동산 사기'나 '관광호텔 분양 사기'를 계획하는 사람은 부동산 소유자들이 뭉치기 어렵다는 허점을 이용한다.

토큰이코노미가 무조건 불합리하다는 뜻은 아니다. 그러나 기술적으로 가능하기 때문에 하는 일과 실제 경제적인 효과가 발생하는 일 사이에는 큰 간격이 있다는 것을 이해해야 한다. 토큰이코노미가 성공하려면 이용자에게 효용을 창출해주고 그들의 니즈를 해소해줄 수 있는 사업모델이 선행되어야 한다. 토큰이코노미가 가능하다는 사람과 그렇지 않다는 사람이 있지만, 둘 사이의 이견을 조율하는 데 실패하면 토큰이코노미는 선순환하기 어렵다. 토큰은 화폐나 실물로 전환해야 효용이 있기 때문이다.

현재 단계에서 실현 가능성이 큰 대안은 퍼블릭블록체인이 아닌 프라이빗블록체인private blockchain을 활용하는 것이다. 프라이빗블록체인은 말 그대로 기업이 사적으로 구축한 블록체인 플랫폼을 말한다.

---

* 너무 많은 사람이 너무 작게 파편화된 권리를 소유하고 있으면 협력은 실패하고 손해를 입는다는 뜻.

외부로 오픈된 '인터넷'이라는 용어의 상대되는 말로 기업 내부적인 네트워크를 '인트라넷'이라고 부르는 것과 같은 맥락이다.

페이스북의 리브라프로젝트도 초기에는 프라이빗 블록체인을 채택한다고 선언했고, 금융권에서 관심을 갖는 형태도 프라이빗블록체인이다. 처음부터 퍼블릭블록체인 플랫폼으로 이용자를 늘리고 탈중앙화하기는 쉽지 않다. 이용자, 솔루션 등 기반이 있는 상태에서 블록체인을 도입해야 성공 가능성을 높일 수 있다.

탈중앙화의 딜레마

곳곳에서 시도하는 블록체인 프로젝트가 성공한다면, 초기 전자상거래 시장이 형성될 때 벌어진 새로운 현상이 다른 형식으로 재현될 수 있다. 전자상거래가 활성화되면 소매상이 도매상을 밀어낼 것이라는 예측이 나왔지만, 실제로는 도매상이 소매상을 구축하는 현상이 발생했다.

블록체인 기반 토큰이코노미가 활성화된다면 정보의 도매상이라고 할 수 있는 정보 집중 기관, 즉 데이터센터를 가지고 있는 구글, 아마존, 페이스북, 네이버, 카카오 등 대기업의 영향력이 더 커질 수 있다. 블록체인이 탈중앙화를 말하면서 실제로는 대기업의 전략이나 정부 정책에 좌지우지되는 소위 '탈중앙화의 딜레마'가 발생할 수 있다는 말이다.

인류학자들은 얍섬의 돌 화폐를 20세기 초부터 알고 있었다. 인류학자들이 수십 년 연구한 결과가 고작 얍섬의 돌 화폐는 주민들이 물건을 사고파는 데 쓰는 수단이라는 정도였을까? 경제학적 관점이 아니라 인류학적으로 돌 화폐는 어떤 의미였을까? 돌 화폐는 이동하기도 어렵고 크기, 재질, 모양, 소유권자와의 거리 등이 제각각이라 경제적 가치를 비교하기에도 적합하지 않았다.

주민들의 경제활동에 돌 화폐가 신뢰의 매개로 작용했다는 논리는 돌 화폐가 유명해진 다음 만들어진 신화일 수도 있다. 큰 돌을 다듬어 둥글게 만든다고 해서 생산적인 활동이라고 하기 어렵다. 그럴 시간에 농사를 짓거나 바다에 나가 물고기를 잡는 것이 더 생산적인 활동이라고 해야 맞다.

인류학자들은 신뢰를 기반으로 구축된 얍섬의 '스톤이코노미'가 범지구적으로 확산되지 못한 이유를 밝힌다. 어떤 학자는 이 돌 화폐를 화폐 목적으로 만든 것이 아니라 다른 사람에게 선물로 주기 위해 만들었다고 설명한다. 어떤 학자는 둥근 돌의 화폐 기능은 제한적이었고, 실제로는 가벼운 다른 물건*을 화폐로 썼다는 주장을 한다. 뭐 어떤가? 얍섬에서 돌 화폐가 쓰이지 않은 지 이미 오래되었고, 진실이 무엇이든 지금 얍섬의 주민들과는 무관하다. 선조가 만든 돌 화폐의 유산과 전설 덕택에 관광객으로부터 돌보다 더 값어치 있는 '진짜 돈'을 벌지 않는가?

---

* 미크로네시아에서는 세공한 조개껍데기 뭉치가 일반적인 화폐 역할을 했다.

가상자산 투자 전에 알아야 할 팁

　재테크에서 가장 중요한 일은 무엇일까? 다들 수익을 내는 것이라고 생각한다. 수익을 내는 것 못지않게, 아니 더 중요한 사안이 있다면 손실을 보지 않는 것이다. 하지만 재테크를 하다 보면 어쩔 수 없이 손실을 볼 때가 생긴다. 손실 가능성을 줄이고 자산을 잘 관리하기 위해서는 투자 대상의 속성과 정보를 잘 알아야 한다. 정보를 잘 알고 이용하면 손실이 오히려 기회로 이어지기도 한다.

안전장치는 충분한가

주식에 투자하는 경우를 예로 들어 보자. 가지고 있는 주식의 가격이 내려가 손실이 생겼을 때 빨리 팔아서 손실을 제한하느냐 아니면 투자한 회사를 믿고 떨어진 가격에 주식을 더 사서 큰 수익을 노리느냐를 결정하려면, 그 회사 주식에 처음 투자하는 것처럼 원점에서 정보를 수집하고 판단해야 한다.

특별히 이 점을 강조하는 이유가 있다. 블록체인산업에서 파생된 투자 대상 중에 반드시 리스크 관리에 주의해야 하는 종류가 있기 때문이다. 비트코인과 같은 '가상자산Virtual Asset'이다. 얼마 전까지만 해도 '암호화폐Crypto-Currency*'로 불렸는데 '특정 금융거래정보의 보고 및 이용 등에 관한 법률'에서 암호화폐를 비롯한 다른 디지털 자산의 개념을 묶어 '가상자산'이라는 공식적인 명칭을 붙인 이후 '가상자산'이라고 부르는 사람이 많아졌다.

가상자산에 투자할 때 긍정적인 점은 퍼블릭블록체인산업의 발전에 기여할 수 있다는 것이고, 블록체인이 이러한 가상자산과 밀접한 관련을 이루고 있는 것도 사실이다. 여기서는 가상자산과 관련한 내용 중에서 리스크 관리를 위해 알아두어야 할 점을 집중적으로 살펴보자.

첫째, 제도권 금융 투자에 비해 가상자산은 안전장치가 부족하다.

---

* 퍼블릭블록체인의 운영과 유지를 위한 시스템에서 기여자에게 지급되는 보상을 '토큰' 또는 '코인'이라고 하는데, 이를 '화폐'라고 번역한 탓에 일반 대중이 오해할 수 있는 여지를 낳았다.

일반적으로 주식투자란 코스피나 코스닥으로 불리는 주식시장에 상장된 주식을 매매하는 것을 말한다. 회사가 주식을 주식시장에 상장하려면 전문가로 구성된 여러 단체를 단계적으로 거쳐야 한다. 회사가 만드는 회계장부는 반드시 공신력 있는 회계법인*의 감사를 받아야 하고, 대표주관회사**에 있는 전문가와 함께 회사가 상장 요건을 갖추고 있는지, 결격 사유는 없는지 검토해야 한다.

여기까지 원활하게 진행된다면 한국거래소가 요청하는 모든 서류를 준비한 후 상장 심사를 받아야 한다. 덧붙여 상장하려는 회사가 상장과 동시에 주식을 발행해 자금을 조달하려면 금융감독원에 증권신고서를 제출해 한 번 더 심사를 거쳐야 한다.

여기서 각 단체의 전문가들은 상장을 희망하는 회사가 투자자를 충분히 보호할 수 있는지, 즉 투자자가 이 회사의 주식을 산 직후 바로 손해 볼 가능성을 최소화할 수 있도록 면밀히 검토한다. 회사가 수익을 내고 있는지, 당장 수익이 나지 않고 있다면 앞으로 수익이 날 가능성은 있는지 조사하는 것이다. 아울러 회사의 이해관계자들이 소위 먹튀를 할 수 없도록 법률과 규정에 설정된 여러 제한 조건에 따라 엄격하게 심사한다.

하지만 가상자산의 경우, 이처럼 엄격한 절차를 거쳐 가상자산거래소에 상장된다고 보기 어렵다. 가상자산거래소 내부 기준에 의해

---

* 상장을 희망하는 회사가 회계법인과 결탁해 회계장부를 조작하는 일을 막기 위해 회계장부를 검토하는 회계법인은 제3자인 금융감독원이 정해준다.
** 회사의 주식시장 상장을 도와주는 증권사. 상장하려는 회사에 문제가 없는지도 함께 점검한다.

이 분야 경험자들이 심사를 하지만, 심사 대상이 회사가 아니라 '가상자산' 그 자체이기 때문에 심사 기준도 투자자 보호 개념과 차이가 있다.

증권사와 한국거래소는 투자자를 보호하는 방향으로 업무를 수행하도록 '자본시장과 금융투자업에 관한 법률'에 따라 규제받지만, 가상자산거래소는 아직 업무를 규정하는 법률이 없다. 따라서 가상자산거래소는 제도권 금융기관과 달리 전산 요건, 업무 윤리, 준법 의무, 리스크 관리, 감사 등을 어느 수준 이상으로 해야 하는지를 소관하는 부서의 가이드라인이 마련되어 있지 않다. 국제자금세탁방지기구(FATF)가 2019년에 가상자산을 이용한 자금세탁 방지와 테러자금조달 방지에 관한 가이드라인을 발표한 후, 우리나라도 2021년부터 그 내용을 적용하기 위해 준비 중이다.

가격 결정과 거래 제도의 문제

둘째, 거래되는 가상자산의 가격이 어떻게 정해졌는지 객관적인 근거가 부족하다. 알려진 정보를 이용해 기업의 적정 주식 가격을 산출하는 것은 현대 재무이론에서 중요한 분야다. 이를 '기업가치 평가'라고 한다. 주식을 상장한 회사들은 투자자들이 읽고 기업의 가치를 판단할 수 있도록 정해진 형식에 따라 정기적으로 재무보고서를 발행해야 한다. 중요한 사건이 발생하면 투자자에게도 알려야 한다. 이

것이 공시公示 제도다. 사람들은 재무 자료와 공시를 참고해 어떤 기업의 주식이 싼지(앞으로 오를 것인지), 비싼지(앞으로 내릴 것인지)를 판단해 매수 주문이나 매도 주문을 낸다.

그런데 가상자산이 거래되는 세계에서는 어떤 가상자산의 가격이 싼지 비싼지를 판단하기 위해 참고할 수 있는 정보가 부족하다. 제도권 금융시장에서 일하다가 가상자산 분야로 전직한 사람들은 하나같이 가상자산에 적절한 '가치평가모델valuation model'이 없다고 말한다. 가치평가란 값value을 매기는 것을 의미한다.

가격을 결정하는 기준점이 되는 가치평가모델 없이, 진실인지도 알 수 없는 소문에 의해 자산 가격이 움직인다면 그 자산의 가격은 큰손에 의해 좌우될 가능성이 크다. 도박판 게임처럼 움직이는 시장에서 일반 투자자들이 수익을 내기에는 불리하다는 뜻이다. 큰손이 사고 파는 데 우연히 따라간 사람만 수익을 낼 수 있는, 운이 좌우하는 결과를 낳게 된다. 따라서 가상자산에 투자하기로 했다면 그 가상자산과 관련된 블록체인 프로젝트가 정말 사업 타당성이 있고, 그 사업을 추진하는 사람들이 열정적으로 일을 추진하는지 확신이 들 때까지 면밀하게 확인해야 한다.

셋째, 가상자산에 대해 규제를 풀기 어려운 제도적 환경이다. 우리나라에 가상자산거래소가 생긴 후 발생한 법적인 이슈들이 많이 있는데, 그중 가상자산을 취급하는 회사의 법적 지위를 어떻게 할 것인지가 2020년에야 비로소 결정되었다.

가상자산 자체는 탈중앙화의 신념을 가지고 있지만, 이를 범죄수익은닉이나 테러리스트의 활동 자금으로 악용하려는 시도가 끊이지 않기 때문에 이를 차단할 수 있는 회사들만이 합법적으로 사업을 할 수 있게끔 하는 것이 목적이다.

가상자산에서 발생한 소득에 어떻게 과세할 것인지도 중요하다. 2020년 7월 24일에 '2021년 세법개정안'이 발표된 후 청와대 국민청원 홈페이지에 '상장주식과의 형평성이 없다'는 주장이 올라왔다. 상장주식의 매매차익을 과세하지 않는 이유는 주식시장을 활성화하기 위해서인데, 가상자산시장과 주식시장을 동일한 선에서 놓고 보기는 어려울 것 같다. 대부분의 해외 국가에서 상장주식 매매 소득에 과세를 하듯이, 우리나라에서도 점진적으로 과세를 하려는 움직임이 보인다. 상장주식시장이 이럴진대 가상자산시장에서 면세 정책이 나오기는 어려울 것으로 예상한다.

신중한 투자가 필수

넷째, 블록체인이 추구하는 프로젝트는 사업 유연성이 적다. 일반적으로 한 사업에 매진해온 기업이 주력 사업에 성공을 거두지 못하는 경우 다른 사업으로 전환할 수 있다. 회사가 성장하면 위험을 관리하기 위해 오히려 사업을 분산하는 전략을 구사하기도 한다. 하지만 가상자산의 경우 투자자들은 가상자산과 관련된 블록체인 프로젝트에 가치를 두고 투자를 하는 경우가 대부분이다. 따라서 그 프로젝트는 변경되거나 다각화되기 어렵다.

예를 들어 퍼블릭블록체인으로 유통 비즈니스를 개선하는 프로젝트를 한다는 목표를 세우고 가상자산을 발행했는데, 그 프로젝트가 잘 안 된다고 해서 갑자기 핀테크나 헬스케어 프로젝트로 방향을 전환하기는 어렵다. 바꾸거나 수정하느니 원점에서 다시 시작하는 게 나을 정도다.

모든 일에는 밝고 어두운 면이 공존하기 마련이다. 밝은 면만 보지 말고 어두운 면을 함께 바라봐야 전체를 알 수 있다. 궁극적으로는 어두운 면도 잘 알아야 위험 관리를 잘할 수 있다. 투자하는 회사의 내용을 알지 못하고 부화뇌동해서 오르는 주식을 따라 사는 일은 주식시장에서 매우 위험하다. 떨어질 때는 따라서 팔지 못하기 때문이다. 가상자산시장에서도 마찬가지라는 점을 염두에 둬야 한다.

생활에서의 블록체인 활용

모든 문제가 명쾌하게 해결된 상황은 아니지만, 블록체인 기술을 실생활에 활용하기 위한 움직임이 세계 곳곳에서 일어나고 있다. 블록체인 솔루션 기업이 많이 모여 있어 '크립토밸리Crypto-Valley'라고 불리는 스위스 추크시에서는 시 행정부와 블록체인 기업들이 다양한 협력을 시도하고 있다. 추크 시민들은 시에서 발급한 블록체인 기반 디지털 ID로 도서관, 체육관 등 공공시설을 이용할 수 있다. 지역 현안에 대한 투표권을 행사하기 위해 본인 인증을 할 때도 쓸 수 있다. 이 지역에서 공공요금은 비트코인과 같은 가상자산으로 납부할 수 있다. 노르웨이 내 무정부 자본주의 도시로 알려진 리버스타드는 블록체인 기반 플랫폼을 통해 거주민의 신원 관리, 투표, 토지를 비롯한 재산권의 등록, 각종 계약 체결, 보험료 징수와 지급 등의 서비스를 제공하는 등 실험적인 프로젝트를 진행하고 있다(www.liberstad.com).

세종시범도시의 새로운 실험

아직 구상 단계이긴 하지만, IT 강국인 우리나라도 '스마트시티'의 시범운영 계획을 수립하고 있다. 세종시 인근 약 인구 2만 명 규모의 지역을 국가시범도시로 선정하고 블록체인 기술, IoT, 클라우드컴퓨팅, AI, 5G 이동통신 등 첨단기술을 이용해 시민들의 삶의 질과 행복을 높이는 방안을 연구하는 '세종 스마트시티 국가시범도시' 프로젝트가 바로 그것이다.

'세종시범도시'에서는 도시의 전기 이용량, 미세먼지 정도, 강우량 등의 자연현상과 시민의 움직임과 행동을 도시 곳곳에 설치한 센서로 데이터화한다. 수집된 빅데이터는 AI로 분석해 그 결과를 활용함으로써 교통, 건강 관리, 교육, 에너지, 시민 참여, 안전, 문화 등 7대 플랫폼에 시민 맞춤형 서비스를 제공한다는 계획이다.

차량공유서비스는 물론, 주차장 공유, 스마트주치의서비스, 에너지 자립 건물 운영, 미세먼지 저감시스템 등 25개 서비스를 추진할 계획이 따로 마련되어 있다. 더 좋은 솔루션이 있다면 서비스의 수는 더 늘어날 수 있다는 게 시범도시 측의 입장이다. 시범도시의 일상생활을 실감하기는 어렵지만, 블록체인 기술이 어떻게 활용될 수 있을지 예상은 가능하다. 미래 시범도시에 사는 가상 시민 '김시범' 씨의 일상을 따라가보자.

김시범 씨의 스마트한 일상

잠자리에서 눈을 뜬 김시범 씨는 스마트폰으로 일정을 확인했다. 오전에 입사지원서를 낸 회사에서 면접을 본 다음, 친구와 만나 점심을 먹고 오후에는 병원에 들러 건강검진을 받을 계획이다.

시범 씨는 미리 준비한 정장을 입고 지원한 회사에 도착해 면접을 마쳤다. 인사팀 담당자는 시범 씨에게 최종학교 졸업증명서와 경력증명서를 보내달라고 요청했다. 시범 씨는 그 자리에서 스마트폰을 꺼내 블록체인 애플리케이션 중에서 개인정보 항목을 조회한 후 졸업증명서와 경력증명서를 선택해 인사팀 담당자에게 블록체인 링크를 전송했다. 인사 담당자는 시범 씨가 보내준 블록체인 링크로 졸업증명서와 경력증명서를 조회할 수 있다.

시범 씨는 이 외에도 성적증명서나 학위증, 기타 각종 자격증을 조회할 수 있는 블록체인 링크도 필요에 따라 원하는 사람에게 보낼 수 있다. 각종 증명서를 발급받기 위해 출신 학교나 전 직장 등을 돌아다니지 않아도 된다. 블록체인 링크를 통해 증명서를 조회하는 사람도 그 증명서가 위조된 것인지 걱정하지 않아도 된다. 디지털 개인정보가 신뢰할 수 있는 블록체인으로 작성되었다는 사실을 알고 있기 때문이다.

시범 씨의 출신 학교에서는 졸업, 학위, 성적 등에 관한 내용을 블록체인 개인정보 시스템에 입력해두어 누구도 내용을 위변조하지 못하게 했다. 시범 씨의 전 직장에서도 시범 씨의 경력에 관한 내용을 이미 개인정보 블록체인에 반영했고, 시범 씨가 새로운 회사에 근무하는 동안에는 이 회사 인사팀에서 시범 씨의 재직 사항을 개인정보 블록체인에 기록하게 될 것이다. 만일 시범 씨가 은행에 대출을 신청한다면, 은행에서 재직증명서를 요청할 때도 시범 씨는 재직증명서가 포함된 블록체인 링크를 은행에 보내 은행이 최신의 개인정보를 조회할 수 있게 하면 된다.

시범 씨는 맛집으로 소문난 레스토랑 '킹세종'에서 친구를 만났다. 시범 씨는 이미 킹세종에서 식사한 적이 있어 식당 시스템에는 익숙하다. 킹세종에서는 시범도시의 지역화폐인 '세종코인'으로 결제할 수 있고, 세종코인으로 결제할 경우 정가의 10%를 할인해준다.

킹세종에서 구체적으로 밝혀지는 않았지만, 할인이 가능한 이유는 여러 요인이 결합된 결과다. 지역 상권을 활성화하기 위해 시범도시에서 세종코인 매출 규모에 따라 일정 부분 세금 감면을 해주고 있어 약 4% 할인이 가능하고, 지역화폐로 결제할 때는 신용카드 수수료를 부담하지 않기 때문에 2%가 추가로 할인된다. 또 중간도매상 대신 블록체인 시스템을 통해 품질을 인증받은 식재료를 생산자로부터 직접 공급받기 때문에 여기서 다시 4% 정도 할인 요소가 발생한다.

식당 주인의 입장에서는 좋은 품질의 식재료를 제때 공급받는 것이 매우 중요하다. 메뉴가 많을수록 다양한 식재료가 필요한데, 주방장이나 식당 주인이 원하는 품질의 식재료를 일일이 돌아다니면서 구매하면 효율이 떨어진다. 보통 식재료를 공급하는 도매상이 비용을 받고 식당이 원하는 수준의 식재료를 공급해준다. 그러면 주방장과 식당 주인은 음식을 만들고 식당을 청결하게 관리하는 등 본연의 업무에 집중할 수 있다. 중간도매상이 관리하는 중요한 부분은 식재료의 품질과 구매 가격인데, 시범도시에서는 블록체인을 통해 식재료 품질이 관리되고 있어 킹세종은 과감하게 생산자가 직접 납품하는 방식을 선택해 원가를 줄일 수 있게 됐다.

친구와 헤어진 시범 씨는 세종코인으로 요금을 내고 도시순환열차를 이용해 병원으로 갔다. 건강 검진을 받으러 가는 도중 시범 씨가 사는 지역의 주민센터로부터 메일을 받았다. 투표 마지막 날을 알려주는 투표 독려 메일이다. 주민센터에서는 지역 거주민의 건강을 위해 주민센터 구역의 일부를 이용해 체육시설을 만들려고 하는데, 수영장으로 할 것인지 피트니스센터로 할 것인지 주민들의 의견 수렴을 위한 투표를 진행 중이다. 투표를 하려면 거주민 본인 인증을 해야 한다. 시범 씨는 당장 주민센터로 갈 시간이 없지만, 온라인 전자투표가 가능해서 블록체인으로 구축된 인증시스템으로 본인 인증을 한 뒤 투표를 마쳤다. 전자투표를 하게 되면 결과 집계가 신속하고, 투표지 인쇄나 개표에 필요한 비용이 절감되며, 투표와 동시에 의견이 취합되기 때문에 효율성과 만족도가 높아 시범도시의 행정 기관에서 주민들의 의견을 묻는 데 자주 사용하고 있다.

시범 씨는 병원에서 건강검진을 받은 뒤 바로 의사의 문진을 받았다. 의사는 시범 씨의 병력을 물었는데, 정확한 내용이 기억나지 않았다. 의사는 시범 씨에게 블록체인으로 기록된 개인의료정보 데이터베이스를 열람할 수 있도록 요청했고, 시범 씨는 스마트폰 단말기로 요청을 승인했다. 의사는 변조 불가능한 시범 씨의 의료정보를 열람하고 오늘 검진 결과로 미루어 보아 건강에 큰 문제가 없다고 알려주었다. 그리고 오늘 시범 씨의 건강검진 기록을 의료정보 데이터베이스에 업데이트해도 될지를 물어보았다.

시범도시가 아닌 다른 도시에서는 다른 병원에 저장된 환자의 이전 의료기록이나 건강검진 기록을 열람하기가 불편하다. 환자가 예전에 다니던 병원에 가서 수수료를 지급하고 의료기록을 복사해 와의사에게 보여줘야 한다. 환자 입장에서 불편하기도 하지만, 의사 입장에서는 그 의료기록에 누군가가 손대지는 않았는지 의심하고 봐야하는 경우도 있다. 환자의 상태가 법적인 분쟁과 연관되어 있을 때는환자의 병력을 많이 보관하고 있는 병원으로 돌려보내는 것이 최선일 수 있다.

기술이 삶의 가치를 높일까?

시범 씨는 무사히 하루 일정을 마치고 집으로 돌아왔다. 저녁 식사를 하고 자기계발을 위해 온라인강의를 들었다. 잘 모르는 부분은 집중해서 듣고, 잘 아는 부분은 건너뛰면서 들었다. 온라인강의를 제공하는 회사는 시범 씨에게 과목당 강의료를 청구하는 것이 아니라, 강의를 들은 시간에 비례해 강의료를 청구한다. 블록체인 솔루션을 통해 온라인강의 시스템을 관리하기 때문에 사용량에 따른 과금 정책을 도입한 것이다.

강의 사용량은 온라인강의 회사뿐 아니라 시범 씨도 확인할 수 있어 분쟁의 여지가 적다. 누군가가 시범 씨의 인증을 도용해 온라인강의를 듣기도 어렵지만, 수강 시간에 따라 과금되기 때문에 혹시 문제가 발생한다 하더라도 시범 씨는 바로 알 수 있다. 이런 과금 시스템을 도입한 이후 온라인강의가 군더더기 없고 알차게 구성되고 있기 때문에 온라인강의를 듣는 사람들의 만족도도 높아졌다. 그도 그럴 것이 온라인강의 회사나 강사는 수강생들이 강의 프로그램에 집중해서 시간을 많이 할애할 수 있도록 충실하게 구성하기 때문이다.

아직 상상으로 그려보는 일상이지만, 여건이 확보되면 짧은 시일 내에 충분히 구현이 가능한 시나리오다. 지역화폐는 이미 구현되어 있는데, 다만 가상 시나리오에서 언급한 것처럼 지역화폐를 이용한 생태계를 구현하는 게 숙제다. 지금은 운전면허증을 스마트폰에 내려 받아 실물 운전면허증 대신 제시할 수도 있는데, 더 많은 단체와 기업이 참여해 활용의 폭을 넓히는 한편 악용될 요소를 줄이는 연구가 필요하다. 세종시범도시는 AI와 IoT 같은 첨단기술이 삶의 가치를 어떻게 높여줄지 증명할 수 있는 프로젝트다. 부디 성공하기를 기원한다.

비대면 시대와 블록체인의 가능성

스코틀랜드 출신의 생명공학자이자 세균학자 알렉산더 플레밍 Alexander Fleming이 항생제 페니실린의 원료인 푸른곰팡이를 발견한 일화는 유명하다. 플레밍의 평소 성격과 우연이 만들어낸 드라마틱한 내용인 데다 페니실린이 제2차 세계대전 때 부상에 의한 세균 감염으로 죽어갈 뻔한 수많은 군인의 목숨을 구했기 때문이다. 그래서 영국문화원British Council이 10여 개 나라의 1만 명을 대상으로 설문 조사해 2014년에 발표한 '세계를 바꾼 사건'에 '페니실린의 대량생산'이 당당히 2위에 올랐다. 그런데 잠깐, '페니실린의 발견'이 아니고 '페니실린의 대량생산'이라고?

발명과 실제 사용의 간극

알렉산더 플레밍의 유명한 일화는 1928년에 일어난 사건이다. 플레밍은 푸른곰팡이가 세균을 죽이는 물질, 즉 항생제를 생산한다는 사실을 밝혀내긴 했다. 그러나 당시 이 물질은 사람의 몸속에서 약효를 나타내는 시간이 너무 짧았다. 약효를 유지하려면 많은 양을 투입해야 하는데, 푸른곰팡이를 정제해서 그만큼 성분을 뽑아내기엔 너무 많은 시간과 자금이 필요했다. 첫 번째 항생제 주사를 맞고 차도를 보인 환자가 두 번째 주사를 맞지 못해 죽는 경우가 대부분이었다. 플레밍도 더 이상의 연구를 중단할 지경이었다.

10년이라는 시간이 흘러 하워드 월터 플로리Howard Walter Florey와 언스트 보리스 체인Earnst Boris Chain이 다시 페니실린에 대한 연구를 시작했고, 제2차 세계대전 중 미국 록펠러재단의 후원으로 미국에 건너간 그들은 1943년 페니실린 대량생산의 성과를 일구게 된다. 그리고 1945년 플레밍, 플로리 그리고 체인은 항생제의 발견과 생산을 통해 많은 사람의 목숨을 구한 공로로 노벨생리의학상을 받았다.

페니실린이 조금 더 일찍 대량생산되었다면 더 많은 목숨을 살릴 수 있었을 것이다. 하지만 당시 생산기술 수준에서는 결코 쉬운 일이 아니었다. 제2차 세계대전이라는 막대한 수요에도 불구하고 대량생산 기술의 혜택을 받기까지 15년이나 걸린 것이다. 어떤 발명이 성공해서 일반인이 혜택을 보기까지는 많은 시간과 많은 사람의 노력이 필요하다. 비단 신약 개발에 한정된 이야기는 아니다.

비대면 시대에 맞는 새로운 기회

4차 산업의 핵심 기술로 회자되는 용어 중에 '로봇'이란 단어가 1백 년의 역사*를 갖고 있고, 'AI'라는 용어도 약 65년의 역사를 가지고 있는데, 블록체인은 아직 걸음마 단계에 있다.

블록체인을 구성하는 기반 알고리즘은 2008년에 비트코인 개념이 제시되기 전에도 있었지만, 블록체인 기술 자체를 연구하고 도입하기 위해 노력하기 시작한 건 10년 남짓이다. 그동안 네트워크 분야와 데이터베이스 분야의 연구자들이 블록체인을 상용화하기 위해 연구를 해왔지만, 실생활에 적용하기 위해서는 아직 해결해야 할 숙제가 남아 있다.

팬데믹으로 번진 코로나19는 사회성이 특징인 인간에게 격리를 주문했다. 코로나19 이전에는 사람 만나서 악수하고 같이 밥을 먹고, 경기장이나 극장에 모여 감동을 나누고, 비행기 타고 여행 가서 숙소에 머무르는 등의 교류가 자연스러웠다. 사람 간의 소통 방식이 인위적으로 신경 써야 하는 일인 줄은 몰랐다. 코로나19 대응 초기에는 마스크를 깜빡하는 일이 다반사였는데 이제는 외출할 때 자연스럽게 마스크를 챙기게 된다.

코로나19의 영향은 우리 생활과 사회적인 측면에만 그치지 않았다. 사람들이 모이지 않게 되자 소비가 줄고, 자영업자나 기업의 수입

---

* 로봇이라는 단어는 체코의 극작가 카렐 차페크Karel Capek가 1920년에 발표한 희곡 〈로숨의 유니버설 로봇〉에 처음 등장한다.

도 줄고, 그 결과 여행 항공업을 필두로 해서 첨단 IT산업에 이르기까지 대부분의 산업에 연쇄적으로 부정적인 영향을 주고 있다.

그러나 위기가 기회를 만든다. 이런 상황에서도 예상 밖의 수혜를 보는 업종은 나타나기 마련이다. 먼저 코로나19 진단키트를 만드는 기업의 인기가 높다. 코로나19가 한창 유행 중인 나라에서의 수요는 당분간 유지될 전망이다. 갑자기 코로나19가 종식되면 만들어둔 진단키트가 악성 재고로 남게 될 수 있지만, 실제로 코로나19가 그렇게 갑자기 사라지기 힘들 전망이니 당분간은 인기를 유지하며 투자자의 관심을 끌 것으로 보인다.

집에서 방송을 보고 인터넷을 하면서 시간을 보내기 때문에 콘텐츠 제작회사와 인터넷 하드웨어회사들이 주목을 받았고, 비슷한 맥락에서 가정용 게임기를 만드는 회사와 동영상 회의 시스템을 제공하는 회사의 주가가 큰 폭으로 상승했다.

접촉을 줄이는 소위 '비대면' 사회가 계속 유지될 것인지 많은 사람이 관심을 보인다. 어떤 사람은 더 이상 코로나 이전 사회로 돌아갈 수 없다고 주장하는 한편, 어떤 사람은 《페스트》라는 소설에서 그러하듯 인간은 어떤 환경에서도 격리되어 살 수 없고 이전의 생활로 돌아갈 것이라고 전망한다. 블록체인산업에서 비대면은 약이 될까, 독이 될까? 코로나19의 유행 시기는 블록체인산업에 좋은 환경은 아니지만, 장기적으로는 블록체인산업 발전의 기회가 될 수 있을 것이라고 믿는다.

블록체인이라는 범용기술

인터넷이 발달해 직접 만나지 않고도 이메일, SNS, 채팅 프로그램들을 이용해 24시간 연결되는 '초연결 사회' 시대라고 하지만, 사람들이 직접 만나지 않는다면 신뢰가 쌓이기 어렵다. 모든 거래는 계약서를 쓰느냐 생략하느냐의 차이만 있을 뿐 일종의 계약이다. 거래를 약속하기 위해 계약서를 작성하는데, 중요한 계약은 직접 만나서 작성해야 확실하고 뒤탈이 없다.

코로나19는 이러한 대면 거래의 가능성을 낮추는 한편, 계약 이행의 신뢰마저 불투명하게 만들고 있다. 블록체인 솔루션은 신뢰가 필요한 분야에 활용 가능성이 돋보이고, 범용기술이라 여러 분야에 적용할 수 있다. 블록체인을 적용해도 법적인 효과가 유지될 수 있도록 몇몇 법률의 조문을 수정한다면 비대면 사회에서 블록체인 솔루션은 계약 이행의 신뢰성을 높이는 데 도움이 될 수 있다.

블록체인은 범용 기술이라 상상하는 모든 분야에 적용할 수 있지만, 사회적으로 효용을 높일 수 있는 대표적 사례는 회계 분야다. 최근 중국의 대형 음료 회사에서 매출을 과대 계상한 것이 적발됐다는 보도가 있었다. 결과적으로 이 회사의 주가는 폭락하고, 많은 투자자가 손해를 보았다. 미국도 예외는 아니다. 2001년에 있었던 에너지기업 엔론Enron의 회계 조작 사건으로 인해 엔론은 파산에 이르렀고, 투자자는 물론 엔론의 임직원들도 막대한 피해를 보았다.

언론에 보도되지 않은 부정회계 사건은 얼마나 많을지 상상하기 힘들다. 처음부터 경영자가 분식회계를 할 거라고 마음먹고 범죄를 저지를 가능성은 적을 테니, 분식회계를 어렵게 만드는 블록체인 솔루션을 도입하면 이런 회계부정 사건은 많이 줄어들 것이다.

또 다른 적용 가능성을 찾아보자면 가짜 뉴스에 대한 대응이다. 가짜 뉴스는 요즘 네티즌의 스트레스 유발 요인이다. 가짜 뉴스가 판치는 분위기가 계속되면 사회 신뢰도가 하락할 것이며, 그만큼 경제적으로도 악영향을 줄 것이다. SNS 플랫폼 기업에서는 AI로 가짜 뉴스를 솎아내는 서비스도 착수했다. 근본적으로 언론사들이 블록체인을 활용한 뉴스 플랫폼을 구현한다면, 즉 중요한 내용의 뉴스는 변조가 불가능하게 하거나 작성자를 바꿀 수 없도록 만들어 둔다면 뉴스의 진위를 확인하기 쉬워져 하나의 해결책이 될 수 있을 것이다.

블록체인산업 발전의 조건

블록체인 솔루션 기업에게 코로나19가 유행하는 시대는 분명 어려운 환경임이 분명하다. 일반 기업들이 장래의 수익 저하를 우려하면서 신규 투자와 현금 지출을 줄일 것이기 때문이다. 그러면 블록체인산업을 발전시키는 데 필요한 조건(희망사항일 수도 있는)은 무엇일까?

첫째, 국내 대기업들이 블록체인에 직간접적으로 투자해야 한다. 페이스북이 리브라프로젝트를 추진하듯 기존 플랫폼과 캐시카우cash cow를 보유하고 있고 블록체인 사업이 성과를 보일 때까지 꾸준히 투자할 수 있는 자금력을 갖춘 기업에서 추진하는 것이 바람직하다.

둘째, 블록체인은 산업에서 구체적인 적용 사례를 만드는 데 한계가 있다. 따라서 블록체인산업과 일반 산업의 교류가 확대되어야 한다. 블록체인 사업 종사자는 블록체인 기술만 알고, 금융권에 있는 사람은 금융에 대해서만 안다면 블록체인이 발전하기 어렵다. 블록체인을 아는 사람이 금융에도 관심을 갖고, 금융을 아는 사람이 블록체인을 공부해야 블록체인을 활용해서 금융에 어떤 부가가치를 창출할 수 있을지 결론이 도출된다.

셋째, 퍼블릭블록체인보다 프라이빗블록체인의 개발과 사업화가 먼저 진행되어야 한다. 어떤 산업에 적용하느냐에 따라 다소의 차이는 있겠지만, 프라이빗블록체인은 퍼블릭블록체인보다 법적인 제약도 덜하고 실제 사업화될 가능성이 크다. 단, 다른 산업으로부터의 투자와 공동 협력이 선행되어야 한다.

2016년 세계경제포럼에서는 2025년까지 세계 GDP의 10% 이상이 블록체인 플랫폼에서 움직일 것이라는 설문조사 결과가 나왔다. 세계 GDP의 10%라면 10조 달러이고, 원화로 따지면 1경 원이 넘는다. 대한민국 국민 모두에게 나누어주면 한 사람에게 2억 원이 돌아가는 금액이다.

블록체인 기술에는 이렇게 희망이 반영되어 있지만, 우리나라보다는 해외에서 블록체인의 사업성을 더 긍정적으로 바라보고 있다. 일반 대중에게도 블록체인 기술의 장단점, 한계와 경제성을 잘 분석한 자료가 보급되어 블록체인에 대한 인식에 변화가 생겼으면 한다.

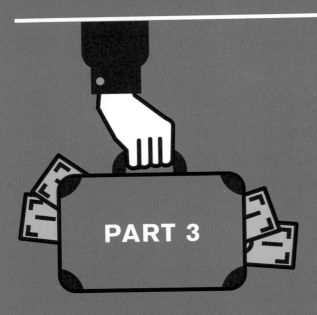

PART 3

세계경제가
바뀐다

불확실성의 시대,
경제를 움직이는 요소

돈의 흐름을 알려주는 금리

사람들은 경제에 관심이 많다. 일상생활이 경제활동과 밀접하게 연관되어 있기 때문이다. 앞으로 경기는 어떨지, 내가 투자한 기업의 주가는 어떨지, 우리 동네 집값은 어떤지 등 모든 것이 관심사다. 기업을 운영하는 사업가나 해외여행을 가려는 사람에게는 달러화나 유로화 등 현지 환율도 관심일 것이다.

하지만 사람들은 무턱대고 경제를 어려워한다. 경제는 전문가들의 영역이라는 편견이 많다. 그러나 경제도 날씨처럼 주요 지표를 통해 큰 흐름을 예측할 수 있다. 나침반으로 방향을 보면서 움직이는 것이 현명하다. 경기 흐름을 읽을 수 있는 기본지표를 아는 것과 모르는 것은 천지 차이다.

경제의 흐름은 돈의 흐름

경기 흐름을 예측할 수 있는 대표적인 지표는 금리다. 금리란 무엇일까. 금리는 한마디로 돈을 빌리는 대가, 즉 돈의 사용료다. 돈을 빌린 사람은 일정 기간 돈을 빌려 쓴 것에 대한 대가를 반드시 지급해야 한다. 우리는 이를 '이자' 또는 '이자율'이라고 부른다.

자본주의 경제와 금융시스템이 자리 잡은 현대 사회에서는 돈을 빌려 쓴 대가로 이자를 지급하지만 옛날에는 귀금속이나 곡식으로 이자를 지급하기도 했다. 봄에 곡식을 빌리면 가을걷이를 한 뒤 원래 빌린 곡식에다 이자로 더 많은 곡식을 갚았다.

그렇다면 금리로 어떻게 경기 흐름을 예측할 수 있을까? 금리는 경제의 현재와 미래를 보여주는 바로미터다. 금리가 오르는 추세를 보이면 향후 경제를 낙관적으로 보는 사람이 많다는 얘기다. 경기가 좋아질 것으로 전망하기 때문에 돈을 빌리려는 수요가 많아지고, 돈을 빌려주는 쪽에서는 더 많은 이자를 요구하게 된다. 반대로 경기가 좋지 않을 것으로 예상되면 금리는 떨어진다. 금리가 낮아야 돈을 빌려 투자나 소비를 할 수 있기 때문이다.

금리의 기준점은 각국 중앙은행이 결정하는 기준금리다. 기준금리를 기준으로 돈의 값, 즉 이자율이 결정된다. 기준금리는 물가, 환율, 주가, 부동산 등 경제 현상과 서로 밀접하게 영향을 주고받는다. 서로 상관관계를 가지며 경기 사이클을 형성한다. 한국은행 등의 각국 중앙은행은 이들 지표를 살펴보면서 경기 흐름에 대응하기 위해 기준금리를 올리거나 내린다. 중앙은행은 일반적으로 경기 상승에는 기준금리를 올린다. 과열을 막기 위해서다. 반대로 경기 하강기에는 경기부양을 위해 기준금리를 내린다.

한국은행이 기준금리를 올리면 어떻게 될까? 기준금리가 오르면 시중에 넘쳐흐르던 돈이 한국은행으로 흡수된다. 돈을 빌리는 대가가 비싸지니 돈을 쓰려고 하는 수요 역시 줄어들기 때문이다. 반대로 기준금리를 내리면 시중에 돈이 풀린다. 돈을 빌리는 대가가 예전보다 싸지니 돈을 찾는 수요도 늘어난다. 싸게 빌린 돈을 기반으로 개인은 소비를 하고 기업은 투자를 늘릴 수 있다. 경기가 부진할 때 중앙은행이 기준금리를 낮추는 것도 이 때문이다.

문제는 가진 돈으로 살 수 있는 물건이 한정되어 있다는 점이다. 물건을 찾는 수요가 많으면 공급을 늘릴 수 있지만 돈이 늘어나는 속도가 더 빠르면 이를 감당하기 어렵다. 물건의 가격, 즉 물가가 오르는 '인플레이션Inflation'이 나타나는 이유다.

물가가 적정한 수준으로 오른다면 경제에 결코 부정적이지 않다. 오히려 적당한 수준의 물가상승세는 경기 상승의 긍정적인 신호로 본다. 하지만 물가가 단기간에 통제하기 어려울 정도로 급등하면 문제는 달라진다. 물가가 급등하면 화폐가치가 그에 비례해 떨어지기 때문이다. 물건을 서로 교환하고 사고팔기 위해 돈을 발행하는데, 그 기능이 제대로 작동하지 않는 상황이 발생한다. 이를 '하이퍼인플레이션Hyperinflation'이라고 부른다.

물가가 오르는 인플레이션의 반대 현상은 '디플레이션Deflation'이다. 디플레이션은 경기에 부정적인 신호다. 금리가 너무 올라 아무도 돈을 쓰지 않으려는 상황이 오고 돈이 돌지 않으니 물가는 떨어지고 경기도 차갑게 얼어붙는다.

최근 전 세계적으로 많이 나타나는 현상은 '스태그플레이션Stagflation'이다. 이는 경기침체를 뜻하는 스테그네이션stagnation과 물가상승을 뜻하는 인플레이션의 합성어다. 경기는 불황인데 물가는 오르는 현상을 이른다.

불황이라 소비나 투자는 줄어드는데 물가가 오르면 경기가 더 어려워지는 악순환에 빠진다. 중앙은행이 경기부양을 위해 기준금리를 낮출 만큼 낮췄지만 별다른 효과를 보지 못하는 것도 이 때문이다. 스태그플레이션의 정도가 심할 경우 '슬럼프플레이션Slumpflation'이라고 한다. 높은 실업률로 인한 불황slump과 인플레이션이 공존하는 상태를 의미한다.

금리와 환율, 주가는 서로 영향을 미친다

금리와 환율, 주가는 서로 영향을 주고받는다. 우선 환율은 한 국가의 화폐가 가지는 상대적인 가치다. 흔히 '1달러=1천2백 원'이라고 부르는 것이다. 달러당 원화의 가치가 1천2백 원이라는 얘기다. 달러당 원화가치가 오르면 환율 하락, 반대의 경우 환율 상승이라고 표현한다. 한 국가의 경제가 튼튼한 흐름으로 성장을 지속할 경우 환율은 일반적으로 강세를 보인다.

금리와 환율, 주가는 어떻게 서로 영향을 줄까? 일반적으로 금리와 환율, 주가는 서로 반대 방향으로 움직인다. 기준금리, 즉 금리가 오르면 돈을 빌리는 대가인 이자율, 즉 금리와 환율도 반대로 움직인다.

금리와 환율의 상관관계에서 중요한 것은 각국의 상대적인 금리 차이다. 돈은 습성상 금리가 0.1%포인트라도 높은 나라로 이동한다. 더 많은 이자를 받을 수 있기 때문이다. 국내로 유입된 달러 등 외화는 주식이나 채권을 사들이는데 달러 공급이 증가하면 가치가 떨어진다. 반대로 금리가 하락하면 외화는 이자를 더 많이 주는 국가로 이동하기 때문에 환율이 오른다.

금리와 주가도 반비례 관계다. 금리가 상승하면 주가는 하락하고, 금리를 내리면 주가는 상승한다. 이는 주식시장의 수요와 공급, 기업의 기본가치인 펀더멘털fundamental(기초경제여건)의 변화에 영향을 주기 때문이다. 여유 자금을 운용하는 투자자와 금융권에서 자금을 조달하는 기업은 금리의 움직임을 잘 살펴야 한다. 투자자와 기업의 움직임은 결국 주가 변동에 영향을 끼친다.

금리가 하락하면 은행예금처럼 안전자산을 선호하던 사람들도 주식과 같은 위험자산에 눈을 돌린다. 1~2%대의 예금금리로는 물가 상승률조차 따라가지 못하기 때문에 위험을 감수하더라도 주식과 같은 투자상품으로 몰리는 경향이 커진다. 주식시장으로 자금이 몰리면 주가는 오른다. 반대로 금리가 오르면 주식에 투자한 자금을 안전자산인 은행예금이나 원금을 보존할 수 있는 금융상품으로 이동하는 현상이 나타나므로 주가는 하락한다.

기업의 가치인 펀더멘털 측면에서 보자. 금리가 상승하면 기업의 이자 부담이 늘어난다. 이자 비용이 증가하면 기업의 이익이 줄고 필요한 투자도 할 수 없게 되는 만큼 기업의 가치가 떨어져서 주가는 하락한다. 반대로 금리가 하락하면 이자 비용 부담이 줄면서 기업의 이익이 확대되는데, 이때 발생하는 이익금으로 주주배당을 하고 매출 증대를 위한 마케팅이나 설비에 투자할 수 있어 기업가치도 상승한다. 기업의 가치 상승이 곧 주식시장에 반영되면서 주가는 오른다.

1980년대 이후 금융시장에서 나타난 굵직한 변화의 중심에는 항상 환율과 금리가 있었다. 1997년 외환위기 이후 한국경제는 체질이 근본적으로 바뀌기 시작했다. 시장금리의 급격한 하락과 함께 저성장·저금리 시대에 접어들었고 이런 환경 속에서 가계부채 증가라는 아킬레스건을 키우게 됐다.

또 다른 실물경제 지표

이밖에도 경기 흐름을 읽을 수 있는 여러 실물경제 지표가 있다. 대표적인 것이 유가다. 원유 시장을 지배하는 가장 기본적인 공식은 수요와 공급이다. 산유국의 증산과 감산에 따라 가장 큰 영향을 받는다. 경기가 좋을 것으로 예상하면 원유에 대한 수요가 늘어나고 유가가 오른다. 반대의 경우는 유가가 하락세를 보인다. 원유 가격은 석유수출국기구(Organization of the Petroleum Exporting Countries; OPEC)의 감산과 증산 결정에 직접 영향을 받는다.

구리 등 실물자산, 원자재의 움직임도 주목해야 한다. 특히 구리는 전기·전자 부품부터 건설·선박·운송 등 산업 전반에 걸쳐 사용되기 때문에 경기 변동에 민감하게 반응한다. 경제학자보다 경기 흐름을 잘 예측한다고 해서 '닥터코퍼Dr. Copper'라는 별명으로 불리기도 한다.

마이너스 금리의 서막

2016년 1월 29일. 일본은행(BOJ)이 통화정책회의를 열고 전격적으로 마이너스 금리를 도입했다. 아베노믹스를 강력하게 실행했지만 엔화 강세와 수출 부진 등으로 경제가 다시 삐거덕거리자 경기부양을 위해 단기 정책금리를 -0.1%로 내린 것이다.

마이너스 금리는 아시아 국가 중 일본이 처음이었다. 전 세계적으로는 덴마크, 유럽중앙은행(ECB), 스웨덴, 스위스에 이어 5번째였다. 일본은 지금까지 -0.1% 정책금리를 유지하고 있다.

당시 일본이 마이너스 정책금리 카드까지 꺼낸 것은 그만큼 경기부양의 의지가 컸기 때문이다. 중앙은행이 금리를 낮추면 돈이 돌고 소비와 투자가 늘어나면서 경기도 살아난다는 게 경제학의 일반적인 상식이다. 하지만 현실은 기대와 다르게 흘러갔다. 기업은 투자를 늘리지 않았고 가계는 소비하지 않았다. 유일하게 늘어난 것이 '금고숲庫' 소비였다고 한다. 마이너스 금리 때문에 은행에서 돈을 찾아 금고에 넣어두려 했기 때문이다.

외환시장과 주식시장도 거꾸로 반응했다. 금리를 내리면 환율이 올라야 하지만 엔화 강세(엔·달러 환율 하락) 현상이 이어졌다. 일본 정부는 갈 곳 없는 자금이 증시로 몰릴 것으로 기대했지만 주가는 오히려 급락했다. 왜 이런 일이 생긴 걸까? 엔화 강세로 수출에 차질이 생기면 기업 실적이 나빠질 것으로 예상했기 때문이다. 이처럼 경기는 여러 가지 변수가 서로 영향을 미치며 복합 작용한다. 경기 예측이 어려운 이유다.

글로벌 금리 인하 도미노 효과는?

글로벌 금리 인하 도미노가 이어지고 있다. 경기 둔화 우려가 커지면서 각국의 중앙은행이 잇따라 돈을 풀고 있는 것이다. 2019년 7월과 10월 잇따라 기준금리를 내렸던 한국은행도 2020년 3월과 5월 연속으로 기준금리 인하 카드를 뽑았다.

특히 3월 기준금리 인하는 시장에서도 '빅컷Bigcut*'이라고 불릴 만

---

* 큰 폭의 금리 인하. 대부분 국가의 중앙은행은 0.24%포인트씩 금리를 조정하지만, 평상시보다 큰 폭으로 금리를 조정하는 경우 '빅컷'이라고 부른다.

한 파격적인 조치였다. 코로나19에 대응하기 위해 12년 만에 임시 금융통화위원회까지 열고 기준금리를 1.25%에서 0.75%로 인하했다. 사상 최저 수준이다. 한 번도 가보지 않은 길, 0%대 금리에 진입한 것이다. 이로써 우리나라도 사실상 제로금리 시대에 들어섰다.

코로나19 사태가 심화하자 한국은행은 결국 5월에 추가 금리 인하를 단행해 현재(2020년 11월) 기준금리는 0.5%다. 2019년 7월 이전까지 기준금리가 1.75%였던 것을 감안하면 불과 1년 만에 1.25%포인트나 떨어진 것이다.

이미 제로금리는 전 세계적으로 뉴노멀이 됐다. 기준금리가 제로 수준에 근접한 나라들이 대부분이고, 일본(-0.1%)과 유로존(-0.5%), 스위스(-0.75%)는 마이너스 금리다.

그런데 기준금리를 낮추면 경기가 살아날까? 중앙은행의 기준금리 정책은 시중금리, 주가, 환율 등에 두루 영향을 미친다. 기준금리를 내리거나 올릴 때는 항상 긍정적인 면과 부정적인 면이 공존하기 때문에 양날의 칼로 불린다. 이 때문에 한국은행이 금리정책에 신중을 기하는 것이다.

한국은행이 금리를 내리는 이유는 경기부양보다 경기 둔화를 늦추기 위한 보험적 성격이 강하다. 이런 정책 목표가 실현되지 않는다면 실기론失期論이 불거질 수밖에 없다. 글로벌 금융위기 이후 전문가들 사이에서도 금리 인하가 경기부양에 효과가 있는지에 대해 이견이 존재한다.

한국 역시 대내외 변수에 따른 경기 부진이 계속되고 있어 정부는 물론 통화 당국도 무엇이든 해야 하는 상황이다. 금융시장에서는 한국은행이 기준금리를 제로 수준까지 내렸지만 경기 부진에 대응하기 충분하지 않다는 지적이 계속 나온다.

선진국들이 기준금리를 낮출 만큼 낮췄으니 한국은행이 기준금리를 큰 폭으로 내려봤자 뒤쫓는 형국이다. 한국은행이 기대하는 정책효과를 거두기 어려운 이유다. 금리를 내리면 (금리를 내린 나라와) 같은 수준이 되는 것이고, 내리지 않으면 우리만 높은 것이라 정책 효과가 제한적이다.

약발 떨어진 금리 인하의 정책 효과

중앙은행의 기준금리 결정은 돈의 흐름과 돈의 양을 결정하는 전통적인 통화정책의 핵심 수단이다. 중앙은행은 기준금리 인하 또는 인상을 통해 위축된 경제를 살리기도 하고 과열된 경제에서 거품을 빼기도 한다. 기준금리 인하 → 콜금리 인하 → 예금·대출금리 인하 → 장기 시중금리 인하 등이 연쇄적으로 일어난다. 돈의 가치(환율)가 떨어지는 만큼 기업과 가계의 이자 부담이 줄고 수출에도 도움을 준다.

금리 인하의 효과는 경제 상황이나 다른 정책과의 조합에 따라 그때그때 다를 수밖에 없다. 한국은행에서는 보통 기준금리를 0.25%포인트 인하하면 GDP에 0.05%포인트 정도 보탬이 되는 것으로 분석한다.

그러나 금리 인하 효과가 과거보다 제한적이라는 게 전문가들의 대체적인 의견이다. 우선 한국은행이 금리 인하를 통해 시중에 자금을 풀어도 돈이 돌지 않고 고여 있는 현상이 계속되고 있다. 이른바 '유동성의 함정'이다.

가계는 웬만해선 선뜻 소비를 늘리지 못하고 있다. 1천5백조 원에 이르는 가계부채에다 미래에 대한 불안감 때문이다. 기업이 설비투자를 미루는 것도 자금이 없다기보다는 경기와 정책 불확실성 때문이다.

한국은행에 따르면 현금과 현금성 자산을 의미하는 시중 부동자금은 이미 1천조 원을 넘는다. 하지만 화폐 유통 속도와 통화 공급에 따른 신용 창출 규모를 나타내는 통화승수는 사상 최저다. 돈은 넘쳐나지만 움켜쥔 채 쓰지 않는다는 얘기다. 반면 저금리에 따른 부동산 시장의 풍선효과는 계속되고 있다. 전문가들은 금리 인하가 경기부양은 못하고 유동성 함정만 키울 수 있다고 우려한다.

더구나 코로나19 등 전통적인 경기 외적 변수로 인한 불확실성이 점점 커지면서 한국은행의 금리정책은 딜레마에 빠졌다. 가용할 수 있는 자원(통화정책)을 최대한 아꼈다가 써야 할 타이밍에 쓰는 것이 효과를 높일 수 있기 때문이다.

기준금리를 내려도 기대물가가 낮아지면 효과가 제한적이라는 의견도 나온다. 기준금리를 제로금리 수준으로 낮춘다고 해도 '기대 인플레이션율expected inflation(향후 1년간 소비자물가 상승률에 대한 전망치)' 하락으로 실질금리가 높아지는 효과가 나타나기 때문이다. 이 때문에 금리 인하 효과 자체가 상실될 우려가 있다는 지적이다.

글로벌 금융위기 이후 금리 인하 같은 전통적인 통화정책은 이미 벽에 부딪혔다는 게 대체적인 의견이다. 글로벌 금융위기를 극복하기 위해 각국 중앙은행은 금융시장에 유동성을 직접 공급하는 '양적완화' 카드까지 꺼냈다. 이미 기준금리가 제로금리에 근접한 상황에서 쓸 수 있는 유동성 공급 카드는 직접 채권을 매입하거나 금리를 마이너스로 내리는 양적완화 같은 비전통적 통화수단뿐이라는 분석이다. 그러나 이 역시 최근의 글로벌 경기 부진 상황을 보면 중장기적인 효과를 보기 어렵다는 게 확인되고 있다.

한국 역시 기준금리가 이미 사상 최저치로 떨어진 상태이고 금리 인하로 인한 긍정론과 부정론이 혼재하기 때문에 추가 금리 인하 여력 역시 제한적이다. 기준금리를 더 낮춘다고 해도 기업이나 가계의 경제 심리가 좋아진다는 보장도 없다.

그렇다고 선진국처럼 양적완화 카드를 꺼내기에는 제한 요건이 많다. 금리정책은 통상 1년 정도 시차를 두고 경제에 영향을 미치기 때문에 당장 가시적인 효과를 거두기 어렵다는 것이다. 게다가 금리 인하로 인한 잠재적 위험도 살펴봐야 한다.

대표적인 위험은 기준금리 인하로 풀린 돈이 경제 혈맥을 통해 돌지 않고 그대로 잠겨버리는 것이다. 즉 과잉유동성으로 인한 부작용이다. 미국의 경우 글로벌 금융위기 이후 유동성을 풀었다가 제대로 회수가 안 되면서 제로금리에 가까워지고 통화정책의 효과가 사라졌다. 경제를 살리기 위해 유동성을 공급해야 하는 건 맞지만, 한번 풀린 유동성은 회수하기 어려우므로 어떻게 회수할 것인지도 동시에 고민해야 한다.

더구나 한국경제는 구조적인 저성장 상황으로 가고 있다. 잠재성장률이 조만간 1%대로 떨어질 것으로 전망되는 등 기조적으로 하락하고 있다. 가계가 소비를 자제하고 기업이 투자를 늘리지 않으면 경제 성장의 선순환을 기대하기 어렵다.

그렇다고 손을 놓고만 있을 수는 없다. 현실적인 대안은 없을까? 전문가들이 제시하는 대안은 재정과 통화의 정책 조합이다. 여기다 저출산 고령화에 대한 대비와 구조조정이 반드시 병행되어야 경제 체질이 개선되는 효과를 볼 수 있다. 재정을 쓰더라도 생산성을 높일 수 있는 곳에 사용해야 한다. 전문가들은 저출산 고령화에 대한 대비와 부실기업 구조조정이 동반되지 않으면 생산성은 결코 높아질 수 없다고 지적한다.

달러가 지배하는 세상

1985년 9월 22일 미국 뉴욕 플라자호텔에 미국·영국·프랑스·서독·일본 등 주요 5개국(G5) 재무장관과 중앙은행 총재들이 모였다. 이들은 미국의 쌍둥이 적자, 즉 재정적자와 무역적자를 개선하기 위해 일본 엔화와 독일 마르크화의 평가절상에 전격 합의했다. 평가절상이란 상대국의 화폐에 대한 자국의 화폐 가치를 높이는 조치다. 상대국 화폐와 교환할 때 환율이 낮아지는 효과가 나타난다.

1980년대 미국은 오일쇼크에서 벗어나기 위한 경기부양책과 함께 옛 소련과의 냉전으로 군사지출이 누적되면서 재정적자가 심해졌다. 여기에 달러화 강세와 일본 및 서독 제조업의 부상으로 제조업 경쟁력까지 무너지면서 무역적자 상태가 심각했다.

'플라자 합의Plaza Accord'를 통한 인위적인 통화 평가절상 조치로 엔-달러 환율(1달러당 엔화 환율)은 250엔에서 1988년 초 120엔까지 50%가량 하락했다. 엔-달러 환율이 50%나 하락했다는 것은 그만큼 엔화가 미국 달러화에 초강세를 보였다는 얘기다.

자국의 환율이 상대국 통화보다 강세를 보이면 수출 경쟁력이 악화될 수밖에 없다. 예를 들어 일본이 미국에 수출하던 자동차는 가격이 배가 높아지는 결과로 나타났다. 이로써 미국은 대일본 무역적자 수지를 줄일 수 있었다. 반면 일본은 잃어버린 20년으로 접어드는 계기가 됐다.

브레튼우즈 체제와 닉슨 쇼크

달러는 기축통화다. 기축통화는 국가 간 결제나 금융 거래에서 기준이 되는 통화다. 미국은 기축통화인 달러를 앞세워 세계경제의 패권을 잡을 수 있었다. 달러는 어떻게 기축통화가 됐을까? 역사는 제2차 세계대전 당시로 거슬러 올라간다.

1944년 제2차 세계대전의 전세가 연합군으로 급속하게 기울면서 미국은 전후 국제질서의 새 판을 짜려는 움직임을 보였다. 정치와 군사 부문은 UN 창설과 전후 동맹체제에 대한 구상으로 구체화됐다. 문제는 경제와 무역 부문이었다. 미국은 1944년 뉴햄프셔주 브레튼우즈에 44개 연합국 대표들을 모이게 했다.

각국 대표들은 전후 세계경제 질서에 대해 논의했다. 이들은 국제 통화의 필요성과 금융의 안정성 확보, 무역자유화를 놓고 집중 논의했다. 대표들의 합의로 이뤄진 국제 금융시장의 질서는 회의가 열린 장소의 이름을 빌려 '브레튼우즈 체제Bretton Woods System'라 불린다.

브레튼우즈 체제의 핵심은 달러화를 기축통화로 결정한 것이다. 금 1온스의 가격을 35달러로 고정해 바꿀 수 있도록 하고, 다른 나라의 통화는 미국 달러와 일정 비율로 교환할 수 있도록 했다. 금이라는 안정된 자산과 달러를 연동시키고, 다시 달러를 기준으로 다른 화폐의 가치를 부여한 것이다. 브레튼우즈 체제로 국제통화기금(IMF)과 세계은행도 탄생했다.

그러나 미국이 달러를 세계경제에 무한정 공급하는 데는 한계가 있었다. 소위 '트리핀딜레마Triffin's Dilemma*'다. 트리핀딜레마는 이러지도 저러지도 못하는 기축통화의 역설을 설명할 때 사용하는 표현이다. 예일대학교 교수였던 로버트 트리핀Robert Triffin은 "미국이 경상수지 적자를 허용하지 않고 국제 유동성 공급을 중단하면 세계경제는 크게 위축될 것"이라며 "적자 상태가 지속돼 과잉 공급되면 달러화 가치가 하락해 기축통화로서의 신뢰도가 떨어지고 고정환율제도가 붕괴될 것"이라고 지적했다.

---

* 미국 달러가 직면한 대표적인 불균형 문제. 국가별로 지급을 대비해 보유한 외국환인 준비통화를 국제경제의 활성화를 위해 쓰려고 풀면 준비통화 발행국의 적자가 늘어나고, 반대로 준비통화 발행국이 무역 흑자를 내면 준비통화가 제대로 풀리지 않아 경제가 원활하게 돌아가지 못하는 역설이다. 특히 브레튼우즈 체제 아래에서의 역설을 의미한다.

트리핀의 예언대로 달러의 영향력은 급속히 줄었다. 결국 1971년 리처드 닉슨 미국 대통령이 "더는 금을 달러로 바꿔주지 않겠다"고 선언하면서 금본위제도가 폐지됐다. 이른바 닉슨 쇼크다. 이로써 브레튼우즈 체제도 막을 내리고 고정환율제는 변동환율제로 대체된다.

이후 달러 가치는 과거와 비교할 때 크게 낮아졌지만 여전히 기축통화이자 안전자산의 지위를 굳건하게 유지하고 있다. 최근에는 달러의 초강세 현상이 지속되면서 '킹달러King Dollar'의 귀환이라는 말까지 나온다. 세계 2위의 경제 대국이 된 중국이 위안화를 기축통화로 밀면서 달러를 위협하고 있지만 당장 현실화되기 어렵다는 지적이 많다.

킹달러의 귀환

2020년 3월 19일 원-달러 환율은 1천285.7원까지 치솟았다. 연초(1월 13일) 달러당 1천157원에 불과했던 환율이 3개월 만에 무려 157원이나 급등한 것이다. 코로나19 사태와 유가 급락에 따른 금융시장 불안으로 안전자산인 달러에 수요가 몰리면서 원-달러 환율은 1천1백 원대에서 1천3백 원대 수준까지 단기 급등하며 로켓을 탔다.

환율이 1천280원선까지 오른 것은 글로벌 금융위기 여파가 남아 있던 2009년 7월 14일(1천293원) 이후 10년 만에 처음이다. 이후 원-달러 환율은 한미 통화스와프 체결 등 정부의 외환시장 안정조치로 다시 제 궤도를 찾았다. 하지만 한국의 외환시장이 얼마나 외풍에 잘 흔들리는 환경에 있는지 보여줬다.

한 국가의 돈값인 환율은 각국이 사용하는 화폐 간 상대적 가치에 따라 달라진다. 각국은 이 기준에 따라 화폐를 교환한다. 그렇다면 환율은 어떻게 결정될까? 환율 역시 수요와 공급을 따른다. 외환시장에서 달러를 사려는 수요가 많으면 달러 가치가 오르면서 다른 통화의 가치는 상대적으로 떨어진다. 반대의 경우 달러 가치는 떨어지고 상대 통화의 가치는 오른다. 외환시장 참가자들의 다양한 결정에 따라 환율의 방향이 결정된다.

환율은 경제의 기초체력

환율은 흔히 경제의 기초체력으로 불린다. 환율의 등락에 따라 경제성장, 특히 수출에 직접 영향을 미치기 때문이다. 원-달러 환율이 오르면(원화 가치 하락) 수출에 도움이 된다. 해외에서 판매되는 한국 제품의 가격이 떨어지기 때문이다. 수출 경쟁력이 강화되는 것이다. 수출업체들이 국내로 송금한 돈은 다시 국내 시장에 투자되는 등 선순환하면서 경제에 긍정적인 영향을 미친다. 반면 원-달러 환율이 오르면(원화 가치 상승) 반대 상황이 벌어진다. 원화 가치가 너무 오르면 수출보다 수입이 늘고 해외여행이 늘어나는 등 외화 유출로 경기에 부정적인 영향을 준다.

더 위험한 것은 환율의 가파른 상승과 하락, 즉 널뛰기다. 환율은 긴 시계視界에서 보면 롤러코스터를 타기도 하고 변동성이 크게 나타나기도 한다. 문제는 속도다. 제반 경제 상황에 따라 오르기도 하고 떨어지기도 하는 게 자연스러운 현상이지만 급격하게 오르거나 떨어지면 경제에 불안 요인으로 작용한다.

가장 민감하게 환율의 영향을 받는 수출을 살펴보자. 한국은 수출로 먹고사는 나라다. 한국의 GDP 대비 수출 비중은 70%에 달한다. 정부나 기업이 환율이 민감하게 반응하는 이유다. 먼저 원-달러 환율이 오르면 수출에 유리하다. 원화 약세, 즉 원화 가치가 달러화에 비해 낮아지기 때문에 우리 상품의 가격이 낮아지는 효과가 발생한다. 반대로 원-달러 환율이 떨어지면 원화 강세로 우리 상품의 가격은 오르는 효과가 발생한다. 환율 하락으로 수출이 잘 되지 않는다는 뉴스는 이런 의미다.

실제 우리 수출은 환율의 영향을 많이 받는다. 정부가 인위적으로 외환시장에 개입해 원화 약세를 유도하는 정책을 사용한 적도 많다. 그러나 인위적인 시장 개입이 잦으면 상대국과 무역 마찰을 부른다.

미국은 매년 4월과 10월 두 차례 환율보고서를 내고 주요 교역국을 상대로 환율조작국(심층 모니터링 대상국), 관찰대상국을 지정한다. 무역수지, 경상수지, 외환시장 개입 등을 기준으로 지정 여부를 판단하고 무역보복 조치를 가한다.

현재 환율전쟁의 선두에 서 있는 국가는 미국과 중국이다. 미국과 중국은 위안화 절상 여부를 놓고 끊임없는 줄다리기를 하며 무역 갈

등을 벌이고 있다. 미국은 중국과의 무역전쟁이 한창이던 2019년 8월 중국을 환율조작국으로 지정했다. 2020년 1월 미중 1단계 무역합의를 계기로 다시 관찰대상국으로 지정 수위를 낮췄지만, 최근 다시 갈등이 고조되고 있어 재지정 여부가 관심이다. 물론 수출이 환율의 영향만 받는 것은 아니다. 글로벌 경기 변동이나 교역 상대국의 정책 등 다양한 변수가 요인이 된다.

실물자산으로 보는 경기

경기 흐름을 읽는 방법은 여러 가지가 있다. 대표적인 방법으로 금리, 환율 등 금융시장의 여러 지표를 살피는 것이다. 주식이나 부동산 같은 자산도 경기 흐름에 따라 움직이는 만큼 경기 지표로 활용할 수 있다. 또 다른 지표는 없을까? 원자재도 실물경제의 흐름을 읽을 수 있는 훌륭한 지표다. 경기가 좋을 때는 수요가 늘어나고 경기가 둔화될 때는 수요가 감소한다. 경기 흐름의 영향을 받는 대표적인 원자재는 금, 원유, 구리를 꼽을 수 있다.

금, 원유, 구리의 방향을 주시하라

일반적으로 경기가 좋을 때는 원자재 소비가 활발하게 일어난다. 원자재 소비가 늘어나면 생산도 늘어난다. 즉 수요가 늘면서 공급도 자연스럽게 증가하는 경기 선순환이 가능하다. 경기 흐름은 '경기 회복기 → 경기 호황기 → 경기 후퇴기 → 경기 침체기 → 경기 회복기'가 반복되는 사이클을 보인다.

시기마다 보유해야 할 자산과 투자 선택 기준도 달라야 한다. 경기 회복기에는 주식, 부동산, 실물자산 중 원유에 대한 투자 비중을 높여야 한다. 경기 호황기에 가격이 오를 자산에 미리 투자하는 방식이다. 경기 호황기에는 부동산, 실물자산, 주식에 대한 투자 비중을 낮추고 채권에 투자해야 한다. 가격 하락에 대비해 가격이 오른 자산은 팔고 채권 중심의 보수적인 투자를 하는 것이다.

경기 후퇴기에는 안전자산인 금에 대한 선호도가 높아진다. 경기가 언제까지 후퇴할지, 어느 정도까지 악화될지 모르는 만큼 대표적인 안전자산인 금에 투자하는 것이다. 경기 침체기에는 기존 투자를 줄여 현금 비중을 높이는 것이 최선이다. 투자 손실을 줄이고 경기 회복기에 대비하자는 차원이다. 경기 흐름이 아무리 복잡하고 불확실성이 크다 해도 흐름을 잘 타면 좋은 결과를 기대할 수 있다.

다시 열린 금의 시대

금의 시대가 다시 열린 것일까? 금값이 연일 치솟고 있다. 2020년 6월 30일(현지 시간) 미국 뉴욕상품거래소(COMEX)에서 선물가격(8월 인도분)은 온스당 1천8백 달러를 돌파했다. 2012년 이후 8년 만에 최고치였다.

금값이 초강세를 보이는 건 코로나19 등에 따른 세계경제의 불확실성으로 안전자산 선호 현상이 강해졌기 때문이다. 각국의 중앙은행과 정부가 금리 인하 등 돈 풀기 정책을 펼쳐 중장기 인플레이션 가능성이 대두되면서 달러화 등 화폐가치 하락에 대한 우려가 커진 것도 실물자산인 금 사재기에 불을 붙였다는 분석이 나온다.

금은 주식이나 채권처럼 현금성 자산은 아니지만 대체 투자자산으로서 매력이 높다. 금은 안전자산으로서의 성격과 인플레이션 위험을 방어하는 수단이라는 두 가지 특성을 모두 가진 상품이다.

금융시장이 경험한 과거 사례도 금값 상승을 부채질하고 있다. 2008년 글로벌 금융위기 당시 금 선물가격은 온스당 1천9백 달러를 넘어서기도 했다. 시장에서는 금값이 계속 오를 것이라는 전망이 대세다. 2020년 연말 또는 2021년 초에 온스당 2천 달러까지 치솟을 것이라는 분석이 많다. 뱅크오브아메리카(BoA)는 2021년 하반기에는 3천 달러까지 오를 것이라는 전망을 내놓았다. 시중에 돈이 많이 풀리면서 달러 가치가 많이 떨어진 상태이고, 금이 달러를 대체할 수단으로 부각되고 있어서다.

저금리 기조로 금리가 낮다는 점도 금의 투자 매력을 높이고 있다. 다만 금 역시 가격이 계속 오르기만 하는 완벽한 안전자산은 아니라는 점을 명심해야 한다. 달러 가치를 비롯해 다른 투자자산, 국제 정치 이슈 등 여러 변수의 영향을 받아 가격 등락이 이루어지기 때문이다.

국제유가 마이너스가 의미하는 것

2020년 4월 미국 뉴욕상업거래소(New York Mercantile Exchange; NYMEX)에서 5월 인도분 서부 텍사스산 원유 가격이 마이너스 37.63달러를 기록했다. 전날보다 무려 305% 폭락한 것으로 마이너스 유가는 1983년 원유 선물거래가 시작된 이후 처음 있는 일이었다. 텍사스산 원유는 영국 북해산 브렌트유, 중동산 두바이유와 함께 세계 3대 유종으로 국제유가의 표준이다.

유가가 마이너스를 기록한 것은 코로나19로 인한 수요 급감, 원유 저장 시설 부족, 원유 선물 만기일 등이 겹쳐진 결과다. 원유 가격이 마이너스를 기록했다는 것은 웃돈을 주면서 기름을 팔아야 한다는 의미다. 마이너스 상황은 유가 선물거래의 특성, 국제 원유시장의 구조에 따른 단기 현상이라는 분석도 나온다. 오히려 코로나19 등 경기 불황으로 인한 수요 감소가 유가에 지속적으로 영향을 줄 것으로 분석됐다.

국제유가가 사상 초유의 마이너스를 기록하자 현지 언론들은 "미국 에너지 업계가 최후의 심판에 직면했다"고 진단했다. 경기불황으로 원유 수요가 붕괴되면서 에너지 업계 전반이 위기에 처했다는 우려가 확산됐다. 특히 경기 호황기에 금융권 대출을 받아 생산을 늘려온 셰일가스기업이 파산에 직면할 것이라는 분석까지 나왔다.

유가 하락이 세계경제에 드리운 먹구름은 짙다. 유가가 배럴당 10달러에 이를 경우 미국 내 석유탐사 및 생산기업 대부분이 도산할 것이라는 전망이 나온다. 원유를 기초로 한 파생금융상품도 손실이 날 가능성이 커졌다. 석유산업의 생존 마지노선은 30달러다. 이 같은 현상이 장기화할 경우, 전 세계 석유산업 자체가 붕괴될 수 있다는 공포감이 크다.

우리나라는 대외 개방도가 높고 원유를 전량 수입에 의존하기 때문에 유가가 한국경제에 미치는 영향은 크다. 일반적으로 유가가 오르면 물가상승으로 기업은 생산비용 증가 등 채산성이 악화된다. 당연히 생산과 투자를 줄이게 되고 가계는 실질 구매력이 낮아져 소비를 줄인다. 이는 총수요 감소로 이어지며 경제성장률 하락에 직격탄이 된다. 1970년에 전 세계가 경험한 두 차례의 오일쇼크가 대표적인 예다.

반면 유가 하락은 석유를 수입하는 우리 입장에서는 교역조건 개선, 경상수지 흑자 등 긍정적인 영향을 준다. 특히 유가 하락이 산유국의 감산 경쟁에 따른 공급 요인이라면 물가하락에도 영향을 미치는 등 우리 경제 전반에 플러스 요인이다.

그러나 세계경기 둔화 등에 따른 수요 급감으로 인해 유가가 하락하면 우리 경제에 부정적인 요인이 된다. 국제유가가 급락한 요인은 OPEC+(석유수출국기구와 러시아 및 10개 주요 산유국연합체)들의 추가 감산 협상 및 공급 요인이 시작이었다. 여기에 코로나19 여파로 글로벌 수요가 줄어들 것이라는 우려가 하락 심리를 키웠다는 분석이다. 유가 하락의 근저에는 세계경제 부진이라는 악재가 깔려 있다. 유가 하락을 무작정 반길 일만은 아니라는 얘기다.

'닥터 코퍼'로 불리는 구리

구리는 전기·전자 부품부터 건설·선박·운송 등 산업 전반에 걸쳐 사용되는 대표적인 원자재다. 경기 변동에 따른 수요가 가격에 반영되기 때문에 글로벌 경기 동향에 민감하게 반응한다. 구리는 수요와 공급의 원칙에 따라 경기 동향을 선행적으로 반영한다.

구리 가격에 가장 큰 영향을 미치는 나라는 중국이다. 전 세계에서 생산되는 구리의 50%를 중국에서 사용한다. 예상치 못한 코로나19 사태로 중국 공장은 가동을 멈췄고, 중국 정부는 주요 도시를 폐쇄했다. 실제 코로나19 여파로 글로벌 경기 둔화 우려가 불거지면서 구리 가격은 2020년 들어 크게 떨어졌다. 런던금속거래소(LME)에서 구리 현물가격은 2020년 3월 4년여 만에 최저 수준인 톤당 4천617달러까지 떨어졌다. 2019년 말 톤당 6천156달러였으니 25%가량 급락했다.

하지만 2020년 4월 들어 구리 가격은 다시 반등하기 시작했다. 코로나19 확산세가 진정되고 각국이 경기부양과 유동성 공급에 적극 나서면서 경기 회복에 대한 기대가 고개를 들었기 때문이다. 다만 코로나19 사태가 언제 끝날지 모르는 등 불확실성이 여전해 아직은 구리 가격이 본격적으로 오르긴 어렵다는 전망이 대세다.

투기와 광기의 역사

경제를 제대로 공부하려면 과거를 알아야 한다. 눈앞의 경제 현상과 미래에 벌어질 일은 모두 과거로부터 오기 때문이다. 경제 역시 역사처럼 과거의 경험에서 배워야 한다는 말이다. 경제의 역사는 '투기와 광기의 역사'로 요약된다. 주기적으로 반복되는 투기와 광기, 이를 통해 형성되는 거품이 해소되고 다시 반복되는 과정이 경제사에 고스란히 담겨 있다. 미증유의 코로나19 사태로 불확실성이 커지고 있어 미래를 함부로 예단하긴 어렵지만, 앞으로도 투기와 광기의 역사는 반복될 것이 분명하다.

경제도 과거에서 배워야

투기와 광기 그리고 버블이 형성되는 대표적인 사례로 17세기 네덜란드 '튤립 버블'을 꼽는다. 1630년대 중반 네덜란드에서 튤립 한 뿌리의 가격은 약 3천 휠던Gulden까지 뛰었다. 현재 화폐가치로 환산하면 약 9만 유로. 한화로 1억 2천만 원에 달한다. 당시 네덜란드 가정의 1년치 생활비가 3백 휠던이었다는 점을 고려하면 튤립 버블의 광풍이 얼마나 대단했는지 짐작된다.

튤립 가격은 1636년 말까지 급등했다. 가격이 한창 뛸 때는 한 달에 20배 이상 오르기도 했다고 한다. 그러나 튤립 거품은 1637년 들어 불과 3개월 만에 1백 분의 1 토막이 나며 연기처럼 사라졌다. 튤립 거품은 어떻게 형성된 것일까?

당시 네덜란드에서 튤립은 부의 상징이었다. 해상교역으로 부를 축적한 상인들이 정원을 가꾸어 부를 과시했는데 구하기 어려운 튤립을 많이 가지고 있을수록 부자로 인식됐다. 수요는 많은데 공급이 적으니 당연히 가격이 오를 수밖에 없었다.

가격이 계속 오를 거라는 기대감에 부유한 상인들은 물론 일반 서민들까지 튤립 구입에 열을 올렸고, 시장은 튤립 열기로 뜨거워졌다. 상업이 번성했던 네덜란드에서는 대부업과 같은 금융 거래가 활발했기 때문에 이 또한 튤립 거품이 커지는 데 영향을 미친 것으로 분석된다.

튤립 가격은 순식간에 폭락했고 시장에서 투매가 일어나면서 또 다른 광풍이 불었다. 튤립을 키우던 사람들이 더는 재배를 하지 않았고 튤립은 땅에서 썩어갔다. 뒤늦게 튤립 열풍에 동참했던 투자가들은 막대한 손실을 입었다.

주가는 며느리도 몰라요

주가는 주식의 시장가격이다. 주식회사가 자금 마련을 위해 주식시장에 발행한 주식이 거래되는 유통가격이다. 주가 역시 수요와 공급의 법칙을 따른다. 주가를 결정하는 요인은 여럿이지만 다양한 변수를 보고 시장에서 투자자들이 사고파는 가격에 따라 주가가 결정된다는 얘기다.

주가를 움직이는 가장 기본적인 요인은 기업 실적이다. A사라는 기업이 있다고 하자. A사의 기업가치는 매출과 영업이익 등 실적뿐 아니라 향후 성장 가능성 등이 종합적으로 반영된다. 거시경제 상황도 반영된다. 개별 기업의 가치뿐 아니라 경제성장률, 금리, 환율, 유가 등 다양한 시장변수들이 주가에 영향을 준다. 이들 요소는 주가를 움직이는 모멘텀*이라고 부른다. 모멘텀은 장단기 모멘텀으로 나뉜다.

그러나 매일의 주가 향방을 결정짓는 핵심 요인은 역시 주식시장의 수요와 공급, 즉 수급이다. 개인과 기관, 외국인 등 각 투자 주체들

---

* 주가가 상승하고 있을 때 얼마나 더 상승할 것인지, 또는 주가가 하락하고 있을 때 얼마나 더 하락할 것인지를 나타내는 지표.

의 움직임이 개별 종목은 물론 펀드 수익률에 영향을 준다. 투자 주체들의 움직임을 이끄는 것은 기업 실적과 경기 요인, 정부 정책 등 각종 모멘텀이다. 주가를 '시장 전체를 판단할 수 있는 종합예술'로 부르는 이유다.

여기서 재미있는 사실은 모든 경제 현상이 양쪽 측면을 다 갖고 있다는 것이다. 같은 요인을 보고 누구는 주식을 사고 누구는 주식을 판다. 앞으로 주가가 오를 것으로 보고 주식을 사는 사람이 있는가 하면, 주가가 떨어질 것으로 보고 주식을 파는 사람이 있기 때문에 시장가격, 즉 주가가 결정되는 것이다.

주가의 방향은 며느리도 모른다. 수많은 경제 전문가들이 주가의 방향을 예측했지만 성공하지 못했다. 주식시장에 영향을 미치는 다양한 변수와 불확실성이 존재하기 때문이다. 오죽하면 사람이 침팬지와 앞으로 오를 주식을 고르는 시합을 하면 이기기 어렵다는 얘기가 나올까?

주식투자의 비결을 한마디로 말하면 '가장 쌀 때 사서 비싸게 팔라'는 것이다. 이 간단한 비결에도 수많은 투자자가 시장에서 실패하고 눈물을 흘린다. 주가의 방향성은 아무도 모르기 때문이다. 각자의 투자원칙에 따라 의사결정을 할 뿐이다. 전설적인 투자의 귀재들 역시 마찬가지였다.

수많은 주식투자 방법과 노하우가 돌아다니지만 정답은 없다. 다만 주식투자를 하는 데 있어서 반드시 필요한 덕목과 기초가 되는 기본기는 있다. 주식시장의 기본기는 주요 지표를 보는 것이다. 기업 실적과 이를 보여주는 주요 지표들. 주가수익비율(PER)과 주가순자산비율(PBR)이 대표적이다. PER은 주가를 주당순이익으로 나눈 값이다. PBR은 주가와 1주당 순자산을 비교한 비율이다. 즉 PER은 기업의 수익성으로 주가를 판단하고, PBR은 재무 상태로 주가를 판단한다.

　외국인과 기관 매매 등 수급도 중요하다. 때로는 주가의 흐름을 보여주는 차트를 분석하는 기술적 분석도 도움이 되지만, 이는 후행적 지표인 만큼 패턴의 흐름을 보는 정도로 참고만 하는 것이 좋다.

에너지 독립국의 패권

일곱 자매의 시대
: 제1, 2차 세계대전~1969년

2020년 4월 20일 미국 뉴욕상업거래소에서 거래되는 서부 텍사스 산 원유의 선물(5월 인도분) 가격이 대폭락하며 사상 처음 마이너스를 기록했다. 석유를 팔며 웃돈을 얹어줘야 하는 초유의 사태가 일어난 것이다. 코로나19 사태로 글로벌 경기침체 및 석유 수요 감소의 우려 가 커진 상황에서 재고가 넘쳐 저장 시설을 확보하기 어려워지자 누 구도 석유를 가져가려 하지 않았기 때문이다.

이로부터 약 일주일 전인 4월 12일, 감산 합의에 실패하고 도리어 증산 전쟁을 벌이던 OPEC+가 가까스로 감산에 합의했지만, 전 세계 적인 수요 급감 및 공급 과잉을 해소하기에는 역부족이었다.

석유에 대한 영국의 주도권

어떤 제품의 공급이 늘어나 값이 낮아지면 일단 소비자들은 반기기 마련이다. 석유 가격이 내려가면 휘발유 가격이 낮아지고 항공권 가격도 싸진다. 기업들은 원자재 조달 비용 부담을 덜 수 있다. 하지만 산유량이 늘고 유가가 하락하는데 글로벌 금융시장은 왜 불안에 떨었을까? 석유 수요 감소가 예상되는데도 산유국들이 공급량을 줄이기는커녕 늘리려 한 이유가 무엇일까?

그 이유는 수요·공급의 원칙을 뛰어넘는 세계 각국의 정치·경제적 이해관계가 석유시장에 작용해왔기 때문이다. 두 차례의 세계대전 이후 지금까지 세계 각국의 역학 관계를 살펴보면 주요 사건마다 석유가 결정 요인으로 작용하면서 석유를 둘러싼 패권 다툼이 지속돼왔음을 알 수 있다.

세계 양대 강국인 미국과 중국이 전방위적으로 갈등을 이어가는 가운데 코로나19 팬데믹이라는 새로운 변곡점을 맞았다. 이에 따라 국제사회와 글로벌 에너지 시장은 어떤 영향을 받게 될지 관심 있게 들여다볼 부분이다.

국제사회에서 석유가 중요한 에너지원으로 등장한 것은 1900년대 초 제1차 세계대전을 전후한 시기였다. 1911년 당시 영국 해군 장관이었던 윈스턴 처칠이 해군 함대의 연료를 석탄에서 석유로 바꾸는 결정을 내리면서 석유는 국제 이해관계의 핵심으로 떠오르게 됐다.

20세기 전후 영국, 프랑스, 독일, 미국, 일본 등 자본주의 열강의 제국주의가 횡행하며 패권 다툼이 벌어지던 당시 가장 중요한 건 해군력이었다. 처칠은 독일과의 해군력 경쟁에서 우위에 서기 위해 석탄에 비해 부피가 작으면서도 열량이 높아 함정의 속도를 높이고 작전 반경을 넓힐 수 있는 석유를 선택했다.

문제는 영국에서 석유가 나지 않는다는 것이었다. 영국은 석유 확보를 위해 중동에 대한 개입을 본격화하며 이 지역에서의 영향력 확대에 나섰다. 1917년 밸푸어선언Balfour Declaration*으로 이스라엘 건국을 주도하는가 하면, 사우드 가문의 아라비아 지배를 허용하며 1932년 사우디아라비아의 탄생에 일조했다. 이를 통해 영국은 중동의 석유 질서를 주도하며 석유 이권을 확보하게 되고 세계대전의 승전국이 됐다.

석유 싸움에 끼어든 미국

미국은 에드윈 드레이크Edwin Drake가 세계 최초로 유정을 발굴했지만 1941년 제2차 세계대전에 참전하면서 뒤늦게 석유와 중동의 중요성을 깨닫게 되었다. 특히 1930년대 말부터 자국 내 새로운 유전 발견이 어려울 것이라는 예측이 우세해져 해외로 눈을 돌리기 시작하

---

* 1917년 11월 2일 영국 외무장관 아서 밸푸어가 영국의 유대인을 대표하는 로스차일드가 2대 남작인 월터 로스차일드Lionel Walter Rothschild에게 보낸 외교문서로, 팔레스타인 지역에 유대인 국가 건설을 지원하겠다는 내용을 담고 있다.

던 참이었다.

이에 미국과 영국은 1944년 영미석유협약을 체결해 중동에서 양국의 배타적 석유 이권을 책정하는 협약을 체결했다. 또 각국에서 4명씩 총 8명으로 구성된 국제석유위원회를 구성해 각국의 권장 생산량, 시장조절 방안 등을 협의하기로 했다.

이 과정에서 영국과 미국의 석유회사들도 급성장했다. 1950~1960년대 영국과 미국 정부를 등에 업고 중동에서 배타적·독점적 사업을 영유하며 세계 석유시장을 좌지우지하던 7개 석유회사를 업계에서는 '세븐시스터스seven sisters'라고 불렀다. 당시 이들 회사는 석유 수익을 중동 국가들과 50 대 50으로 반분했으며 수익 분배의 기준이 되는 원유 공시가격을 좌지우지하며 산유국의 반발을 샀다.

하지만 당시 산유국들은 석유 개발에 필요한 자본과 기술, 석유 탐사, 생산, 정제, 판매 등 모든 부분을 이들 석유회사에 의존하고 있었기 때문에 이들에게 저항하기는 쉽지 않았다. 1970년 이전을 '메이저 석유회사의 시대'라고 설명하는 이유가 여기에 있다.

'세븐시스터스' 가운데 미국의 5개 석유회사는 인수합병을 거쳐 오늘날 엑손모빌Exxon Mobil 과 셰브론Chevron 이 됐다. 영국의 셸shell 은 네덜란드의 로열더치Royal Dutch 와 합병했고, BP는 옛 이름 그대로 사업을 영위하고 있다. 미국《포천Fortune》선정 2020년 글로벌 500대 기업에서 로열더치셸(5위), BP(8위), 엑손모빌(11위), 셰브론(36위)이 각각 상위에 오르며 여전히 건재를 과시하고 있다.

이 시기는 석유에 대한 본격적인 수요가 창출되기 전이었던 만큼 시장 개척과 수요 창출이 중요했다. 미국은 '마셜 플랜'을 통해 제2차 세계대전 직후 황폐화된 유럽의 재건과 부흥을 지원하면서 서유럽의 주요 에너지를 석탄에서 석유로 전환시켰다. 세계적인 석학 노엄 촘스키Noam Chomsky 매사추세츠공과대학 교수는 미국이 세계 주요 에너지원을 석유로 바꾼 후 석유를 지배하는 전략을 취해 동맹국을 통제하게 됐다는 주장을 내놓기도 했다.

석유가 재편한 세계질서

석유를 둘러싼 각국의 역학관계가 세계질서 재편의 결정적 요인으로 작용한 대표적 사건도 이 시기에 발생했다. '수에즈 위기'라고도 불리는 1956년 10월 제2차 중동전쟁이다. 당시 이집트의 가말 압델 나세르Gamal Abdel Nasser 대통령은 아스완댐 건설 자금 확보를 위해 수에즈 운하 국유화를 단행한다.

영국과 프랑스가 소유, 운영하던 수에즈 운하는 당시 중동의 석유를 유럽으로 공급하는 중요한 통로였다. 이집트의 일방적 국유화에 반발한 영국과 프랑스는 이스라엘을 끌어들여 전쟁을 일으켰고 곧바로 운하를 점령했다. 하지만 수에즈 운하가 점령되기 직전 이집트가 바위와 시멘트를 가득 실은 선박을 침몰시켜 운하를 폐쇄하면서 유럽은 석유 재고가 바닥날 위기에 처했다.

영국과 프랑스의 군사 대응에 처음부터 반대했던 미국은 영국과 프랑스가 수에즈에서 완전히 철수해야 유럽에 석유를 공급할 수 있다고 했다. 심지어 미국은 원유 공급 중단을 선언, 즉각 실행에 옮겼고, 결국 영국과 프랑스는 군사 대응 한 달여 만에 군대를 철수했다. 이는 제2차 세계대전 이후 미국이 세계질서에서 주도적 지위를 확립한 사건으로 평가받는다.

오늘날까지 지속되고 있는 미국과 이란 간 대립의 불씨가 촉발된 것도 이때다. 제2차 세계대전 당시 중립을 지키다가 독일 쪽에 선 이란을 연합국이 공격해 레자 샤Reza Shah Pahlavi 국왕을 폐위시키고 그의 아들 모하마드 레자 팔레비Mohammad Reza Pahlavi를 왕위에 앉히자 이란 국민 사이에 반영반미 감정이 싹트기 시작했다. 영국의 석유회사 BP의 전신인 앵글로-이란석유회사가 이란의 석유로 막대한 이익을 거두면서도 이란에는 쥐꼬리만큼 로열티를 지급해 반영 감정은 더욱 커졌다.

이후 민족주의 성향의 정치인 모하메드 모사데크Mohammad Mossadegh 가 1951년 총리로 선출되고 공약대로 앵글로-이란석유회사를 일방적으로 국유화했다. 이에 영국은 페르시아만에 해군 함대를 파견하고 영국 은행에 예치된 이란 자산을 동결하는 한편, 이란산 석유 수입을 금지하는 등 강도 높은 제재에 나섰다. 또 1953년 8월 미국 CIA와 영국 MI6가 아작스Ajax 작전을 통해 이란 군부를 매수해 쿠데타를 실행하게 함으로써 모사데크를 축출하고 팔레비 전 국왕이 다시 정권을 잡아 친미서구화 정책을 펴도록 했다.

이후 20여 년간 이어지던 이란의 친미 정권은 1979년 이슬람 혁명으로 무너지고 이란에서는 이슬람 원리주의 정권이 탄생하며 미국과 대립각을 세우게 된다. 이란은 미국과 갈등할 때마다 호르무즈해협을 봉쇄하겠다고 위협하며 오늘날까지 국제 석유시장을 둘러싼 긴장감을 고조시키고 있다.

호르무즈해협은 이란과 아라비아반도 사이의 페르시아만과 오만만을 연결하는데 이란을 비롯해 세계적인 산유국인 사우디아라비아, 쿠웨이트 등의 중요한 석유 운송로다. 세계 원유 공급량의 30% 정도가 이곳을 통해 운송된다. 이곳이 봉쇄되면 중동산 석유 수입 의존도가 높은 우리나라를 비롯해 일본, 중국 등 아시아 국가들의 타격이 크다.

이란은 지난 2018년에도 도널드 트럼프 미국 대통령이 이란과의 핵합의를 탈퇴하고 이란 제재에 착수하자 호르무즈해협을 봉쇄하겠다고 위협했으며, 2020년 1월 초 미국이 이란 군부 실세인 가셈 솔레이마니Qasem Soleimani 혁명수비대 쿠드스군 사령관을 폭사시키자 또다시 반발하며 호르무즈해협 봉쇄 카드를 꺼내들기도 했다.

OPEC의 시대와 두 차례의 오일쇼크 : 1970~1980년대 초

국제 뉴스에 심심치 않게 등장하는 것 중 하나가 OPEC의 감산 및 증산 소식이다. OPEC은 영미계 메이저 석유회사들(세븐시스터스)과 미국 중심의 석유 질서에 대항하는 차원에서 1960년 9월 산유국들이 결성한 조직이다. 베네수엘라, 사우디아라비아, 이란, 이라크, 쿠웨이트 등 5개국이 창설한 이후 오늘날 회원국은 총 13개국(알제리, 앙골라, 콩고, 적도기니, 가봉, 리비아, 나이지리아, UAE 추가)에 이른다. 창설 당시 5개국이 원유 수출에서 차지하는 비중은 80%에 달했으며, 2018년 9월 기준 OPEC 13개국의 석유 생산량은 전 세계의 44%, 전체 석유

매장량의 81.5%를 차지한다.* 이후 러시아 등 다른 산유국까지 가세한 OPEC+가 2016년 말 결성된다.

무기가 된 석유

1970년대 들어 석유시장에는 구조적 변화가 나타난다. 미국에서 석유 수요가 급증하면서 1960년대 말까지 가능하던 석유 자급이 어려워진 것이다. 이에 따라 미국은 2차 중동전쟁으로 에너지 위기에 처한 유럽에 석유를 공급하고 아랍 국가들의 석유 무기화 시도를 무산시키던 석유시장 수호자로서의 역할을 더이상 할 수 없게 됐다.

반면 산유국들의 입김이 커지면서 OPEC 국가들이 석유시장에서의 영향력을 확대하고 석유를 무기화할 수 있는 길이 열렸다. 국제 석유시장에서 미국과 중동 산유국 간의 역학관계가 뒤바뀐 것이다. 이를 대표하는 사건이 4차 중동전쟁에 따른 '1차 오일쇼크'였다.

1973년 10월 6일, 아랍이 이스라엘을 기습 공격하며 4차 중동전쟁이 발발하자 이스라엘은 급하게 미국에 지원을 요청했다. 미국은 전쟁을 주도한 이집트에 소련이 군수 물자를 지원한 것을 핑계 삼아 이스라엘에 대규모 군수물자를 지원하며 전쟁에 개입한다. 하지만 미국은 소련이 본격적으로 가세할 경우 전쟁이 장기화할 것을 우려해

---

* 미국 에너지정보청 2019년 데이터베이스 기준.

소련과 종전에 합의하고 발발 20일 만에 전쟁을 마쳤다.

전쟁 결과만 놓고 보면 아랍 국가들은 이스라엘보다 더 많은 사상자를 냈고, 영토 회복에도 실패했다. 하지만 석유 무기화 성공이라는 큰 결실을 거뒀다. 전쟁에 앞서 이집트의 안와르 사다트Anwar Sadat 대통령은 석유의 공급을 제한해 미국의 전쟁 개입을 최소화하려는 계획을 세우고 중동 최대 산유국인 사우디에 동참을 요청했다. 이에 사우디는 전쟁이 발발한 1973년 10월부터 매월 5%씩 감산할 것을 제안했고, 대다수의 산유국들이 이를 따르며 감산 및 금수 조치를 취하자 1차 오일쇼크이 발생했다. 감산의 충격으로 배럴당 3달러 수준이던 유가는 한 달 만에 약 12달러까지 뛰었다.

아랍 국가들은 4차 중동전쟁이 끝난 1974년 3월까지 감산 조치를 이어갔다. 이로 인해 세계 각국은 극심한 석유 공급난에 빠졌다. 특히 감산의 주요 타깃이 된 미국의 손실이 컸다. 미국의 휘발유 가격은 40% 이상 폭등했으며 1973~1975년 사이 국민총생산(GNP)은 6%나 감소했다. 일본 역시 제2차 세계대전 이후 급속한 경제성장을 하다가 1974년 처음으로 국민총생산이 감소했다.

반면 중동의 산유국들은 석유 사업을 통해 막대한 돈을 끌어모으며 '오일머니'의 시대를 열었다. 석유시장의 주도권이 영국과 미국의 7개 석유회사에서 OPEC으로 넘어오게 된 것이다. 석유회사와 산유국 간 계약 방식은 산유국 정부가 석유에 대한 통제권을 가지고 석유회사와 수익을 나누는 '생산물분배계약Production Sharing Contract'으로 바뀌었다. 이에 따라 산유국이 가져가는 몫도 자연스럽게 많아졌고,

산유국 국영 석유회사의 매출 규모나 영향력도 확대됐다. 산유국들이 감산이나 금수조치 등을 타국에 대한 압력 수단이나 외교적 지렛대로 이용하는 '석유 무기화'도 이 시기부터 가능해졌다.

석유시장의 새로운 변화

2007년 3월 영국 〈파이낸셜 타임스〉는 세븐시스터스를 대체할 새로운 7개 석유·가스회사를 '뉴세븐시스터스New Seven Sisters'라고 명명했다. 사우디아람코Saudi Aramco(사우디아라비아), 가즈프롬Gazprom(러시아), 중국천연가스그룹China National Petroleum Corporation(중국), 국영이란석유공사National Iranian Oil Company(이란), 페트롤레오스데베네수엘라Petróleos de Venezuela, S.A(베네수엘라), 페트로브라스Petrobras(브라질), 페트로나스Petronas(말레이시아)였다. 기사에서는 이들이 전 세계 석유 및 가스 매장량과 생산량의 3분의 1 이상을 차지하고 있다고 분석했다. 반면 과거의 세븐시스터스는 전 세계 생산량의 10%, 매장량의 3%를 차지하는 수준에 그친다고 지적했다.

한편 1차 오일쇼크 이후 국제사회는 아랍과 이스라엘 분쟁에 적극적으로 개입하면서 중동 지역의 긴장을 완화하는 한편, 유전 개발 등을 통해 중동 산유국에 대한 의존도 낮추기에 나섰다. 중동 산유국들과의 관계 개선을 위해 EU의 전신인 유럽공동체(EC)는 1973년 11월 아랍 지지 성명을 발표하기도 했다.

비슷한 시기에 일본 역시 아랍 지지 입장을 밝혔고 한국의 박정희 대통령도 친아랍 성명을 발표했다. 오일쇼크 재발 방지를 위해 지미 카터Jimmy Carter 미국 대통령은 1978년 9월 5~17일 메나헴 베긴Menachem Begin 이스라엘 총리와 안와르 사다트 이집트 대통령을 대통령 별장인 캠프데이비드에 초청한다. 이곳에서 카터 대통령의 중재로 이스라엘과 이집트는 시나이반도 반환에 합의하는 '캠프데이비드 협정'을 체결했다.

이와 함께 석유 지배권을 중동에 빼앗긴 서구 국가들은 유전 개발, 원자력발전소 건설 등 에너지 다변화를 비롯한 다양한 자구책 마련에 나선다. 미국은 알래스카 유전 개발 및 장거리 송유관 건설, 셰일오일 개발 등을 시도한다. 1975년 제럴드 포드Gerald Ford 미국 행정부는 약 2백 기에 달하는 원자력발전소 건설 계획을 발표했고, 이후 미국은 세계 1위의 원자력발전 대국이 된다. 프랑스 역시 2018년 기준으로 전력의 75%를 원자력으로 조달하는 세계 2위의 원자력 대국으로 떠오른다.

영국은 북해 유전 개발을 본격화하며 원유를 생산했다. 오늘날 국제유가의 3대 벤치마크 중 하나로 꼽히는 브렌트유가 바로 북해에서 생산된다. 4차 중동전쟁 이듬해인 1974년 11월에는 미국의 주도로 국제에너지기구(International Energy Agency; IEA)도 창립된다. 서방 선진국 16개 나라가 설립한 IEA는 국제사회가 공동으로 석유 수급 위기에 대응하는 차원에서 세워진 것으로, 중동 및 OPEC에 대항한 서구 국가들의 공동기구 성격이 짙다.

이란혁명과 2차 오일쇼크

중동 산유국의 감산으로 발생한 1차 오일쇼크와 달리 2차 오일쇼크은 이란혁명(이슬람혁명)이 불씨를 지폈다. 1953년 미국 CIA의 지원을 받아 정권을 다시 잡은 이란의 팔레비 국왕은 이후 친미서구화 정책을 유지하며 26년간 장기 집권했다. 이 과정에서 이슬람 종교 조직의 토지와 재산을 상당 부분 국유화하며 성직자 계층의 불만을 샀다. 또 석유 수출로 창출한 막대한 부가 특정 계층에 편중되며 양극화 및 계층 간 갈등이 심화하면서 이슬람 원리주의로의 회귀를 주장하는 목소리가 커졌다.

결국 1978년 9월 8일 이른바 검은금요일Black Friday 대규모 시위가 발생하고 수천 명이 사망하면서 국왕 하야를 요구하는 시위가 전국적으로 확대됐다. 석유업계까지 이에 가세하면서 1978년 12월 25일 이란의 석유 수출은 전면 중단됐고, 이는 2차 오일쇼크로 이어졌다. 1979년 1월 팔레비 국왕이 이란을 탈출하고, 2월 아야톨라 루흘라 호메이니Ayatollah Ruhollah Khomeini가 왕정을 무너뜨려 성직자가 최고 지도자가 되는 신정공화국을 수립했다.

국제 석유시장은 2차 오일쇼크의 촉매가 된 이란 혁명의 불길이 이웃 사우디, 이라크 등의 시아파와 수니파 갈등으로 확산될 수 있다는 공포와 불안으로 뒤흔들렸다. 배럴당 13달러 수준이었던 유가는 몇 달 만에 40달러로 급등했다. 특히 1979년 11월 발생한 주이란 미국 대사관 인질 사건은 15개월간 이어지면서 2차 오일쇼크 장기화를 야기했다. 팔레비의 신병을 인도하라는 호메이니의 요구를 미국이 거부한 것에 대해 분노한 이란 대학생들이 미국 대사관을 점거하고 직원 50여 명을 인질로 잡은 사건이다.

여기에 1979년 3월 미국 스리마일섬에서 원자력발전소 사고가 발생하면서 70여 기의 원전 건설 계획이 중단돼 에너지 다변화의 불확실성이 커진 것도 유가를 자극했다. 이어 1979년 12월 소련이 아프가니스탄을 침공하고 1980년 9월에는 이란-이라크 전쟁이 발발하는 등 석유시장에 큰 충격을 주는 전쟁이 연달아 일어났다.

시장 상품이 된 석유
: 1980년대 중반~1999년

1979년 2월 이란혁명으로 석유 수출이 중단되면서 2차 오일쇼크가 촉발된 데 이어 소련의 아프가니스탄 침공, 이란-이라크 전쟁까지 발발하자 공포에 휩싸인 구매자들의 석유 사재기로 국제유가는 급등했다. 국제 석유시장에서 영향력이 커진 OPEC 산유국들이 이익을 늘리기 위해 공식판매가격(Official Selling Price; OSP)을 높게 책정하며 유가 상승세에 불을 질렀다.

유가 상승으로 북해, 멕시코만, 알래스카 등지의 석유 개발이 경제성을 확보하게 되자 비OPEC 국가들의 석유 생산량이 크게 늘어나기 시작했다. 급기야 1982년을 기점으로 비OPEC 생산량이 OPEC 생산량을 앞지르게 됐다. 전 세계적으로 경제 불황까지 닥치면서 석유 수요도 계속 감소했다. 결국 OPEC의 인위적인 고유가 정책은 비OPEC 국가의 생산량 증대를 낳으며 오히려 자신들의 영향력을 약화시키는 결과를 낳았다.

시장점유율을 둘러싼 산유국의 경쟁

공급 과잉의 시기로 접어들자 OPEC은 시장 영향력을 지켜내기 위해 생산량을 줄이며 유가를 유지하려는 시도를 한다. OPEC은 1982년 3월 생산량 쿼터 시스템을 도입, 회원국별 쿼터를 할당하고 하루 총생산량 1천8백만 배럴을 넘기지 않기로 약속했다. 1979년 OPEC의 일일 생산량이 3천1백만 배럴이었음을 감안하면 40% 이상 감산을 결정한 것이다.

OPEC은 1년 만인 1983년 3월 재차 쿼터를 조정하고 총생산량을 1천750만 배럴로 낮췄다. 공식판매가격 역시 배럴당 34달러에서 29달러로 15% 인하했다. OPEC 최초의 공식가격 인하였다. 하지만 OPEC 회원국들은 쿼터를 위반하고 생산량을 늘리며 점유율을 늘리는 경우가 빈번했고, 유가가 급락한 이후에야 감산에 돌입하는 등 뒷북 대응을 했다는 평가를 받는다.

특히 적극적으로 감산을 이행하던 사우디아라비아가 다른 산유국들의 감산 공조가 미비하자 1985년 6월 증산을 선언하면서 유가는 폭락했다. '나 홀로 감산'으로 자국의 시장점유율이 줄어들고 국가 수입이 감소하는 것을 지켜볼 수 없었던 것이다. 1985년 말 배럴당 30달러 수준이었던 유가는 1986년 10달러 이하로 추락했다. 사우디는 1986년 내내 유가가 하락 추세를 이어갔음에도 증산 기조를 유지했다.

석유 역사의 바이블로 꼽히는 대니얼 예긴Daniel Yergin 의《황금의 샘The Prize: The Epic Quest for Oil, Money, and Power》은 이를 '진땀 내기sweating'라고 표현했다. 생산량을 줄이지 않고 버팀으로써 상대가 진땀을 낼 정도로 공포에 빠뜨린다는 뜻이다. 사우디에게 호되게 당한 산유국들은 1987년 이후 감산 합의를 잘 이행하면서 유가는 배럴당 18달러 수준에서 안정된다.

당시 유가가 폭락한 배경에는 산유국들의 시장점유율 경쟁이 있었다는 분석이 지배적이다. 석유가 국가 근간산업인 산유국 입장에서 유가를 끌어올리기 위해 마냥 석유 생산량을 줄이기는 쉽지 않다. 석유시장 점유율은 자국의 부와 직결되는 문제이기 때문이다. 또 당장 시장점유율을 줄인다고 해도 향후 점유율을 확대할 수 있다는 보장도 없다.

이 때문에 사우디의 경우 시장에 물량을 충분히 공급하면서 유가를 낮게 유지하는 정책을 택했다. 이를 통해 신생 산유국의 등장 및 대체에너지 개발을 억제하고 자국의 점유율을 안정적으로 이어간 것이다. 사우디는 유가가 배럴당 30달러가 넘어설 경우 셰일오일과 원자력 등 대체에너지 개발이 경제성을 갖춘다고 자체 분석했다.

동시에 한번 '잃어버린' 점유율은 쉽게 회복이 어렵다는 문제도 있었다. 사우디는 나 홀로 감산을 이어가며 1983년 말부터 1985년 말까지 2년여 동안 하루 1천만 배럴이었던 생산량을 3백만 배럴 수준으로 줄였다. 이후 증산에 나섰지만 빼앗긴 점유율을 되찾는 데 10년 이상 걸렸다. 사우디는 1990년 걸프전 발발 직전에야 비로소 하루 생산량 540만 배럴 수준을 회복했고, 1997년 이후부터 830만 배럴 수준을 유지했다.

금융상품이 된 석유

2014년 사우디가 물량 조정자의 역할을 포기하고 점유율 경쟁에 돌입하면서 유가가 폭락하는 모습이 다시 한 번 재현됐다. 당시 미국에서 셰일오일이 등장하면서 시중에 석유 공급량이 빠르게 증가했다. 게다가 원유 최대 소비국인 중국의 경기 악화로 수요도 감소하고 있었다. 북미, 러시아 등 비OPEC 국가들에게 점유율을 빼앗길 수 있는 상황이었던 것이다. 2012년 12월 배럴당 60달러 수준이었던 국제유가는 이듬해 20달러대까지 추락한다.

OPEC의 영향력이 쇠퇴하면서 1980년대 중반부터 국제유가는 수요와 공급이라는 시장 원리에 따라 가격이 결정됐다. 특히 1983년 뉴욕상업거래소에서 서부 텍사스산 원유 선물거래가 개시되면서 유가는 미국 주도의 글로벌 금융 질서에 편입했다. 실제 공급자와 수요자는 물론 투자은행과 연기금, 헤지펀드, 트레이더 등 다양한 시장 참여자들에 의해 가격이 결정됐다. 그래서 1986년 이후를 석유의 '시장 상품화 시대'라고 부르기도 한다.

석유는 금융상품이 되면서 풍부한 유동성을 갖추게 되었다. 석유 거래자들은 관련 자산을 쉽게 현금화할 수 있고, 파생상품을 활용해 가격 변동 위험을 대비하는 리스크 관리도 가능해졌다. 또 실물 석유를 필요로 하지는 않지만 석유 거래 중개와 관련 파생상품의 수익을 얻기 위해 참여하는 세력도 등장하면서 투자, 투기 목적의 거래도 활발해졌다.

서부 텍사스산 원유 선물은 페이퍼거래량이 전 세계 실물거래량의 10배 이상에 달할 정도로 유동성이 풍부하기 때문에 선물가격이 현물거래의 기준가로 사용될 만큼 막대한 가격결정력을 갖게 됐다. 서부 텍사스산 원유의 하루 생산량은 약 50만 배럴 수준이지만, 단일 선물상품으로는 세계 최대의 거래 규모(2018년 4월 기준 일일 6억 3천만 배럴)를 보이며 영국 북해산 브렌트유, 중동산 두바이유와 함께 세계 석유업계의 3대 벤치마크 유종으로 꼽히고 있다.

유가 변동에 따른 세계정세

석유가 세계 금융질서에 편입된 데에는 당시 세계정세도 작용했다. 석유 패권을 주도하던 영국과 미국에서 신자유주의를 표방하는 지도자가 잇따라 등장하면서 자유주의 시장경제를 확대하는 정책을 추진하자 이 영향을 받은 것이다.

1979년 영국 총리로 선출된 마거릿 대처는 시장 기능에 모든 것을 맡기는 정책을 추진하며 BP의 정부 지분(51%)을 모두 매각하고 1981 년 런던국제석유거래소(ICE)를 설립해 1988년 브렌트유 선물이 거래 되도록 했다. 미국에서도 1981년 공화당의 로널드 레이건 대통령이 취임하면서 레이거노믹스를 통해 세출 삭감 및 소득세 등 감세, 기업 규제 완화, 안정적 금융정책 등을 추진했다.

1986년 유가가 하락하던 당시 석유 소비국들이 모두 이를 반긴 것 은 아니었다. 미국, 일본 등 주요 석유 수입국들은 유가 하락의 부작 용을 우려하며 경제·외교 정책을 통한 개입에 나섰다. 특히 미국에 서는 유가 하락으로 메이저 석유회사의 수익성 악화 및 수많은 중소 형 독립계 석유회사의 도산 우려가 컸다.

유가 폭락은 금융시스템에도 위협으로 작용했다. 석유를 담보로 한 대출 상품이나 석유를 기초자산으로 한 파생상품이 쏟아진 상황에서 유가 폭락은 대출금 회수 불능 및 신용 경색을 초래하고 실물 경제에 까지 악영향을 줄 수 있었다. 또 석유 결제 통화가 달러화인 만큼 유 가 하락은 달러 수요를 감소시켜 달러화의 가치를 추락시킬 가능성도 있었다. 이에 미국은 당시 조지 H. W. 부시 부통령을 사우디에 파견 해 사우디산 석유에 관세를 부과하겠다며 압력을 행사했다.

일본 역시 자동차 및 전자제품 수출로 막대한 무역수지 흑자를 벌 어들이며 미국, 유럽 등으로부터 각종 견제와 시장 개방 확대 압력을 받던 터라 저유가를 마냥 반길 수 없었다. 또 석유 의존도를 낮춰야 하는 상황에서 저유가는 석유에 대한 의존도를 오히려 높일 수 있어 장기적으로 경제에 부정적일 수 있다고 판단했다. 이에 일본도 사우디에 관세 부과 의사를 밝히며 감산을 통해 유가를 적정 수준으로 올릴 것을 압박했다. 유가 하락에도 생산량을 늘리며 다른 OPEC 회원국들을 '진땀 나게 한' 사우디도 산유국 간 감산 합의를 이끌어내며 유가를 안정시켰다.

셰일혁명이 부른 변화
: 1990년대~현재

1990년 8월, 이라크가 쿠웨이트를 침공하면서 중동의 헤게모니가 친미 국가인 사우디에서 반미 성향의 이라크로 흘러갈 우려가 커졌다. 세계 최대 유전이 위치한 중동의 패권이 반서구 국가들의 손에 넘어갈 경우 에너지 안보가 위협받을 수 있었다. 이에 미국을 비롯한 다국적군은 1991년 1월 대이라크 전쟁, 이른바 걸프전쟁을 벌였다. 제2차 세계대전 이후 최대 규모의 군사 작전이 벌어지면서 걸프전쟁은 6주 만에 종료됐고, 중동에서 미국의 힘을 재확인했다. 같은 해 말인 1991년 12월 25일 소비에트연방 붕괴 또한 미국의 시대가 도래했음을 보여줬다. 냉전 종식으로 미국-소련 양극체제가 무너지고 미국이라는 초강대국 주도의 단일 질서의 시대가 열린 것이다.

특명, 유가를 잡아라

냉전의 승리자가 된 미국은 세계화를 주도하며 전 세계에 신자유주의를 전파했다. 미국은 정부 역할의 최소화, 규제 완화, 민영화, 자유무역 등의 경제 질서를 구축했다. 거대 다국적 기업도 등장했다. 특히 1990년대 후반부터 메이저 석유회사들이 대규모 인수합병에 나서면서 이 같은 흐름을 주도했다. 1998년 영국 BP가 미국 스탠더드오일Standard Oil의 인디애나주 분사인 아모코Amoco를 약 53조 원에 인수한 데 이어 이듬해 아르코Arco까지 약 30조 원에 인수했다. 1999년에는 엑손과 모빌이 합병했고, 2000년 10월 셰브론과 텍사코가 합병했다. 같은 해 프랑스 토탈Total도 자국 석유기업 엘프Elf와 합쳤다.

| 2000년 전후 탄생한 초대형 다국적 석유기업 |

엑손 + 모빌(1999년)	BP + 아모코 (1998년) + 아르코 (2000년)	셰브론 + 텍사코 (2000년)	토탈 + 페트로피나 (1999년) + 엘프 (2000년)	로열 더치 + 셸 (2005년)
엑손모빌	BP	셰브론	토탈	로열더치셸

세계화가 진행되면서 국제사회의 초점은 경제와 성장에 맞춰졌고, 1990년에서 2009년 사이 세계경제 규모는 3배 가까이 성장했다. 경제활동이 급증하자 산업에 동력을 제공하고 전기를 생산하며 운송수단에 연료를 공급할 석유에 대한 수요도 크게 늘었다. 서구 국가들의

석유 확보에 대한 열망과 석유 고갈 가능성에 대한 우려는 세계화를 더욱 가속시키는 순환 구조를 만들어냈다. 이 과정에서 미국 등은 중동 문제에 개입하면서 이슬람 원리주의 세력의 반발을 사기도 했다.

2001년 출범한 조지 W. 부시 행정부도 대외 정책의 중심에 석유를 두고 석유 확보를 최우선으로 추구했다. 부시 행정부의 '국가에너지정책 개발연구단(NEPD)' 태스크포스가 2001년 5월 작성한 보고서에 따르면 2020년 미국의 원유 생산량은 소비량의 20% 수준에 그칠 것으로 전망됐다. 보고서는 미국 내 생산량 감소로 중동에 대한 석유 의존도가 더욱 높아질 것이며, 이에 따라 걸프 지역에 미국의 국가 이익이 걸려 있다고 지적했다. 보고서는 또 미국이 에너지 안보를 무역과 외교 정책에서 최우선 순위로 삼아야 한다고 조언했다. 미국이 2003년 이라크 전쟁을 감행한 것도 미국 내 석유 생산 급감이 예상되는 상황에서 중동에 미국을 적대시하는 국가가 있는 것이 불안했기 때문이다.

국제 원유 가격은 2000년 3월 OPEC이 도입한 '유가밴드제oil price band'의 영향으로 한동안 배럴당 22~28달러 내에서 안정적으로 움직였다. 이후 석유 고갈에 대한 위기감이 고조되고 중국의 경제성장으로 석유 수요가 급증하면서 2003년 배럴당 30달러 내외였던 유가는 2008년 7월 150달러까지 치솟았다. 유가 2백 달러 시대 전망까지 나오던 상황에서 미국발 금융위기가 터지자 유가는 수직 하락하기 시작했다.

우연히 등장한 초강대국

미국 경제는 물론 세계경제를 충격으로 얼어붙게 한 2008년 금융위기는 아이러니하게도 미국 셰일혁명의 계기가 된다. 금융위기 이후 경기부양을 위해 미국이 초저금리 기조를 장기간 유지하면서 미래성장산업에 낮은 금리로 자본을 제공하자 셰일산업이 성장할 수 있는 기반이 마련됐기 때문이다.

석유는 근원암source rock에서 만들어진 후 암석을 떠나 이동하다가 트랩 구조를 만나면 멈추고, 돔처럼 생긴 배사 구조에 집적되기 때문에 이곳을 수직 시추해 채굴하면 된다. 반면 셰일오일은 근원암에서 만들어진 후 그곳에 그대로 머무르며 수평으로 넓게 퍼져 있기 때문에 암석에서 분리하기가 더 어렵다.

이에 1998년 조지 미첼George Mitchell이라는 텍사스의 중소 석유기업 회장이 물과 혼합물을 고압으로 분사해 셰일 암석에 균열을 내고 원유를 뽑아내는 수압파쇄법을 개발했다. 이어 2001년 데본에너지Devon Energy Corporation가 미첼의 회사를 합병해 자사의 수평시출 기술과 수압파쇄법을 결합한 '프래킹fracking' 방식을 선보였다. 프래킹 기술은 셰일오일을 생산하는 핵심 기술이었지만 그 가능성을 높게 보는 전문가는 많지 않았다.

하지만 미국 중앙은행인 연방준비제도가 2009년부터 2015년까지 기준금리를 0~0.25%로 유지하자 수많은 셰일업체가 저금리로 자금을 조달해 미국 전역에서 셰일오일 생산에 나선다. 금융위기로 폭락했던 국제유가가 다시 1백 달러를 넘어서면서 셰일업체들의 채산성이 높아진 점도 셰일산업 성장의 촉매제가 됐다.

2001년 부시 행정부의 〈국가에너지정책 보고서〉에 실린 전망대로 미국의 전통적인 원유 생산량은 감소했지만, 셰일오일 생산량이 하루 6백만 배럴 이상으로 급증하면서 2018년 미국은 하루 총 1천1백만 배럴을 생산하는 세계 최대 산유국 지위에 오르게 됐다. 이에 미국이 에너지 안보 차원에서 지난 40여 년간 금지해온 원유 수출을 버락 오바마 행정부가 2015년부터 허용하기에 이르렀다.

미국 셰일산업의 급성장은 혁명으로 불린다. 국제지정학 전략가인 피터 자이한Peter Zeihan은 미국의 셰일혁명과 인구구조 역전이 맞물려 세계는 무질서에 빠져들게 될 것이라고 예측한다. 자이한은 미국이 셰일혁명으로 예기치 못한 막대한 석유를 얻어 얼떨결에 초강대국 지위를 얻게 됐다며 미국을 '우연히 등장한 초강대국'이라고 표현했다. 메건 오설리번Meghan O'Sullivan 하버드대학교 행정대학원 교수 역시 2017년 10월 셰일오일이 미국을 어떻게 변화시킬지 전망한 책을 발간하면서 《뜻밖의 횡재Windfall》라는 제목을 붙였다.

셰일혁명이 불러온 미국의 위상 변화

셰일혁명은 미국의 정치·경제적 태도 변화에 영향을 주고 있다. 미국은 1970년대 들어 석유 자급이 불가능해지면서 국제 석유시장에서의 영향력이 쇠퇴하자 중동 지역 문제에 개입함으로써 석유 질서를 주도하고자 했다.

하지만 2014년 이후 셰일오일 생산 급증으로 에너지 자립이 가능해지자 미국은 예전과는 또 다른 나라로 변모하고 있다. 미국은 더 이상 이념을 위해 싸울 필요도, 동맹국의 절실한 협조를 구할 이유도 없어졌다. 세계화를 부르짖던 미국이 셰일혁명으로 미국 우선주의, 고립주의, 보호무역주의로 향하고 있는 것이다. 자이한은 셰일을 통해 미국이 에너지 의존에서 벗어남으로써 세계질서의 붕괴가 가속화하고 확고하게 됐다면서 미국은 더 이상 세계질서 유지에 흥미를 잃었다고 분석했다.

실제로 도널드 트럼프 미국 행정부는 파리기후변화협약에서 탈퇴했으며, 코로나19가 중국에서 발병한 이후 세계보건기구(WHO)가 중국의 은폐를 돕고 늑장 대응을 했다며 자금 지원 중단에 이어 탈퇴를 선언했다. 미국은 세계무역기구(WTO)에서도 탈퇴하겠다며 위협 중이다. 여기에다 중동 문제에서는 손을 떼려 하고 있고, 동맹국에는 더 많은 비용을 청구하고 있다.

트럼프 대통령은 2017년 말 예루살렘을 이스라엘의 수도로 선언했고, 2018년 들어서는 이란과 기존의 핵합의를 파기하고 더욱 엄격한 핵 합의를 요구했다. 또 내전 중인 시리아에서 미군을 철수하겠다고 선언했다. 트럼프 대통령은 2012년 체결한 한미 자유무역협정(FTA)에 대해서도 미국의 무역적자를 늘린다며 2017년 개정을 요구, 2019년 개정안이 발효됐다. 한미 방위비분담금 협상에서도 미국은 한국

측에 분담액 대폭 인상을 요구하며 주한미군 감축 카드를 꺼내들기도 했다. 미국은 또 독일 주둔 미군을 3만 6천 명에서 2만 4천 명으로 감축하기로 했고, 아프가니스탄 주군 미군도 추가 감축 검토 중이다.

석유와 에너지 패권의 미래
: 2020년~

2020년을 기점으로 세계 석유시장은 태동 이래 가장 격변하는 시기에 들어섰다. 신 기후변화체제로 불리는 파리기후변화협약이 적용되기 시작한 데다 코로나19의 전 세계적인 확산으로 석유 수요는 급격하게 감소했다. 기후변화 대응을 위해 대체에너지 개발 및 에너지 전환이 가속화하는 가운데, 코로나19로 석유 수요가 급감하면서 '석유시대의 종말'이 앞당겨질 거라는 전망까지 나오고 있다.

코로나19 사태는 전 세계 산업과 인류의 이동을 중단시켰고 경기침체를 불러왔다. 국제유가는 추락을 거듭했다. 2020년 4월 20일에는 1983년 뉴욕상업거래소에서 서부 텍사스산 석유 선물이 거래된 이래 처음으로 가격이 마이너스를 기록하는 일까지 벌어졌다.

세계는 피크오일에 도달했는가?

2020년 5월 이후 유가는 서서히 올라 배럴당 40달러 선을 오르내렸지만 여전히 미국의 셰일업체 및 에너지기업들의 손익분기점에 못 미치는 수준이다. OPEC은 2019년 하루 평균 1억 배럴에 육박했던 전 세계 석유 수요가 2020년에는 9천59만 배럴 규모로 9% 급감한 것으로 예측했다.

문제는 이 같은 석유 소비량 감소가 코로나19로 인한 일시적 현상에 그치지 않을 수 있다는 점이다. 세계적으로 기후변화와 환경오염에 대응하기 위한 대체에너지 개발 압력이 거세진 상황에서 코로나19 이후 정착될 '뉴노멀'이 석유 소비 감소를 부채질할 것이라는 전망이 나오고 있다.

글로벌 공급망에 대한 신뢰가 무너지면서 해외 진출 기업들의 리쇼어링(본국 회귀)이 이뤄지고 재택근무 확산, 비즈니스 미팅 및 국제 콘퍼런스의 화상회의 대체 등이 석유 수요를 줄일 것이라는 분석이다. 또 친환경 자동차 보급이 크게 늘면서 전체 석유 소비량 가운데 60%를 차지하는 교통 부문의 에너지 전환이 이뤄지고, 태양광 등 새로운 에너지의 가격이 예전보다 훨씬 저렴해지고 있는 것도 탈석유 현상을 가속화하고 있다.

글로벌 석유시장에서는 '피크오일peak oil' 논쟁까지 벌어지고 있다. 피크오일은 석유 생산량이 최고점에 도래하는 시점을 뜻하는 개념으로, 1956년 석유 공급이 소비를 따라가지 못하고 결국 고갈될 우려가 커지면서 등장했다. 하지만 2000년대 들어 석유 매장량이 과거 예상보다 많은 것으로 나타나고, 셰일오일 등 비전통적 석유 생산이 급증하면서 피크오일 시점에 대한 전망은 점점 뒤로 늦춰졌다.

그러나 코로나19 확산으로 석유 수요가 감소하고 이에 따라 공급이 줄어들면서 피크오일 시점이 앞당겨질 것이라는 분석이 다시 힘을 얻고 있다. 일각에서는 이미 피크오일이 지났다고 평가한다. 영국 석유업체 BP의 CEO 버나드 루니Bernard Looney는 "석유 수요는 어쩌면 이미 정점을 지났을지 모른다"면서 앞으로 석유 수요가 계속 줄어들 것으로 내다봤다. 앞서 OPEC 창설을 주도했던 사우디아라비아의 전 석유장관 아흐메드 자키 야마니Ahmed Zaki Yamani 역시 "석기시대는 돌이 부족해져서 끝난 것이 아니다. 석유시대도 석유가 고갈되기 전에 끝날 것이다"라고 말한 바 있다.

글로벌 석유산업의 지각 변동

코로나19 직격탄을 맞고 석유시대 종말론까지 대두되면서 글로벌 석유산업의 지각 변동도 일어날 전망이다. 우후죽순으로 난립하던 셰일업체들이 줄줄이 파산하고 재무 여건이 좋은 대형 석유회사 주도의 인수합병 등 구조조정과 함께 사업 포트폴리오 재편 등이 잇따를 것으로 보인다.

대표적으로 미국의 메이저 석유회사 셰브론은 2020년 7월 경영난에 휘청이는 경쟁사 노블에너지Noble Energy를 130억 달러(약 15조 6천억 원)에 인수하기로 했으며, 10월에는 코노코필립스ConocoPhillips가 셰일업체 콘초리소시스Concho Resources를 97억 달러에 인수하기로 합의했다. 2020년 들어 8월까지만 해도 미국에서 셰일산업의 선구자로 불리던 체사피크에너지Chesapeake Energy를 비롯해 화이팅페트롤리엄Whiting Petroleum, 원유시추업체 다이아몬드오프쇼어드릴링Diamond Offshore Drilling 등 이미 30여 개 정유·가스업체가 파산보호 신청을 했다.

영국 BP는 2020년 6월 석유화학 사업부를 50억 달러(약 6조 원)에 이네오스Ineos에 매각하고, 2050년까지 탄소 중립을 달성하겠다고 발표했다. 로열더치셸은 제2차 세계대전 이후 처음으로 배당을 삭감했으며, 전체 매출의 90%를 차지하는 석유 및 천연가스 사업 비중을 60%로 낮췄다. 재생에너지 비중을 30%로 확대하겠다는 방침도 밝혔다.

이런 가운데 미국 최대의 석유회사인 엑손모빌이 2020년 8월 말 뉴욕 증시의 30개 우량주로 구성된 다우산업평균지수(다우지수)에서 퇴출된 것도 석유산업의 쇠퇴를 단적으로 보여준다. 엑손모빌은 1928년 스탠더드오일뉴저지 시절 다우지수에 처음 편입돼 2007년 시가총액 1위 자리에까지 올랐으나 이후 점차 정보기술 기업들에 밀리더니 아예 퇴출되는 처지에 이르렀다.

2020년 11월 3일 미국의 대선 결과 역시 글로벌 석유시장의 판도를 바꿀 변수로 꼽힌다. 조 바이든 제46대 대통령 당선인은 기후변화를 4대 국정과제 중 하나로 제시하고, 트럼프 대통령이 탈퇴한 파리

기후변화협약 복귀 의사를 밝혔다. 또 대선 후보 시절 2050년까지 탄소 중립(온실가스 순배출량 제로)을 달성하겠다는 공약을 제시했다. 이를 위해 4년간 2조 달러(약 2,243조 원)를 투자해 100% 청정에너지와 무공해 차량 도입, 인프라 확충에 나설 방침이다.

구체적으로 청정에너지 전환을 위해 수송 및 통신, 수질 관리 부문 등에서 현대적인 인프라를 구축하고 전력 부문을 혁신한다. 또 에너지 세제 개편을 통해 에너지 효율을 제고하고, 각종 기상재해에 대응할 수 있는 스마트시티 건설을 촉진하기 위한 인프라 구축에 나선다. 특히 이 과정에서 신규 및 기존 석유·가스 운영시설을 강력히 규제할 방침이어서 석유산업이 큰 타격을 받을 수 있다는 관측이 제기된다.

미국의 대외 정책에 있어 석유 등 에너지 안보는 중요한 요소여서 대중동 전략이나 동맹 관계 같은 외교 및 무역 정책에도 영향을 미칠 수 있다. 실제로 바이든 당선인이 기후변화 대응에 적극 나서면서 외교를 통해 다른 국가의 동참을 요구할 가능성이 제기된다. 미국의 경우 파리기후변화협약 재가입 시 2030년 목표가 담긴 신규국가감축목표(NDC)를 제출해야 하는데, 이 과정에서 다른 나라에도 2030년 감축 목표를 강화하라는 압박을 가할 수 있다는 전망이 나온다.

전체 에너지 공급원에서 석유의 비중이 점차 줄어들 수는 있겠지만, 당장 석유를 대체할 에너지원이 없는 만큼 석유의 중요성이 지속될 것이라는 주장도 있다. 대니얼 예긴은 《황금의 샘》에서 세계경제의 성장, 소득 증가, 인구 증가 등을 고려할 때 앞으로 더 많은 석유가 필요할 것으로 내다봤다. 또 투자은행 골드만삭스는 2022년에 하루 원유 수요가 1억 배럴을 넘어서면서 2019년 수준을 회복할 것이며, 2030년까지 피크오일은 오지 않을 것이라고 전망했다.

중국의 석유시장 도전

2020년 7월 전 세계 석유 결제를 독점하던 미국 달러화의 아성에 중국 위안화가 도전하는 사건이 발생했다. 영국 BP가 중국 상하이국제에너지거래소(INE)를 통해 실물 원유 3백만 배럴을 위안화로 거래한 것이다. 메이저 석유회사 가운데 위안화로 실물 원유를 거래한 첫 사례여서 석유시장에서는 석유달러Petrodollar 체제에 균열이 생기는 것 아니냐는 관측까지 나왔다. 더 나아가 기축통화의 지위까지 넘보게 될지 주목된다.

달러화가 기축통화가 될 수 있었던 요인 중 하나는 바로 석유 결제 통화였기 때문이었다. 1944년 브레튼우즈 체제 출범으로 국제 통화의 지위를 갖추게 된 달러는 1971년 금 태환 포기 선언*으로 휘청거렸지만, 세계 최대 산유국인 사우디아라비아가 석유의 결제 통화로 달러를 선택하고, OPEC의 다른 회원국들도 이를 따르면서 위기에서 벗어났다. '산업의 혈액'이라 불릴 정도로 중요한 석유 거래를 모두 달러로 결제하게 되면서 미국의 패권은 더욱 강력해졌다.

---

* 미국의 닉슨 대통령이 1971년 기축통화인 달러를 금과 바꿔주는 '금 태환'을 포기하겠다고 선언한 일.

코로나19가 전 세계를 강타한 가운데 코로나19의 진원지였던 중국은 바이러스 확산세가 꺾이고 석유 수요가 빠르게 회복되면서 세계 최대 구매력을 앞세워 메이저 석유회사에 위안화 거래 압력을 가하고 있다. BP가 중국에 원유를 인도하며 위안화로 결제한 것 역시 그 연장선으로 분석된다.

다만 전 세계 외환보유고에서 위안화의 비중이 2%에 못 미치는 데다 세계 하루 평균 석유 소비량의 3% 수준의 거래량이 위안화로 결제되었을 뿐인데, 이를 기축통화의 패권에 도전했다고 보는 것은 무리라는 지적도 있다. 하지만 중국이 코로나19 사태를 계기로 세계 석유시장에서 영향력을 확대하고, 위안화 국제화를 위해 박차를 가할 것이라는 사실은 분명해 보인다.

미중 관계의 역할: 패권의 역사

만리장성에 선 닉슨

적의 적은 친구라고 했다. 친해질 이유가 없어 보였던 두 나라 미국과 중국이 서로에게 관심을 갖기 시작한 것 역시 소련이라는 공동의 적 때문이다. 제2차 세계대전 이후 미국과 소련을 중심으로 양분된 냉전체제가 시작됐을 때 중국은 소련과 같은 편에 서서 미국을 노려보고 있었다. 한반도에서 벌어진 한국전쟁 당시에도 중국은 소련과 함께 북한을 지원하며 한국을 돕기 위해 온 미국과 UN군을 향해 총을 겨눴다. 하지만 중국 입장에서 태평양을 사이에 두고 멀리 떨어져 있는 지구 반대편 미국과 직접 부딪힐 가능성보다는 국경을 마주하고 있는 소련과 맞붙을 가능성이 늘 더 컸다.

미국 기자가 천안문 망루에 오르다

중국과 소련 사이에 소소한 분쟁이 끊이지 않던 끝에 1969년 3월 2일 우려했던 일이 터졌다. 중국 헤이룽장성 우수리강의 전바오다오珍寶島에서 중국군과 소련군이 부딪힌 것이다. 시작은 사소한 몸싸움이었다. 군인들 사이에 맨손 주먹질이 오갔다. 하지만 주먹이 몽둥이로 변하더니 며칠 지나 장갑차와 대전차포가 동원됐다. 이 과정에서 소련군과 중국군이 각각 수십 명 전사했다. 총면적 0.74km²에 불과한 섬에서 갑자기 국지전이 터지자 양국 수뇌부는 극도의 긴장감 속에 상황을 지켜봤다.

결론적으로 이 사건은 중소 전면전으로 비화하진 않았다. 하지만 양국 간 불신의 골은 더 깊어졌다. 공산주의라는 이데올로기를 공유하는 것만으로는 평화롭게 지내기가 쉽지 않았다. 역사적으로 해묵은 민족·영토 갈등이 컸던 탓이다. 중국과 소련은 약 4천380km에 이르는 국경선에 각각 81만 4천 명과 65만 8천 명의 병력을 배치했다. 국경의 긴장감이 고조되자 양국 군인들이 곳곳에서 맞붙었다. 급기야 두 나라는 핵무기 사용 카드까지 만지작거리기 시작했다.

일촉즉발의 상황은 1969년 9월 베트남 호찌민 주석의 장례식을 계기로 양국 정상이 외교적 협상에 뜻을 모으면서 해소됐다. 소련의 알렉세이 코시긴Aleksei Kosygin 수상이 베이징을 찾아 저우언라이周恩來 중국 총리를 만났다. 양국 사이에 국경 협상이 평화롭게 진행되는 동안 중국 수뇌부는 계속 생각했다. 적을 이기기 위해서는 적의 적이 필요하다. 그럼 소련의 적은 누구인가? 미국이다.

　공산 진영에서 소련과 중국 사이에서 균열이 커지는 동안 자유 진영의 핵심축인 미국의 입장에도 변화가 생기고 있었다. 미국의 리처드 닉슨 대통령이 1969년 7월 괌에서 새로운 아시아 정책을 발표했다. 이어 1970년 2월에는 의회에 보낸 외교문서를 통해 온 세상에 선포한다. 이른바 닉슨 독트린이다. 베트남 전쟁과 같은 군사 개입을 피하고, 강대국의 핵 위협 수준이 아닌 이상 아시아 각국이 스스로 알아서 지키라는 내용이었다. 미국이 '태평양 국가'로서 지역에서 중요한 역할은 계속 맡겠지만 과도한 정치·군사 개입은 하지 않겠다는 뜻이었다. 또 닉슨 행정부에서 중소 갈등 상황을 틈타 중국과 대화를 해볼 필요가 있다는 분위기가 형성되기 시작했다. 미국에게도 중국은 소련을 견제할 유용한 카드였다.

　중국도 이를 눈치챘다. 중국은 미국과의 대화 채널을 뚫기 위한 사전 작업을 시작했다. 1970년 미국 기자 에드거 스노Edgar Snow 부부를 베이징으로 초청한다. 에드거 스노는 마오쩌둥毛澤東의 존재를 처음으로 서방 세계에 알린 사람이다. 그는 1936년 외국인으로는 처음 중국 공산당의 본거지 옌안지구에 들어가 마오쩌둥을 직접 만났고, 그와 나눈 대화를 저서 《중국의 붉은 별Red Star Over China》에 고스란히 녹여냈다. 책에 따르면 당시 스노가 옌안에서 만난 중국 공산당 지도자들은 누더기옷을 입은 채 동굴 속에서 생활하는 젊은 게릴라들이었다. 중국인들조차 잘 알지 못하는 젊은 마오쩌둥을 직접 만나 기록한 사람이었기에 중국인들조차 특별하게 여기는 미국 기자였다.

중국인들은 그를 따뜻하게 맞이했다. 놀랄 만한 사건은 그해 10월 1일 천안문에서 벌어졌다. 마오쩌둥과 에드거 스노가 천안문 성루에 나란히 서 있는 모습이 공개된 것이다. 양복 안에 붉은 스웨터를 받쳐 입은 에드거 스노는 마오쩌둥 옆에서 미소를 머금고 있었다. 이 사진은 중국 신화사에 의해 전 세계로 타전됐다. 마오쩌둥은 다른 자리에서 에드거 스노에게 닉슨에게 보내는 메시지를 슬쩍 전했다. '닉슨이 중국에 온다면 만나서 이야기를 나누고 싶다'는 게 요지였다. 동시에 내부적으로는 집단지성의 힘에 기대기 위해 중국 전역으로 내쳤던 미국 전문가들을 불러들였다.

미중 핑퐁외교의 시작

'미국 연구'를 시작한 중국은 1971년 미국에 호의의 손짓을 보낸다. 그해 3월 28일부터 일본에서 열린 세계탁구선수권대회에 참석한 미국 선수단을 중국으로 초청한 것이다. 미국이 이에 응하면서 스포츠를 매개로 한 소프트 외교가 물꼬를 텄다.

미국 탁구 선수단은 선수권 대회가 끝난 후 4월 10일 일본에서 중국으로 날아가 친선 경기를 치렀다. 계획은 성공적으로 마무리됐다. 탁구를 통한 교류, 즉 '핑퐁외교'로 두 나라의 분위기가 크게 부드러워졌다. 닉슨 대통령은 20년 동안 지속된 중국에 대한 금수조치를 완화하는 것으로 화답했다. 그리고 헨리 키신저Henry Kissinger가 밀사로 두 차례 중국을 방문해 저우언라이를 만난다. 중국의 속내를 제대로 파악하기 위해서였다.

1972년 2월 21일 닉슨 대통령을 태운 에어포스원이 베이징 공항에 착륙했다. 미국 대통령의 사상 첫 중국 방문이었다. 한반도 등지에서 서로에게 겨눴던 무기를 마침내 내려놓은 역사적 순간이기도 했다.

중국은 소련을 견제하기 위해 닉슨 대통령의 방중에 최선을 다했다. '천안문의 영웅'으로 불리는 왕단王丹은 닉슨 대통령의 만리장성 시찰을 앞두고 눈이 많이 쌓이자 중국 당국이 순식간에 60~70만 명의 인력을 동원해 댜오위타이부터 만리장성까지 길에 쌓인 눈을 치웠다고 기억하고 있다. 만리장성에서 찍은 닉슨 대통령의 기념사진

만리장성을 둘러보는 닉슨 대통령

은 지금까지도 미중 관계 변화의 상징으로 꼽힌다.

닉슨 대통령의 방중을 계기로 미국과 중국은 상하이 공동선언을 발표했다. 선언문에는 미국과 중국의 관계 정상화가 모든 나라에 이익이며, 양국 모두 아시아 태평양 지역에서 지배권을 갖지 않는다는 등의 내용이 담겼다. 닉슨 대통령은 공동선언 발표 이후 자신의 방중을 '세계를 바꾼 일주일'이라고 스스로 추켜세웠다.

상하이 공동선언은 미국과 소련이 주도하던 냉전체제를 다극 체제로 바꾸기 시작했다. 미국의 지지를 받은 중국이 국제사회에 빠르게 진입했다. 중국은 소련 견제 카드를 얻은 건 물론이고, 경제발전의 도약판도 얻었다. 세계 최대 시장 미국으로 향하는 길이 눈앞에 열렸기 때문이다.

장제스와 대만의 아픔

하지만 아시아 지역 국가들의 사정은 복잡해졌다. 한국과 일본은 안보판을 다시 그리기 시작했다. 북한은 중국에 서운함과 배신감을 느꼈다. 운명이 가장 심하게 뒤틀린 국가는 '자유중국' 대만이었다. 대만은 제2차 세계대전 당시 연합국의 일원으로 미국과 함께 일본에 대항해 싸웠다. 1949년 중국 공산당과 내전에서 밀려 본토에서 150킬로미터 떨어진 섬까지 내려왔지만 국제사회, 특히 자유 진영에서 중국으로 인정받아온 터였다. 하지만 미중 화해 분위기 속에 국제사회에서의 입지가 급격히 쪼그라들기 시작했다.

상하이 공동선언을 통해 미국과 중국은 '하나의 중국'에 합의했다. 다른 말로 하면 장제스蔣介石 국민당 정권이 세운 대만을 공식 국가로 인정하지 않겠다는 뜻이었다. 닉슨 대통령이 미국을 방문한 그해 중국은 UN 회원국으로 정식 가입했다. 이와 동시에 대만은 UN은 물론 UN 산하 모든 전문기구에서 회원 자격을 잃었다. 자진 탈퇴였지만 분위기상으로는 쫓겨난 것과 다름없었다.

그로부터 8년이 지난 1979년 1월 1일 미국과 중국은 마침내 정식 국교를 수립했고, 미국과 대만의 기존 국교는 자동으로 단절됐다. 미국이 앞장서자 세계 각국이 연이어 중국과 수교에 나섰다. 중국이 내세우는 '하나의 중국'은 예외 없이 적용됐다.

한국도 1986년 아시안게임과 1988년 서울올림픽을 치른 후 중국과 수교를 모색했다. 1992년 8월 24일 한중 외교 관계자들이 베이징에서 수교 협정서에 서명한 날, 대만은 서울 명동의 대사관에서 눈물을 삼키며 청천백일기를 내렸다.

2020년 현재 대만과 수교한 국가는 15개 나라로 대부분 작은 섬나라들이다. 하지만 이들 역시 중국의 물량 공세에 대만과의 단교를 고심 중이다. 오히려 현재는 중국 견제 차원에서 미국이 대만과의 국교 유지를 이들 국가에 촉구하는 아이러니한 상황이 벌어지고 있다.

덩샤오핑의 흑묘백묘론

'뉴밀레니엄'은 누구에게나 새로운 출발이었다. 20세기 지구에서 가장 두꺼운 베일에 가려진 나라 중 한 곳으로 꼽혔던 북한에게도 예외가 아니었다. 김정일 북한 국방위원장은 2001년 1월 4일자 〈노동신문〉에 "21세기는 거창한 전변의 세기, 창조의 세기"라고 선언했다. 그리고 같은 달 15일 중국을 비공식 방문했다. 그가 향한 곳은 중국에서 가장 앞서 발전하기 시작한 상하이였다. 상하이에서도 첨단 고층빌딩이 늘어선 푸둥 지구의 전경은 충격 그 자체였다. 가난한 중국의 흔적은 온데간데없고, 도시의 스카이라인은 미국의 여느 대도시에 뒤지지 않았다. 김정일 위원장은 "천지가 개벽했다"는 말로 현장 견학 소감을 밝혔다.

현대 중국의 흑역사

김정일 위원장이 놀란 이유는 중국의 빈곤 탈출 속도가 굉장히 빨랐기 때문이다. 중국은 땅도 넓고 세계 1위 인구 대국이었지만 오래도록 인민이 배를 곯는 나라였다. 19세기 말부터 서구 열강의 연이은 침탈에 시달렸고, 대륙을 노리는 일본, 러시아 등과 전쟁을 치렀다. 심지어 마오쩌둥의 공산당과 장제스의 국민당 간의 내전까지 겪었다.

게다가 중국은 제2차 세계대전이 끝난 후 전쟁보다 더 참혹한 시간을 보내야 했다. 현대 중국의 흑역사로 불리는 대약진운동과 문화대혁명 때문이었다.

마오쩌둥은 1958년부터 농민들을 생산 조직화한 인민공사 설립과 대중적 경제부흥운동에 돌입했다. 의도는 좋았다. 대약진을 통해 같은 공산권 내 경쟁자인 소련은 물론 서구의 영국과 미국까지 따라잡겠다는 원대한 목표에서 출발했다.

하지만 농촌에서 농업 선진화와 철강 산업 같은 중공업 부흥을 동시에 이끌어 내겠다는 발상은 환상에 불과했다. 검증되지 않은 신농법이 무리하게 적용되면서 농토가 점점 황폐화됐다. 심지어 참새를 들쥐, 파리, 모기와 함께 농촌의 적으로 규정하고 박멸하라고 지시한 '제사해운동' 탓에 되레 해충이 들끓기도 했다. 당연히 흉작으로 이어졌다.

농가에 작은 용광로를 세우고 강철을 직접 생산하도록 한 '토법고로'는 강철을 생산해내기는커녕 기존에 가지고 있던 멀쩡한 철 제품까지 뜨거운 불 속으로 사라지게 했다. 당 중앙에서 지역별 할당량을 계속 하달하자 뭐라도 생산해내기 위해 냄비, 자전거는 물론 농기계까지 용광로에 던져 넣는 지경에 이르렀다. 그 결과 고철보다 못한 철이 넘쳐났고, 농업 생산량도 급격히 떨어졌다.

중국의 농업과 중공업은 대약진이 아니라 대후퇴를 했다. 엎친 데 덮친 격으로 1959년부터 3년 연속 자연재해가 발생했고, 수천만 명이 굶어 죽는 참사가 벌어졌다.

하지만 이게 끝이 아니었다. 대약진운동의 실패에 대한 책임을 지고 권력 핵심에서 잠시 물러났던 마오쩌둥은 1966년 문화대혁명을 주창했다. 표면적 목표는 전근대적 문화와 자본주의 타파, 사회주의 실천이었지만 대약진운동 실패 이후 급부상한 류사오치劉少奇와 덩샤오핑鄧小平 등 실용주의자들을 제거하겠다는 의도가 더 컸다.

전국 각지의 청소년으로 구성된 홍위병을 전면에 세운 문화대혁명은 점점 광기 어린 파괴운동으로 변질됐다. 전국의 주요 문화재와 예술품이 불태워졌고 대학이 문을 닫았다. 수많은 학자와 예술인, 고위 관리가 수모를 겪고 핍박을 받았다. 이 과정에서 어처구니없는 죽임을 당하거나 자괴감에 스스로 죽음을 택하는 사례가 속출했다. 대약진운동과 문화대혁명으로 중국의 사회, 문화와 경제는 거의 20년 퇴보했다.

덩샤오핑의 '일단 잘 살고 보자'

1976년 마오쩌둥의 사망과 함께 문화대혁명은 끝났지만 중국은 큰 후유증에 시달렸다. 굶주림은 물론이요, 문화대혁명 기간 내내 서로 불신하고 증오하고 때로 공격했던 데 따른 상처가 몹시 컸다.

중국을 다시 세우기 위해 권력을 잡은 덩샤오핑은 1978년 실용주의 개혁·개방 노선을 천명했다. 특히 1979년 미국을 직접 다녀온 덩샤오핑은 경제발전에 대한 의지를 더욱 강력하게 피력했다. '검은 고양이든 흰 고양이든 쥐만 잘 잡으면 된다'는 이른바 흑묘백묘론을 내세웠다. 이는 인민들의 삶을 개선할 수 있다면 자본주의 요소도 받아들일 수 있다는 뜻이었다.

일단 불이 붙자 중국의 개혁·개방 정책은 빠른 속도로 진행됐다. 1980년 가난한 어촌이었던 선전을 경제특구 1호로 지정한 것을 시작으로 산터우, 샤먼, 하이난 등에 줄줄이 경제특구를 설치했다. 1984년에는 상하이와 광저우 등 14개 연해 도시를 개방해 중국과 외부 세계를 잇는 관문으로 집중 성장시켰다.

이 과정에서 덩샤오핑은 '가능한 쪽의 부를 먼저 축적해 그 효과를 다른 곳으로 파급시킨다'는 '선부론'을 들고 나와 실용주의자의 면모를 보여줬다. 또 1989년 톈안먼 사태와 1991년 소련 및 동유럽 공산권 붕괴로 중국 공산당이 위기에 처했을 때는 88세의 노구를 이끌고 직접 남부 지방을 순회 방문하며 개혁·개방의 중요성을 다시 한 번 강조했다. 1992년 제2의 개혁·개방 노선 천명이었다.

중국의 개혁을 적극 지원한 미국

중국의 개혁·개방 정책이 순조롭게 진행된 데는 미국이 적극 지원한 덕도 상당히 컸다. 미국과 중국은 1978년 5월 정식 수교에 앞서 상호 연락사무소를 개설했다. 고위급 외교관을 사무소장으로 임명함으로써 사실상 대사관 지위를 부여했다.

그해 7월 지미 카터 미국 대통령은 미국 과학자 대표단을 중국에 파견했다. 이들은 미국 내 최고 인재들이었다. 마이클 필스버리Michael Pillsbury의《백년의 마라톤The Hundred-Year Marathon》에 따르면 미국 과학자 대표단의 단장인 프랭크 프레스의 만찬 연설이 〈인민일보〉에 그대로 보도될 정도로 중국은 미국의 선진 기술에 큰 관심을 보였다.

또 미국은 1979년 1월 중국 지도자 중 처음으로 덩샤오핑이 미국을 방문하자 열렬히 환영했다. 덩샤오핑은 13일 동안 미국에 머물면서 코카콜라 본사에서 디즈니랜드, 존슨우주센터까지 돌아봤다. 중국 학생들의 미국 유학길도 열렸다. 중국의 미래 인재들은 미국 대학에서 공부하며 물리학, 컴퓨터공학, 경제학, 보건학에 이르는 온갖 선진 학문을 흡수하기 시작했다.

나아가 레이건 정부 들어서는 중국에 대한 무기 시스템 판매가 확대됐다. 레이건 정부는 중국이 유전공학, 지능형 로봇, AI, 생명공학, 우주기술 등을 연구할 수 있도록 지원하기도 했다. 미국으로서는 소련 견제가 우선 목적이었으나 중국은 이러한 미국의 지원에 힘입어 경제성장의 발판을 탄탄하게 마련했다.

명실상부한 G2가 된 중국

덩샤오핑의 개혁·개방 정책은 중국 인민을 배고픔에서 구했을 뿐 아니라 중국 경제를 고도성장으로 이끌었다. 1997년 홍콩, 1999년 마카오를 각각 영국과 포르투갈로부터 반환받은 중국은 2001년 12월 세계무역기구의 143번째 회원국으로 가입하면서 국제무대에 완전히 복귀했다.

중국의 개발도상국 지위 부여 문제 등을 놓고 미국과 갈등을 겪기도 했지만 우여곡절 끝에 중국은 세계경제의 정식 일원이 됐다. 이를 계기로 중국 경제는 더 고속으로 성장했다. 중국의 경제성장률은 1980년대 연평균 9.8%, 1990년대 10.0%였다가 2000년대 들어 10.4%로 높아졌다. 2010년대 들어 7.6%로 낮아지기는 했지만, 같은 기간 세계경제 연평균 성장률이 3.6%였던 것과 비교하면 그래도 2배가 넘는 수치다.

이 같은 성장세에 힘입어 중국은 2007년 독일을 제치고 세계 3위의 경제 대국이 됐다. 이어 2010년에는 일본마저 제치고 미국에 이어 세계 2위 경제 대국으로 등극했다. 이 과정에서 중국의 1인당 국민총소득(GNI)은 1978년 2백 달러에서 개혁·개방 정책 시작 40년 만인 2018년 9천470달러까지 늘어났다.

단순히 숫자만 늘어난 게 아니었다. 인구 대국 중국이 값싼 노동력으로 세계의 공장 역할을 하고 있다고 세상이 착각하는 사이 중국은 과학 강국으로 급부상했다. 하나의 예로 과학의 꽃이라 할 수 있는 우주를 향해 중국은 거침없이 날아올랐다.

1981년 중국 최초의 다중위성 펑바오 1호를 쏘아 올렸고, 1984년 실험용 통신위성 발사에도 성공했다. 이어 1999년 첫 무인우주선 선저우 1호, 2003년 첫 유인우주선 선저우 5호, 2007년 달탐사위성 창어 1호를 모두 성공적으로 발사했다. 2013년에는 세계 세 번째로 달 탐사선 창어 3호를 달에 착륙시켰고, 2019년에는 인류 최초로 달 뒷면에 창어 4호를 성공적으로 착륙시키며 미국의 자존심을 제대로 건드렸다. 2020년 7월에는 하이난 원창우주발사장에서 첫 화성탐사선 톈원 1호까지 쏘아 올렸다.

실크로드의 영광을 꿈꾸는 중국

나는 2018년 여름 동아프리카의 관문이라 불리는 케냐의 수도 나이로비를 방문했다. 도시는 말 그대로 공사판이었다. 도심 곳곳에서 최신 공법으로 지은 새 건물들이 하늘을 향해 빠른 속도로 올라가고 있었다. 공사 현장의 소음이 도시의 아침을 깨웠고, 건축 자재를 잔뜩 실은 대형 트럭들이 한낮 교통체증을 유발했다.

젊은 대륙이라 불리는 아프리카의 잠재력과 역동성을 보여주는 현장인가 싶었다. 하지만 일자리를 찾지 못한 채 종일 도로변에 앉아 있는 사람들의 근심 어린 눈과 마주칠 때면 과연 이 도시가 정속으로 성장하고 있는 게 맞나 하는 의문이 들었다.

그런 혼란에서 빠져나올 수 있는 힌트는 숙소에서 만난 레바논 사업가가 던져줬다. 우연히 엘리베이터에 함께 탄 그는 내게 대뜸 어디서 왔는지 물었다. '한국'이라는 답을 듣고는 "차이나머니! 한국도 이곳에 돈을 많이 가져와야 한다"고 말했다. 그의 눈빛은 진지했다. 다시 한 번 그는 "나이로비에는 차이나머니가 많다. 무섭다"고 외쳤다.

중국의 무역길, 아프리카까지 뻗다

레바논 사업가의 말은 단순한 호들갑이 아니었다. 나이로비 도심 안팎을 다니다 보면 사회 시스템 전반에 깊숙이 파고든 중국의 영향력을 쉽게 확인할 수 있었다. 중국 부동산 업체의 고급 주거시설 분양 광고가 심심찮게 눈에 띄었고, 도심과 주변부를 잇는 도로포장 공사 현장에는 중국 건설업체가 시공사임을 알리는 붉은색 글씨가 큼지막하게 적혀 있었다.

고층 빌딩과 도로 외에도 중국의 영향력은 이미 크게 작용하고 있었다. 케냐의 항구도시 몸바사와 수도 나이로비를 잇는 총 483킬로미터의 철도 구간이 중국 자본, 기술, 장비로 완공됐다. 이는 케냐 독립 이후 최대 인프라 프로젝트였다.

케냐 외 다른 아프리카 국가들의 분위기도 비슷했다. 세네갈의 수도 다카르에 새로 건립된 극장, 박물관, 경기장과 주요 도로는 모두 중국 기업의 작품이었다. 에티오피아의 수도 아디스아바바와 아덴만의 요충지 지부티를 연결하는 철도 노선과 나이지리아의 수도 아부자와 카투나를 연결하는 철도 노선 역시 중국 업체가 건설했다. 심지어 중국은 아디스아바바에 아프리카연합 본부를 무상으로 지어 주기도 했다. 2013년 이후 아프리카에서 진행된 대형 건설·인프라 프로젝트 중 중국과 무관한 사례를 찾는 게 더 어려울 정도였다.

중국은 아프리카를 향해 '운명 공동체'라는 표현까지 써가며 오랫동안 구애 작전을 펼쳤다. 이유가 뭘까? 2013년으로 거슬러 올라가 보자. 그해 중국에는 새로운 최고 권력자가 등장했다. 시진핑習近平 중국 국가주석이다. 시진핑의 주석 등극은 오래전부터 예고된 일이었다. 하지만 공식 취임 이후 그의 행보는 예상보다 빠르고 폭이 넓었다. 2013년 9월 시진핑은 카자흐스탄을 방문해 그 자리에서 21세기 육상 실크로드 청사진을 처음 제시했다. 이어 10월 인도네시아에서는 해상 실크로드 계획을 밝혔다. 이는 곧 하나로 합쳐져 시진핑표 경제 외교 프로젝트 '일대일로一帶一路'로 불리게 되었다.

마치 실크로드를 처음 개척한 한나라(기원전 206~220년)처럼, 실크로드를 통해 걸어오는 세상의 모든 상인을 반갑게 맞이했던 당나라(618~907년)처럼, 정화의 함대가 인도양을 넘어 아프리카까지 다녀온 명나라(1368~1644년)처럼 '세상의 중심'이라는 국가명에 걸맞은 지위를 되찾겠다는 게 시진핑의 야심이었다.

일대일로를 조금 더 구체적으로 설명하면 육상으로는 중국 시안에서 시작해 중앙아시아를 거쳐 이란, 터키, 독일, 네덜란드까지 교역로를 잇고, 바다를 통해서는 베이징, 텐진, 상하이 등 중국 주요 도시와 말레이시아, 태국, 미얀마 등의 동남아시아, 인도, 파키스탄 등의 서

남아시아, 케냐, 탄자니아, 그리스, 이탈리아 등 아프리카와 유럽까지 교통·물류망을 탄탄하게 연결한다는 계획이다. 시진핑은 일대일로 프로젝트 투자금으로 1조 달러를 공언하기도 했다.

시진핑의 구상은 저개발 국가들에 매력적으로 다가갔다. 철도, 도로, 항만 등 막대한 자본이 소요되는 인프라 사업에 좀처럼 손댈 엄두를 내지 못하던 국가들은 경제개발 파트너가 되겠다며 중국이 내민 손을 덥석 잡았다.

일대일로 시행 초기 단계에서는 49개 나라가 참여했으나 2019년에는 126개 나라, 29개 국제기구가 사업에 발을 담갔다. 중국 〈인민일보〉에 따르면 일대일로 관련 중국의 외국인직접투자(FDI) 규모는 2019년 초 누적 9백억 달러를 넘어섰고, 2015~2018년 사이에 30만 개의 새 일자리를 만들어냈다. 중국 자본이 아시아를 거쳐 멀리 아프리카 대륙까지 빠른 속도로 침투한 것이다.

'군사 요충지 노린다' 의심하는 미국

세계 각국으로 향하는 '차이나머니'에 모두 호의적인 것은 아니다. 그 어떤 나라보다 미국이 중국의 행보에 강한 의심의 시선을 보냈다. 중국이 경제력을 내세워 국제사회에서 우군을 늘려 가는 모양새도 마음에 들지 않았지만, 그보다 미국은 중국의 진짜 목표가 경제협력 그 이상일 것이라며 중국의 움직임을 예의주시했다. 인류 역사상

경제력을 가졌다는 이유만으로 스스로 영광을 자처하는 나라는 없었다. 경제력과 함께 군사력까지 거머쥐고 나서야 영광을 자신했기 때문이다.

미국의 의심은 상당한 근거가 있기도 했다. 중국이 주목한 일대일로의 핵심 거점 도시들은 물류·교통 요충지인 동시에 군사 요충지였다. 동아프리카의 해안 나라 지부티가 대표적이다. 지부티는 국토 면적 2만 3천2백 제곱킬로미터, 인구 90만 명의 작은 나라다. 하지만 내륙 국가인 이웃국 에티오피아는 지부티 항구에 국가 전체 물동량의 90%를 의존하고 있다. 또 이집트와 수단, 에리트레아는 지부티 앞바다를 지나지 않고서는 아라비아해로 나갈 수 없다.

중국은 지부티에 철도와 상하수도관 등을 새로 깔아주는 대신 첫 해외 군사기지를 세우는 데 성공한다. 중국은 소말리아 해적 단속과 인민해방군의 UN 평화유지 활동 등을 지원하기 위한 병참 기지가 필요하다는 이유를 들어 2017년 지부티 해군 기지를 설립했다.

미국은 이에 예민하게 반응했다. 이미 지부티에 미군 아프리카 사령부를 두고 있었기 때문이다. 차로 15분 거리에 중국 군사기지를 두게 생겼으니 심사가 불편한 게 당연했다. 게다가 중국의 지부티 군사기지가 단순히 평화 수호 목적이 아니라는 정황이 속속 포착되면서 미국의 신경은 점점 날카로워지고 있다. 영국 〈더타임스〉는 2020년 5월 중국 지부티 해군기지의 위성사진을 공개하면서 항공모함 2척이 정박할 수 있는 규모라고 전했다. 2017년 기지가 처음 문을 열었을 때보다 부두 등의 기반 시설이 크게 확장됐다는 것이다.

지부티 외에 파키스탄 서부의 과다르항, 남태평양 섬나라 바누아투 등도 중국이 해외 군사기지를 두기 위해 투자 대상으로 삼았다는 관측이 끊임없이 나오고 있다.

빚잔치에 커지는 분노

중국의 일대일로 프로젝트가 빠르게 세계 곳곳을 파고들고 있지만 중국이 최종적으로 영광스러운 역사를 재현할 수 있을지는 장담하기 어렵다. 미국, 영국, 프랑스 등 서방 국가들이 중국의 일대일로를 불편하게 여기는 가운데 시간이 지날수록 중국 자본의 수혜를 입었던 나라들 사이에서 중국에 대한 불만이 커지고 있기 때문이다.

중국이 일대일로 참여국에 제공하는 자금은 공짜가 아니다. 중국은행이나 중국이 주도하는 국제 금융기관 등을 통해 실행된 대출이다. 또 사업의 대부분은 중국 기업이 맡게 되고, 이들 기업은 중국 제품과 인력을 공수해 현지에서 사업을 진행한다.

문제는 또 있다. 대출금의 상환은 완성된 인프라 가동을 통해 발생한 수익으로 처리하기로 계약하지만, 사전 타당성 검증 절차를 제대로 거치지 않은 사업이 수익을 내기는 몹시 어렵다. 저조한 실제 이용률 탓에 유지비용 부담까지 빚으로 떠안는 사례가 잇따르고 있다. 사업에 참여했던 중국 기업들이 이윤을 챙기고 떠난 후 해당 참여국은 점점 늘어나는 빚에 시달리고, 결국 항만이나 철도 등의 시설 운영권을 중국에 내주기도 했다. 이런 악순환 구조를 두고 로버트 카플란Robert Kaplan 유라시아그룹 수석고문은 "과거 영국이나 네덜란드의 동인도회사 시절을 보는 것 같다"고 비판하기도 했다.

2019년 말 세계를 강타한 코로나19도 중국의 일대일로 사업의 걸림돌이 되고 있다. 파키스탄, 키르기스스탄, 스리랑카와 몇몇 아프리카 국가들이 코로나19로 인한 경기침체를 견뎌내기 힘들다면서 중국에 대출 변제 기한 연기, 탕감 등 채무 재조정을 요구했다. 코로나19가 아니더라도 경제 구조가 취약한 참여국은 언제든 유사한 상황에 처할 수 있으며, 만약 문제가 순조롭게 해결되지 않을 경우 참여국들이 되레 반중反中으로 돌아설 수 있음을 보여준다.

열광하는 Z세대, 분노한 트럼프

"미국에서 사용을 막겠다. 나에게는 그런 권한이 있다. 비상경제권법이나 행정명령 집행도 동원할 수 있다."

도널드 트럼프 미국 대통령은 2020년 7월 31일 플로리다를 방문하고 돌아오는 전용기 에어포스원에서 미국에서 '무언가'를 퇴출하겠다고 언론에 공언했다. 그의 표정은 단호하면서도 단단히 화가 난 듯했다. 화가 난 건 트럼프 대통령만이 아니었다.

트럼프 대통령에 앞서 마이크 폼페이오 미국 국무부 장관은 같은 달 3일 폭스뉴스와의 인터뷰에서 "당신의 사생활 정보를 중국 공산당 손아귀에 넘겨주길 원한다면 계속 그것을 사용하라"고 경고했다.

켄 벅Ken Buck 공화당 하원의원은 "심각하게 국가 안보를 위협한다"고 성토했다. 도대체 무엇이 세계 최강 미국의 대통령과 워싱턴의 핵심 인사들을 분노하게 한 것일까?

전 세계 10~20대가 열광하는 애플리케이션 '틱톡Tiktok'이 이들의 증오 대상이었다. 틱톡은 2016년 9월 중국 스타트업 바이트댄스Byte Dance가 선보인 동영상 공유 애플리케이션이다. 15초 정도 되는 짧은 영상을 트렌디한 음악과 특수 효과로 개성 있게 꾸민 후 다른 이용자들과 공유하며 즐길 수 있는 애플리케이션이다.

10·20세대의 취향을 저격한 틱톡

틱톡 사용자가 세계적으로 10억 명을 넘어서는 데 걸린 시간은 불과 3년밖에 되지 않았다. 페이스북이나 왓츠앱WhatsApp이 세운 기록의 절반도 되지 않는다. 심지어 먼저 출발한 트위터나 스냅챗Snapchat은 2020년 8월 현재 사용자가 10억 명이 되지 않는다.

애플 앱스토어와 구글 플레이어를 통한 틱톡의 누적 다운로드 건수는 이미 20억 건을 돌파했다. 틱톡을 사용하는 국가는 150곳이 넘는다. 가장 많이 틱톡을 내려받은 국가는 인도로 5억 건이나 된다. 인도 다음은 중국으로 1억 8천만 건이고, 미국이 1억 3천만 건으로 3위다. 미국은 순위로 세 번째지만 활성 사용자는 가장 많다. 매월 8천만 건 정도가 미국에서 업로드되고 있는 것으로 추산된다.

틱톡의 성공 비결은 Z세대의 취향을 제대로 저격했기 때문이다. 언어의 장벽 없이 쉽고 빠르게 이용할 수 있어 10~20대가 열광했다. 스마트폰을 군이 가로로 돌리지 않고 세로로 촬영한 영상을 그대로 사용할 수 있고, 밈Meme 문화와 연계되는 참여형 챌린지가 끊임없이 진행되는 점도 인기 요인으로 작용했다. 밈은 인터넷상에서 특정한 말이나 사진, 영상 등이 패러디되거나 변형되는 식으로 반복적으로 소비되는 현상을 말한다.

이에 더해 AI 기반의 맞춤 콘텐츠 노출 기능은 이들이 점점 틱톡에 집중하고 중독되게 만들었다. 틱톡을 만든 바이트댄스는 2020년 5월 기업가치 1천억 달러를 기록하면서 미국의 쟁쟁한 스타트업을 따돌리고 세계 최대 유니콘 지위를 차지했다.

하지만 대중 선호도가 높아질수록 미국 정부와 의회의 심기는 불편해졌다. 중국 베이징에 본사를 둔 바이트댄스가 운영하는 틱톡을 통해 미국인의 정보가 중국 공산당에게 넘어갈 수 있다는 우려가 높았다. 사용자가 동의한다면 틱톡은 사용자로부터 다양한 정보를 얻을 수 있기 때문이다. 전화번호는 물론 GPS 위치, 결제정보까지 수집할 수 있다.

틱톡은 중국 정부와의 관계를 강력하게 부인했지만, 중국 개인정보 보호법에 대한 미국 정부와 의회의 신뢰는 제로에 가깝다. 이에 미국 정부는 틱톡 사용금지령을 미군에 가장 먼저 내렸다. 안보를 위협한다는 이유였다.

원조 미운털 '화웨이'

틱톡보다 먼저 미국 정부에 찍힌 중국 기업은 화웨이華爲다. 미국 연방통신위원회(FCC)는 2020년 6월 화웨이를 미국 국가안보위협기업으로 공식화했다. 2019년 5월 이미 제재 대상이 됐지만 한 번 더 법으로 못을 박은 것이다. 아짓 파이Ajit Pai 연방통신위원회 위원장은 이 같은 결정을 내리면서 "중국 공산당이 미국 핵심 통신망의 허점을 파고드는 것을 허용하지 않겠다"고 강조했다.

화웨이는 중국이 낳은 세계 최대 통신장비 업체다. 후발 주자로 시장에 뛰어든 모방 기업인 줄 알았지만 30여 년 만에 무섭게 성장해 세계 66개 나라에 진출했다. 무엇보다 5G 기술을 선도하는 기업으로 평가받는다. 시장조사기관 IHS마켓에 따르면 화웨이의 2019년 5G 통신 장비 시장 점유율은 26%에 달했다. 세계 1위였다. 5G 관련 표준기술특허도 가장 많이 보유하고 있다. 5건 중 1건을 화웨이가 갖고 있을 정도다.

하지만 미국 정부는 여러 조사를 통해 화웨이가 중국 공산당과 깊은 관계를 맺고 있으며, 자신들의 장비나 기술을 통해 미국인을 사찰하거나 정보를 수집해 빼돌렸다고 결론 내렸다. 미국 내 일각에서는 화웨이라는 이름 자체부터 꺼림칙하다는 반응을 보이기도 했다. 화웨이는 '중국을 위해 분투한다'는 뜻을 가진 '중화유위中華有爲'의 줄임말이다.

화웨이의 회장인 런정페이가 인민해방군 장교 출신이라는 점도 미국의 의심을 샀다. 런정페이 회장이 직접 나서 "화웨이는 물론 내 개인적으로도 중국 정부로부터 부적절한 정보 제공 요구를 받은 적이 없다"고 밝혔지만, 미국은 화웨이의 실질적 주인이 중국 정부일 가능성을 여전히 거두지 않고 있다.

이면에는 미중 첨단기술 전쟁

틱톡은 단순히 10대가 열광하는 동영상 공유 앱이 아니다. '플랫폼 굴기'에 나선 중국 디지털 산업의 아이콘이다. 전문가들은 바이트댄스가 독자적인 비즈니스 모델을 구축한 2세대 중국 플랫폼 기업이라고 평가한다. 심지어 〈뉴욕타임스〉는 2019년 11월 5일자 신문에서 미국 10대들이 틱톡에 열광하는 현상을 두고 "미국인이 난생 처음 중국 SNS 플랫폼의 영향을 받는 세상에 살고 있다"고 보도하기도 했다.

텐센트, 바이두, 알리바바 등 중국 1세대 IT기업들은 실리콘밸리의 기술을 모방하며 성장했다. 게다가 이들은 중국 내수 시장에 대한 의존도가 80~90%에 달한다. 하지만 바이트댄스는 다르다. 바이트댄스는 글로벌 시장을 주도하고 있다. 역으로 미국 IT기업의 간판격인 페이스북, 위챗 등의 벤치마킹 대상이 되기도 했다. 페이스북이 내놓은 라쏘Lasso 앱이 대표적이다. 하지만 페이스북의 시도는 실패로 끝났다. 미국 IT산업의 자존심이 제대로 구겨진 것이다.

화웨이 역시 중국 내수용이 아니라 세계 시장을 주도하는 기업이다. 현대 중국 역사상 처음으로 최첨단 분야 세계 시장에서 최정상을 차지한 기업이라고 해도 과언이 아니다. 미국과 맞먹는 G2가 된 중국 경제의 자존심이자 상징과도 같은 기업인 셈이다. 중국 공산당의 입 역할을 해온 후시진胡錫進 〈환구시보〉 총편집인은 "화웨이와 틱톡이 보여준 미국 하이테크산업 패권에 대한 도전 능력이야말로 워싱턴이 불안해하는 진정한 이유"라고 말하기도 했다.

화웨이와 틱톡 외에도 안보 위협을 이유로 미국 시장에서 큰 어려움을 겪고 중국이 반발하는 기업 사례는 앞으로도 계속 등장할 것으로 보인다. 농축산물이나 철강, 의류, 가전제품 등을 거래하는 것과 첨단기술이 국경을 넘나드는 건 완전히 다른 문제이기 때문이다. 첨단기술은 경제성장의 원동력인 동시에 군사력 증대에 있어서도 핵심 요소이기 때문이다.

예정된 전쟁

2020년 7월 개봉한 양우석 감독의 영화 〈강철비 2: 정상회담〉은 한반도를 둘러싼 남북한, 미국, 중국, 일본의 서로 다른 이해관계를 묵직하게 다룬다. 그러다 보니 북한 비핵화와 한반도 평화협정은 물론 독도를 영토 분쟁화하려는 일본의 야욕, 센카쿠열도(중국명 댜오위다오)를 둘러싼 일본과 중국의 갈등, 아시아·태평양 지역에서 미국과 중국의 힘겨루기 문제까지 여러 굵직한 외교 안보 이슈가 주요 사건으로 등장한다.

또 영화에서는 이런 일련의 사건들이 벌어지는 와중에 대한민국 대통령이 북미 정상에게 동아시아 지역의 외교적 역학 관계를 열심히 설명하는 장면이 나오는데, 그때 대통령이 책을 한 권 언급한다.

그레이엄 앨리슨Graham Allison 하버드대학교 교수가 쓴《예정된 전쟁 Destined for war》이다. 미국과 중국이 강 대 강으로 맞서게 된 이유를 짧게나마 설명하기 위해 이 책을 언급한 것이다.

투키디데스의 함정

《예정된 전쟁》은 2017년 미국에서 출간되고, 이듬해 1월 한국에도 번역 출간됐다. 그리고 얼마 지나지 않아 2018년 하반기부터 미국과 중국의 무역 갈등이 전쟁 수준으로 격화하자 국제 관계 전문가들 사이에서 일종의 예언서처럼 다시 주목받았다.

앨리슨 교수는 책에서 미국과 중국의 갈등 상황을 설명하기 위해 '투키디데스의 함정Thucydides's Trap'이란 용어를 만들어 사용했다. 이 용어는 현재 미국과 중국 두 나라가 맞붙는 사건이 터질 때마다 약방의 감초처럼 언론에 등장하고 있다. 그보다 더 적절한 표현이 없기 때문이다.

투키디데스는 널리 알려진 대로 고대 그리스의 역사학자다. 후세를 위해 아테네와 스파르타의 오랜 다툼을 다룬《펠로폰네소스 전쟁사》를 남겼다.《펠로폰네소스 전쟁사》에 따르면 전쟁 직전 스파르타는 지중해 지역의 맹주였다. 하지만 언제부턴가 지역 동맹 관계 등에서 아테네의 역할이 점점 돋보이기 시작했다. 아테네는 새로운 강자로 떠올랐다. 스파르타의 힘이 여전히 강했지만, 아테네의 활기찬 움직임이 스파르타의 신경을 긁었다. 예민함은 불안감으로, 불안감은 긴장감으로 바뀌었다. 긴장감 속에는 두려움도 섞여 있었다. 극도로 팽배해진 긴장감은 결국 양자 간의 전쟁을 촉발했다.

투키디데스는 전쟁사를 기록하면서 단순히 전쟁의 흐름, 영웅, 승패 등만을 나열한 게 아니라 양자 간의 역학 관계에 주목했다. 오늘날 정치학, 국제관계학에서는 이 같은 접근이 흔하지만 기원전 400년대의 역사학자가 이런 프레임으로 국가 관계를 바라봤다는 건 실로 놀라운 일이었다. 앨리슨 교수는 국제사회에서 기존 강자와 신흥 강자 간의 긴장감이 고조되고, 이로 인해 전쟁 가능성이 커지는 현상을 두고 '투키디데스의 함정'이라고 명명했다.

영원한 권력은 없다

펠로폰네소스 전쟁(기원전 431~404년) 이후 신흥 세력과 기존 강자 간의 다툼은 21세기 들어 벌어진 미국과 중국의 대결이 첫 사례일까? 그렇지 않다. 앨리슨 교수는 비교적 가까운 시기라고 할 수 있는 최근 5백 년 동안만 해도 유사한 다툼 사례를 어렵지 않게 찾을 수 있다고 말한다.

먼저 15세기 말 유럽의 이베리아반도에 위치한 두 나라, 포르투갈과 에스파냐를 보자. 포르투갈은 15세기 내내 탐험가들을 전폭적으로 지원하며 국제 무역을 주도했다. 포르투갈의 왕 엔히크 디 아비스

Henrique de Avis(1394~1460년)는 대항해시대를 열었다. 새로운 항해술에 적극적으로 투자하면서 탐험가들을 독려했다. 엔히크 사후 포르투갈의 바다 개척이 주춤해지기도 했지만, 주앙 2세João II(1481~1495년) 때 다시 포르투갈은 바다로 나갔다. 그 과정에서 바르톨로메우 디아스 Bartolomeu Dias는 아프리카 희망봉을 돌고 오는 등 동인도항로를 개척했다. 하지만 1490년 통일을 이뤄낸 에스파냐가 급격히 득세하고 포르투갈과 같은 방향을 바라보기 시작하자 두 나라의 갈등은 점점 커졌다.

17세기 중반 네덜란드와 영국의 관계 역시 유사하다. 16~17세기 청어잡이와 청어 가공 수출로 막대한 부를 창출한 네덜란드는 선진 기술이 장착된 배를 만들어 빠르게 해상 장악력을 확장했다. 국영기업인 동인도회사를 앞세워 새로운 바닷길을 개척하고 향신료 무역에서 독보적인 입지를 확보했다. 네덜란드는 남미, 서아프리카, 일본까지 진출했다. 하지만 과거 청어전쟁에서 네덜란드에 참패하고 네덜란드에 의해 바다 진출이 막혀 있었던 영국은 절치부심으로 군사력을 키우고 내부적으로 항해와 무역 관련법 등을 정비하면서 네덜란드에 일격을 가하기 위한 날을 꿈꾸었다.

20세기 초 영국과 미국 사이의 긴장감도 이에 해당한다. 미국은 영국이 개척한 식민지였지만 19세기 중반을 넘어서면서 경제적으로 영국을 넘어 세계에서 가장 앞서가기 시작했다. 남북전쟁(1861~1864년)이라는 치명적인 내부 갈등이 마무리되면서 미국 경제는 고속 성장 가도를 달리고, 1870년대 초에는 영국 본섬을, 1916년에는 대영제국

전체를 넘어서는 경제 대국으로 성장했다. 경제적 자신감을 갖게 된 미국은 점점 지역 내에서 목소리를 높이고, 특히 유럽과 라틴아메리카 분쟁의 조정자 역할을 자처하기 시작했다. 베네수엘라와 영국 간에 벌어진 영토 분쟁 역시 미국의 관심 대상이 됐다.

아시아에서도 유사 사례를 찾을 수 있다. 일본은 1853년 미국 페리 제독에게 강제로 개항을 당하긴 했지만 이를 계기로 바깥세상에 눈을 떴다. 미국에 당했던 방식으로 조선을 강제 개항하고, 청나라·러시아와도 영토권과 제해권을 놓고 갈등했다.

피하거나 이기거나 지거나

기존 강자와 신흥 세력 간의 긴장감이 세계사를 흔들 정도로 커졌던 사례는 대략 16건 정도 된다. 이 중 전쟁으로 이어지지 않은 사례는 불과 4건 밖에 없다.

15세기 말 이베리아반도의 두 나라, 포르투갈과 에스파냐는 식민지 개척 과정에서 일촉즉발의 상황까지 갔지만 전쟁 대신 평화를 택했다. 싸우기 전에 냉정하게 주변을 먼저 둘러봤기 때문이다. 둘이 싸워봤자 남 좋은 일만 시킬 게 뻔했다. 영국, 프랑스, 네덜란드가 둘 사이의 전쟁을 원하고 있었다. 포르투갈과 에스파냐는 교황에게 중재를 청했고, 조약을 통해 식민지 영토 소유권을 조정했다.

20세기 초 '기존 강자' 영국과 '신흥 세력' 미국도 전쟁을 피한 사례다. 대영제국의 영화는 두 차례 세계대전을 거치면서 급격히 약해진 반면, 미국은 유럽의 연합국을 지원하며 존재감을 키웠다. 영국은 한때 식민지였던 미국이 이미 자신들을 앞질렀고, 격차가 빠른 속도로 벌어지고 있어서 현실적으로 따라잡을 수 없음을 냉정하게 받아들였다. 이로 인해 영국은 '지는 해'가 됐고, 미국은 명실공히 신흥 패권국이 됐다. 한때 소련과 양극체제를 형성하기도 했지만 소련이 붕괴하면서 미국은 유일 패권국의 지위를 얻었다.

반면 17세기 중반 기존 강자 네덜란드에 대한 영국의 도전은 전쟁으로 이어졌다. 네덜란드는 영국이 전쟁을 선언하자 당시 유럽 최강의 해군력을 제대로 보여줬다. 꿈틀거리는 영국을 눌러 제해권과 무역 독점권을 지켜냈다.

일본의 급성장도 전쟁을 촉발했다. 일본은 청일전쟁(1894~1895년)을 일으켜 조선은 물론 청나라에 충격을 안겨주었다. 이어 러일전쟁(1904~1905년)에서도 승리해 만주에서 러시아를 몰아냈다. 이는 신흥 세력이 기존 세력에게 도전해 힘의 우위를 확보한 사례다.

21세기 첫 신흥 세력 vs 기존 강자의 싸움

미국과 중국의 관계는 21세기 들어 처음 벌어진 신흥 세력과 기존 강자 간의 대결이다. 20세기 세력 대결이었던 미소 냉전이 1989년 베를린장벽 붕괴와 함께 전쟁 회피, 즉 미국의 패권 독점으로 끝났다.

이후 30년은 세계 유일 강대국 미국의 시간이었지만, 중국의 부상으로 다시 두 세력 간 대결 양상이 펼쳐지고 있는 것이다. 양국의 지향점도 한곳에서 부딪힌다. 중국은 '위대한 중화민족의 부흥'을, 미국은 '다시 미국을 위대하게'를 내세운다. '위대함'이라는 정점을 서로 차지하겠다는 형국이다.

이러한 대립의 결말을 예측하기는 어렵다. 하지만 역사적 사례를 보면 양자 대립의 결과는 가까스로 물리적 충돌을 피해 패권을 이양하거나 갈 데까지 가보자는 심정으로 한쪽의 패배가 자명해질 때까지 승부를 내는 수밖에 없는 듯하다.

물론 네덜란드가 영국의 부상을 억누르고, 일본이 청나라와 러시아를 이기기 위해 사용했던 전쟁이라는 수단을 오늘날 사용하기란 쉽지 않다. 경제, 금융, 국제관계 등이 서로 그리고 다른 나라들과 함께 거미줄처럼 얽혀 있어 상대를 향해 휘두른 칼에 내가 상처를 입는 일이 얼마든지 벌어질 수 있기 때문이다.

미국과 중국은 물론 주변 국가들까지 포함해 모두가 함께 망하는 길을 피하는 법이 무엇인지, 우리는 이미 알고 있다. 의식 있는 지도자의 등장이다. 이러한 지도자를 지지하는 세계 시민이 힘을 키울 때 우리는 예정된 전쟁을 막을 수 있다.

PART 4

한국경제가
바뀐다

길을 잃은 한국경제

식어가는 성장 엔진
: 잠재성장률, 인구 쇼크

'끓는 물 속 개구리'라는 말이 있다. 찬물이 담긴 비커에 개구리를 넣고 서서히 가열하면 물의 온도 변화에 둔감한 탓에 탈출하지 않고 버티다 결국 비커 속에서 죽는 현상을 이르는 말이다. 19세기 어느 과학자의 실험이 잘못 전해진 것으로, 결국 오류라는 사실이 밝혀졌지만 여전히 자주 언급되는 이야기다. 그만큼 메시지가 강렬하기 때문이다.

끓는 물 속 개구리는 변화와 혁신의 반면교사다. 글로벌 컨설팅회사인 맥킨지는 2013년 〈한국 스타일을 넘어: 새로운 성장공식 만들기〉라는 보고서에서 한국경제를 "서서히 뜨거워지는 물 속의 개구리"로 묘사했다. 이후 이 표현은 저출산 고령화, 생산성 하락 등 한국경제의 고질적인 문제를 지적할 때 많이 사용됐다. 당시 맥킨지는 "신성장동력을 찾지 못하면 (한국경제는) 추락하고 말 것"이라는 경고를 내놓았다. 아직 유효한 경고다.

잠재성장률 하락과 저성장의 함정

국가의 기초체력을 보여주는 대표적인 경제지표는 '잠재성장률'이다. 잠재성장률은 물가 불안 없이(경기를 과열시키지 않고) 모든 생산자원을 동원해 달성할 수 있는 최대 성장률을 말한다. 주로 생산가능인구, 설비투자와 건설투자를 통한 자본 축적, 사회제도의 효율성 등에 의해 결정된다. 한마디로 그 나라 경제의 실력이다.

그런데 우려스럽게도 한국의 잠재성장률은 뚝뚝 떨어지고 있다. OECD는 한국의 잠재성장률을 2020년 2.5%로 전망했다. 이전 해에 나온 예측보다 0.2%포인트 낮아진 것으로 하락속도가 OECD 회원국 중 몇 나라를 제외하고 가장 빠르다.

한국의 잠재성장률은 외환위기 직전인 1997년 7.1%에 달했다. 그러나 1998년 외환위기를 겪으며 5.6%로 하락했다. 두 번째 충격은 글로벌 금융위기 때 왔다. 2009년 3.8%로 하락해 3%대에 진입한 이후 지속적인 하락세를 보이고 있다. 2018년에는 2.9%를 기록하며 2%대까지 추락했다.

더 큰 문제는 잠재성장률의 하락 속도다. 3%대에서 2%대로 떨어지는 데 9년(2009~2018)이 걸렸는데, 특단의 조치가 이뤄지지 않으면 2%대에서 1%대까지 떨어지는 데 걸리는 시간은 이보다 짧을 거란 게 일반적인 분석이다.

한국개발연구원 등 경제 연구기관은 잠재성장률의 하락 이유로 생산가능인구(15~64세) 감소와 이에 따른 노동생산성 증가세 둔화를 꼽는다. 앞으로도 추가적인 잠재성장률 하락이 불가피한 상황인데, 2% 내외의 낮은 성장률을 일시적인 침체가 아니라 저성장의 함정에 빠졌다는 신호로 보고 있다.

잠재성장률이 하락하면서 경제 활력이 떨어진 대표적인 사례로 일본을 꼽을 수 있다. 일본의 잠재성장률은 1990년대 초만 해도 3%대였다. 하지만 부동산 버블이 터지며 1993년 2.5%, 1994년 2.0%까지 추락했다. 2002년에는 잠재성장률이 0%대에 진입하며 성장하지 않는 나라의 대명사가 됐다.

인구오너스 시대의 본격화

모든 문제의 근원인 인구를 짚고 넘어가자. 한국은 저출산, 고령화 심화로 인한 인구절벽을 눈앞에 두고 있다. 통계청이 2019년 3월 발표한 〈장래인구 특별추계(2017~2067년)〉를 보면 가히 인구쇼크라고 할 만하다. 통계청은 보통 5년마다 장래인구 추계를 발표하는데 이례적으로 초저출산 상황을 반영해 2016년에 이어 3년 만에 발표했다.

〈장래인구 특별추계〉에 따르면 한국의 생산가능인구는 2017년 3천 757만 명에서 2030년 3천 395만 명으로 감소한다. 오는 2067년에는 2017년의 절반 수준(47.5%)인 1천784만 명까지 떨어질 것으로 전망됐다.

특히 베이비붐 세대(1955~1963년생)가 고령 인구로 진입하는 2020년대에는 생산가능인구가 연평균 33만 명, 2030년대는 연평균 52만 명 감소할 것으로 전망됐다. 2020년대부터 인구절벽이 본격적으로 진행된다는 진단이다. 인구절벽의 본격화는 성장엔진에 이상이 생겼다는 의미다. 인구절벽 가속화는 고용과 생산, 소비, 투자 등 경제 전반에 악영향을 미쳐 경제의 발목을 잡을 수 있다.

여기서 주목할 점은 이번 추계가 지난 2016년보다 더 나빠졌다는 점이다. 당시에는 2065년 생산가능인구가 2천62만 명(47.9%)을 기록할 것으로 예상됐지만, 이번 특별추계에서는 1천850만 3천 명(45.9%)으로 예상됐다.

생산가능인구가 더 빨리 줄어든다는 의미는 65세 이상 고령인구 증가세가 그만큼 빨라진다는 뜻이다. 생산가능인구 비중이 하락하며 경제성장이 지체되는 '인구오너스demographic onus'* 현상이 더 빨라졌다는 얘기가 된다. 취업자가 고령화되면 생산력도 하락할 수밖에 없

---

* 전체 인구 중에서 생산가능인구의 비중이 하락해 경제성장이 지체되는 현상. 생산가능인구는 만 15세에서 64세까지의 경제활동을 할 수 있는 계층으로, 한 나라의 경제를 이끄는 중추 역할을 한다. 생산가능인구의 감소는 고령인구의 증가를 의미한다. 즉, 노동인구 감소와 노년층 부양 부담이 늘어나 경기가 침체되고 경제성장세는 둔화된다.

다. 제조업체를 중심으로 해외 이전을 선택하는 산업공동화 현상이 가속화해 경제 활력을 떨어뜨리는 요인으로 작용할 수도 있다.

생산가능인구의 감소는 당연히 소비에도 '먹구름'이다. 생산력이 떨어지고 총 부양비가 올라가면 가처분소득이 하락해 소비 활력은 떨어진다. 소비력이 떨어지면 기업 입장에서는 투자할 요인이 줄어든다. 인구절벽이 고용과 생산은 물론 소비와 투자 등 경제 전반에 부정적인 영향을 미칠 것이라는 우려가 크다. 인구 문제를 해결하지 못하는 한 한국경제는 구조적인 저성장에서 벗어날 수 없다.

한편에서는 반론도 나온다. 급격한 인구감소와 노령화가 쓰나미처럼 기존 사회구조를 근본적으로 붕괴시킬 가능성이 크지만, 반드시 비관적인 것만은 아니라는 주장이다. 실버산업과 같이 기존 산업을 대체할 시장이 나타고, 4차 산업혁명으로 단순노동 시간이 줄고 창의적 활동에 매진할 여유가 늘어나리라는 낙관적 전망도 있다. 어떻게 대응하느냐에 따라 인구감소는 재앙이 아니라 기회가 될 수도 있다는 얘기다. 여기서 한 가지 분명한 것은 기존의 관점에서 탈피해 새로운 시각으로 인구감소에 대응해 나가야 한다는 점이다.

잠재성장률 하락 해법은 없나

잠재성장률 하락은 인구 문제를 포함해 경제 전반의 구조적인 요인이다. 따라서 단기 대책으로는 대응이 어렵다. 구조적인 문제가 해결되지 않으면 시간이 많아도 해결할 수 없다. 단순히 경기순환에 따른 하락이 아니라 구조적 문제이기 때문이다. 이를 해결하려면 잠재성장률을 결정하는 노동과 자본 투입, 기술혁신 등을 통해 생산성을 끌어올려야 한다.

노동력 투입을 높이려면 인적자본의 고도화, 여성 및 고령자의 경제활동 참여 확대, 적극적인 이민자 유입 정책 등이 필요하다. 자본축적을 제고하려면 투자환경을 개선하고 외국자본의 투자 유치 노력 등이 필요하다. 지속적인 기술혁신 및 생산성 향상 등을 위해서는 R&D 투자 효율성 제고 및 처우 개선이 필요하다. 신성장 산업의 등장을 촉진하기 위해서는 규제개혁의 지속적인 추진과 함께 기업들이 새로운 도전과 혁신에 나설 수 있도록 분위기를 조성해주는 작업이 필요하다.

그러나 이는 결코 쉬운 일이 아니다. 잠재성장률을 결정하는 노동의 투입은 1인당 근로시간이 감소한 영향으로 줄고 있다. 불확실성이 커지면서 기업은 투자를 줄이고 있다. 혁신이 이뤄지지 않고 있어 생산기술 수준도 상대적으로 후퇴했다. 정부가 주 52시간제 시행으로 근로시간을 단축하고 최저임금을 인상했지만 생산성은 늘지 않고 있다. 잠재성장률을 결정하는 모든 요소가 줄고 있다는 것은 한국경제의 미래에 좋지 않은 신호다.

전문가들은 구조개혁만 잘해도 잠재성장률이 하락을 멈추고 상승세로 반전할 것으로 본다. 한국개발연구원은 구조개혁이 이뤄지면 앞으로 10년 동안 잠재성장률이 1.25%포인트 오를 것으로 전망했다.

역대 정부에서 구조개혁의 기회는 여러 차례 찾아왔다. 그러나 정치 리더십 실종과 이해관계자들의 강력한 반발 속에 경제 체질을 근본적으로 개선할 수 있는 개혁은 사실상 멈췄다. 노동, 금융, 공공, 재정 등 4대 부분이 대표적인 구조개혁의 대상이다. 구조개혁이 이뤄지지 않을 경우 일본처럼 잃어버린 20년을 겪을 수도 있다. 경고를 흘려들어서는 안 된다.

저성장보다 무서운 저물가

2019년 8월, 소비자물가가 전년 대비 -0.04% 하락했다. 경기 부진 속에 저물가 상태가 지속되면서 사상 처음으로 소비자물가가 마이너스를 기록한 것이다. 관련 통계가 집계된 1965년 이후 54년 만에 처음 있는 일이었다.

정부와 한국은행은 저유가, 농산물 공급 증가 등에 따른 일시적인 현상이라며 그 의미를 애써 축소했다. 하지만 전문가들과 시장에서는 일본식 장기 불황, 즉 디플레이션에 진입하는 경고음이라는 해석을 잇달아 내놓았다. 이른바 'D의 공포'* 다.

---

* '디플레이션deflation에 대한 공포'를 의미한다. 물가하락이 지속되어 경기가 침체되는 상황을 설명하는 용어로, 기업의 생산투자를 감소시켜 실업률이 높아지고, 결국 경기가 둔화해 경제 전체가 침체된다.

D의 공포가 설득력을 얻는 것은 소비자물가가 마이너스를 기록하기 전에 오랫동안 0%대 물가상승률을 기록해왔기 때문이다. 이는 저물가가 일시적인 상황이 아니라 추세적이라는 사실을 보여준다. 단순히 물가가 하락했다는 사실보다 저물가 상태가 지속되면서 경제성장 자체가 둔화되는 구조적인 요인이 더 중요해졌다는 얘기다.

저물가의 깊은 늪

2019년 한국의 경제성장률은 2%를 기록했다. 당초 2% 성장도 어려울 것으로 내다봤지만 정부가 재정 지출을 대폭 늘리면서 2%에 겨우 턱걸이했다. 진짜 한국경제의 실력이 아니라는 얘기다. 재정의 힘으로 2%대 성장률을 기록한 만큼 언제든지 더 밑으로 추락할 수도 있다는 위기감이 팽배했다.

전문가들은 한국경제가 아직 디플레이션 상태는 아니지만 예의 주시하면서 대응책을 고심해야 한다고 조언한다. 디플레이션이 시작되면 기준금리 조정이나 양적완화 등 통상적인 정책 대응이 효과를 거두기 어렵다. 디플레이션은 인플레이션보다 더욱 경계해야 하는 대상이다.

물가가 하락하면 소비자들은 물건을 싸게 구입할 수 있어 좋다고 생각할 수 있다. 그러나 물가는 너무 급하게 오르거나 떨어지기보다 안정되는 게 바람직하다. 보통 물가상승률이 2% 정도면 적정한 경제

성장을 위한 안정적 상태로 본다.

물가가 지속적으로 하락하거나 급락할 때는 경제에 경고음이 크게 울린다. 물가가 지속적으로 하락하면서 0%대, 심지어 하락해 마이너스를 기록할 경우 기업 수익은 악화되고 투자나 고용도 영향을 받을 수밖에 없다. 수익이 나빠진 기업들은 투자나 일자리를 먼저 줄이려고 할 것이다. 이는 다시 가계소득 감소로 이어져 소비가 위축되고 경기가 불황에 빠지는 악순환을 초래한다. 경기침체 속에 물가하락이 장기화하는 것이다.

물론 경제가 좋을 때 물가하락은 반가운 신호다. 기술혁신이나 생산성 향상의 결과라면 경제성장에 보탬이 되고 소비자들에게도 이득이다. 하지만 지금처럼 경기가 둔화되고 있는데 저물가 상태가 가속화하면 도움이 되지 않는다.

흔히 저물가 상태는 저성장보다 무섭다고 얘기한다. 경제에 독이라는 얘기다. 디플레이션은 소리 없이 찾아와 경제를 좀먹기 때문에 '침묵의 살인자'라고 불린다. 오죽하면 IMF 총재가 "디플레이션은 단호하게 맞서 싸워야 할 괴물"이라고 했겠는가.

디플레이션에는 약도 없다

장기적인 디플레이션에는 대응할 정책 수단을 마련하기가 쉽지 않다. 기준금리 인하 같은 전통적인 통화정책으로는 경기부양 효과가 없다는 사실이 이미 증명됐다. 기준금리를 인하해 시중에 돈을 풀어도 소비와 투자가 늘지 않는 유동성 함정에 빠져 있다.

물가가 지속적으로 하락하면 추가 하락에 대한 예상과 기대감으로 소비와 투자를 미루게 된다. 가계 소비, 기업 투자 모두 부진한 현상이 나타나는 이유다. 디플레이션의 경우 물가하락이라는 단순한 현상이 아니다. 디플레이션 기대심리가 사회 전반에 퍼지면 사람들이 소비를 극단적으로 줄이거나 늦추게 된다. 그러면 현재의 소비가 위축되면서 성장도 둔화된다. 일본 경제가 잃어버린 30년을 겪은 가장 큰 이유다.

한번 위축된 수요는 웬만해서는 되돌리기 어렵다. 자칫하면 수요 자체가 사라지는 수요절벽이 나타날 수 있다. 수요절벽은 보통 문제가 아니다. 코로나19 사태로 인한 수요 급감이 저물가로 이어지고, 기업의 매출 감소가 일자리 축소로 확산되며, 경제 전체가 저성장의 수렁에 빠지는 구조적인 현상으로 고착화할 것이라는 우려도 나온다.

반면 우리 경제가 아직 디플레이션에 들어섰다고 보기에는 성급하다는 반론도 만만치 않다. 지금처럼 0%대 저물가를 보이는 이유를 정부의 복지정책 확대에 따른 결과로 보는 시각이다. 무상급식 확대에 따른 급식비 하락, 건강보험 적용 항목 범위가 넓어지면서 병원비 지출이 감소하는 등 복지 확대로 인한 물가하락은 일시적이라는 분석이다. 이 같은 일시적 요인을 제거할 경우 현재 물가상승률은 1%가 넘는다.

하지만 이런 주장에도 불구하고 우리 경제가 구조적인 저성장 기조로 접어들었고 물가하락이 어느 정도 영향을 미치고 있다는 사실을 부인하는 전문가는 없다. 지금의 저물가 상태가 수요부진에 의한 것이라는 점에서 장기간 계속될 수 있기 때문이다.

유가가 지속적으로 하락세를 보이는 것도 수요부진에 따른 영향이 크다는 분석이다. 경제가 성장할 때 저유가는 경제에 도움이 되는 측면도 있지만 비정상적으로 낮은 유가는 역으로 오일쇼크를 초래해 경기침체를 부추기고 디플레이션을 촉발할 수 있다.

디플레이션 우려에서 벗어나려면

디플레이션의 위험성은 해외 사례를 보면 잘 드러난다. 일본과 대만 등 우리보다 디플레이션을 한발 앞서 경험한 나라들은 아직도 경기 활력을 되찾지 못하고 있다. 만성적인 저성장 상태다. 일본은 1990년대 초반 부동산 등의 자산시장 거품이 꺼진 후 극심한 내수 부진이 물가를 끌어내렸다.

일본은 장기 불황에 저물가 상태가 이어지자 뒤늦게 기준금리를 제로 수준으로 내리고 재정을 쏟아붓는 등 전방위로 노력했지만 아무 소용이 없었다. 정책으로 방어할 적절한 타이밍을 놓쳤다는 평가가 나온다. 일본은 디플레이션에 빠진 이후 20년 동안 저성장에서 벗어나지 못하고 있다.

디플레이션 문제는 단순히 저성장의 문제가 아니다. 디플레이션이 오랜 기간 계속되면 사회 분위기도 바뀐다. 사회 전체의 활력이 떨어지면서 곳곳에서 쇠락의 후유증이 나타날 수 있다는 게 더 큰 문제다. 사람도 한두 곳이 아플 때 그냥 견디면서 방치하다가 합병증이 발생하고 더 큰 병으로 이어지는 경우가 많다. 디플레이션은 오랜 기간 병을 앓아온 환자들이 의욕을 잃고 결국 삶을 포기하는 경우와 비슷한 결과를 낳을 수 있다.

전문가들은 선제적으로 대응해야 한다고 목소리를 높인다. 디플레이션 우려에서 벗어나려면 경제 활력을 높이는 게 급선무다. 경제 활력이 떨어져 무기력증에 빠지는 것을 막아야 한다. 일본의 사례에서 나타나듯이 한번 무기력증에 빠진 경제는 웬만해서는 쉽게 일어설 수 없기 때문이다. 뒷북을 치고 후회하는 것보다는 과잉대응이 낫다.

디플레이션 우려에서 벗어나기 위해서는 기업이 일자리와 설비투자를 늘릴 수 있게 과감한 규제개혁을 해야 한다. 이와 함께 민간 활력을 높이기 위해 소비와 투자 확대를 지원하는 다양한 대책도 필요하다. 수요와 공급이 정상적으로 작동하면 막혀 있던 경제의 활기도 되살아날 것이 분명하다.

무너지는 경제 허리, 중산층

한국경제의 허리인 중산층이 무너지고 있다. 1990년대 후반까지만 해도 본인이 중산층이라고 생각하는 사람이 80%에 달했다고 한다. 그러나 2019년 통계청 조사를 보면 현재 중산층은 60%가 되지 않는다. 같은 기간 1인당 국민소득은 8천 달러 수준에서 3만 2천 달러로 늘었다. 국민이 벌어들인 평균 소득은 늘었지만 스스로 중산층이라고 생각하는 사람은 오히려 20%포인트 이상 줄었다는 얘기다. 어떻게 된 것일까? 이유는 양극화에 있다. 상류층으로 올라간 중산층보다 하류층으로 떨어진 중산층이 많아지면서 생긴 현상이다.

갈수록 쪼그라드는 중산층

중산층을 정의하기는 쉽지 않다. 흔히 소득계층 분포에서 '중위소득 50% 이상~150% 미만'을 중산층이라고 본다. 중위소득은 모든 가구를 소득에 따라 한 줄로 세웠을 때 중간에 위치하는 값이다. OECD도 중위소득 50~150%를 대표적인 중산층 지표로 사용한다.

중위소득 50~150% 가구 비중은 2018년 60.2%에서 2019년에는 1.9%포인트 떨어진 58.3%를 기록했다. 사상 최저 수준이다. 이 비중은 2015년 67.9%, 2016년 66.2%, 2017년 63.8%, 2018년 60.2%, 2019년 58.3%로 4년 연속 하락세를 보이고 있다. 2017년부터 낙폭이 커지고 있는 게 눈에 띈다.

중산층의 비중이 줄어드는 반면 중위소득 50% 미만 비율, 즉 빈곤층의 비율은 2015년 이후 증가세를 보이고 있다. 2015년 13.1%에서 2019년 15.3%로 늘었다. 경기가 계속 좋지 않으면 중간 허리가 최하위 계층으로 밀려나는 사례는 늘어날 수밖에 없다. 코로나19 등으로 인한 경기 부진 탓에 중산층의 비중은 더 줄어들 가능성이 크다.

중산층의 급격한 감소는 양극화 심화로 이어지고, 경제 전반에 부정적인 영향을 초래한다. 그리고 전반적인 소비 위축과 기업 매출 감소 및 일자리 축소 등으로 이어지는 악순환의 고리로 이어진다. 중산층이 줄어들면 계층 갈등도 심화될 수밖에 없다. 중산층 비중이 줄어들면서 계층 구조의 형태가 다이아몬드형에서 표주박형으로 바뀌고 있다.

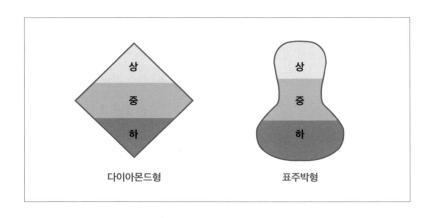

다이아몬드형   표주박형

무너진 계층 이동 사다리

중산층이 줄어드는 이유는 계층 이동 사다리가 무너지고 있기 때문이다. 한국경제연구원이 2007년부터 2017년까지 가구별 계층 이동성을 분석한 결과, 2007년부터 2009년까지 정체 가구 비중은 73.2%였지만 2015년부터 2017년까지의 비중은 2.3%포인트 증가한 75.5%였다. 양극화 현상이 심화하면서 계층 이동을 하지 못하고 정체 중인 가구가 늘고 있다고 분석할 수 있다.

한국경제연구원은 하위층에서 중산층으로의 계층 상향 이동을 확대하고 중산층의 안정적인 유지를 위해서는 일자리와 취업 기회 확대가 필수적이라고 지적했다. 계층 이동에서 가장 중요한 요인은 일자리라는 얘기다.

국민의 생각은 어떨까? 〈서울경제신문〉과 현대경제연구원의 공동조사(2015년)에 따르면, 국민은 중산층 수준의 삶을 누리는 데 가장 큰 걸림돌로 '과도한 주거비 부담'(59.8%)을 꼽았다. 주거비에 이어 '사교육비와 보육비 부담'(29.2%) '원리금 상환 부담'(6.4%)' '의료비 부담(2.8%)' 등도 중산층다운 삶의 길목을 가로막는 요인이라고 답했다.

가장 확실한 출세 사다리라고 여겼던 교육의 기회도 사교육 확대에 따라 교육 격차가 심해지면서 '더 이상 공평하지 않다'(66.8%)고 평가했다. 산업화 시대 우리나라의 압축 성장을 이끈 것은 교육열이었다. 저소득층 자녀도 교육을 통해 '개천에서 용 나는' 사례가 쏟아졌다. 이제 상황이 달라졌다. '공부를 통한 계층 상승 기회가 공평하냐'는 질문에 '그렇다'는 응답은 33.2%, '불공평하다'는 응답은 66.8%였다. 3명 중 2명은 이제 공부해서 계층 상승에 성공하기는 어렵다고 본 것이다.

일자리가 양극화하면서 사다리가 끊겼다. '열심히 노력하면 나쁜 일자리(비정규직)에서 좋은 일자리(정규직)로 옮겨갈 수 있나'라는 질문에 82.2%가 '가능성이 낮다'고 답했다. 양질의 일자리 수를 늘리는 한편 좋은 일자리로 유연하게 갈아탈 수 있는 제도적 장치가 필요하다.

더 심각한 문제는 계층 상승이 앞으로 더 어려워질 것이라는 관측이다. 설문 응답자의 82.5%는 과거·현재·미래를 비교했을 때 개인의 노력을 통한 계층 상승 가능성이 점점 더 줄어들 것으로 내다봤다.

계층 상승의 가능성을 높이기 위해 가장 바람직한 정책은 '고소득층 세금 확대를 통한 중산층·서민의 복지 확대'(46.7%)를 꼽았다. '일자리 창출 등을 통한 소득 증대'(33%) '사교육비·주거비·의료비 등 지출 부담 완화'(20.3%) 등도 있었다. 지속적인 경제성장을 위해서는 생산과 소비의 주역인 중산층을 육성하는 데 정책 역량을 집중해야 한다는 지적이다.

지속가능한 경제의 기반은 탄탄한 중산층

2015년 버락 오바마 전 미국 대통령은 신년 연설에서 "소수만 특별하게 잘 사는 경제를 받아들일 것인가, 아니면 노력하는 모든 이들이 소득과 기회를 창출하는 경제에 전념할 것인가?"라며 '중산층 육성'을 제1과제로 내세웠다. 상위 1% 부자 증세를 통해 확보한 재정으로 저소득층 육아 및 보육을 지원해 중산층을 확대하겠다는 것이었다.

우리나라도 같은 목표를 갖고 있었다. 중산층 육성은 국내 역대 정부의 중점 정책 중 하나였다. 두터운 중산층은 균형 있는 경제발전의 상징이자 긍정적인 사회통합의 원동력이 될 수 있기 때문이다. 중산층이 두텁게 형성된 사회는 사회통합 촉진으로 갈등 비용이 적게 들고, 궁극적으로는 경제성장에도 기여한다.

그럼 중산층을 키우려면 어떻게 해야 할까? 가장 큰 문제는 소득격차 완화를 통한 양극화 해소다. 그러나 말처럼 쉬운 일이 아니다. 정부가 조세와 복지 등 재분배 정책을 통해 소득격차를 전부 줄이기는 어렵다. 국민의 조세 저항이 크고 이를 받아들이려는 의지에 한계가 있기 때문이다.

전문가들은 소득격차를 최소한으로 줄이면서 성장을 촉진하는 방법을 찾아야 한다고 말한다. 중장기적으로는 교육·기술 능력을 확충하고, 단기적으로는 생산성과 무관하게 발생하고 있는 구조적인 근로소득 격차를 해소하는 방법을 찾아야 한다는 지적이다.

OECD는 2012년 보고서에서 성장 친화적이면서도 시장소득 격차를 완화할 수 있는 방안을 제시했다. 교육의 양과 질을 확대하고 높이기, 교육의 기회가 부나 사회적 지위에 봉쇄되지 않고 최대한 형평성 있게 모든 사람에게 주어질 수 있게 하기, 정규직과 비정규직 사이에 존재하는 차별을 없애기 등이다.

OECD는 또 노동시장 및 산업구조를 개선하려는 노력과 함께 중산층의 가처분소득 중 삶의 질과 무관한 주거 및 교육비의 과다 지출을 줄이기 위해 노력할 것을 주문했다. 한국의 중산층은 다른 나라보다 주거 및 교육비 지출이 크다.

더구나 한국에서는 이미 10년 전부터 인구구조에 대대적인 변화가 일어나고 있다. 2020년 들어 베이비붐 세대가 노년층에 편입되기 시작했고, 미래의 중산층을 기대하는 청년층의 실업은 사상 최고 수준이다. 더 방치하다가는 계층 사다리가 끊어지는 것을 넘어 경제 허리가 무너지는 상황이 발생할 수 있다.

중산층의 문제는 비단 경제의 문제가 아니다. 중산층이 무너지면 사회갈등이 커지고, 결국 국민 통합에도 저해가 된다는 게 일반론이다. 한국은 단기간에 압축 성장을 하는 바람에 사회 내부에 많은 갈등구조가 있다. 민주화의 경험도 선진국보다 적어 사회적 포용성 등 여러 측면에서 아직 부족하다. 상류층과 취약계층의 완충지대로서 중산층을 키워야 하는 또 다른 이유다.

재정은 화수분인가

코로나19 여파로 정책 대결이 사라진 2020년 4.15 총선에서 가장 뜨거웠던 감자는 '재난기본소득' 지급 여부였다. 코로나19를 재난으로 보고 일시적으로 국민에게 현금을 지급하자는 주장이다. 진보 성향의 정당과 일부 지방자치단체장이 언급한 이후 여야를 가리지 않고 지급해야 한다는 목소리가 커지면서 결국 정부는 지급하기로 결정했다.

현금을 재난기본소득으로 지급하기로 한 이후 문제는 금액과 지급 대상을 고르는 것이었다. 당초 정부는 소득 하위 70% 가구에 1백만 원을 지급할 방침이었다. 그러나 소득과 재산에 관계없이 가구당 최대 1백만 원(1인 가구 40만 원, 2인 가구 60만 원, 3인 가구 80만 원, 4인 가구 이상 1백만 원)을 지급하는 것으로 결론이 났다.

　문제는 이 돈이 어디서 나오느냐다. 전대미문의 상황을 타개하기 위해 정치적으로는 현금 지급을 결정할 수 있지만, 그럼 뒤처리는 누가 하느냐의 문제가 남는다. 국가에서 지급되는 돈은 결국 국민의 주머니에서 나오기 때문이다. 재난기본소득 지급을 둘러싼 논란은 국가 재정의 모든 것을 담고 있다 해도 과언이 아니다.

갈수록 커지는 국가 재정의 역할

　나라 살림을 하는 정부는 매년 예산을 편성한다. 정부가 예산안을 편성해 국회에 제출하면 심의절차를 거쳐 결정된다. 나랏돈을 사용하는 만큼 사용처와 규모 등에 대한 심의가 이뤄지는데 이 과정에서 일부 예산안이 삭감되거나 늘어난다. 이렇게 편성된 예산은 이듬해 나라 살림에 사용된다.

　경제 규모가 커지면서 예산 규모도 매년 늘었다. 2010년 292조 8천억 원 수준이었던 국가예산이 2020년 처음으로 5백조 원을 돌파했다. 2020년 예산은 512조 3천억 원에 달한다. 전년 대비 9.1% 급증한 것으로, 10년 만에 219조 5천억 원(75%)이나 늘었다.

　정부가 2020년 9월 제출한 2021년 예산안에 따르면, 내년 예산은 555조 8천억 원 수준이다. 올해보다 43조 5천억 원(8.5%) 늘었다. 예산심의 과정에서 일부 증감되겠지만 비슷한 수준이 유지될 전망이다. 이 속도라면 현 정부가 임기 마지막 해에 편성하는 2022년 예산안은 6백조 원을 돌파할 가능성이 높다.

예산안 증가에서 볼 수 있듯 갈수록 국가 재정의 역할은 커지고 있다. 복지비용 등 경직성 예산이 계속 늘어나는 데다 저성장 고착화에 따른 경기부양을 위해 재정의 중요성이 한층 커지면서 과거보다 예산 증가폭이 커지기 때문이다. 정부는 우리나라의 재정이 다른 나라보다 상대적으로 양호한 만큼 코로나19에 따른 경기 위축 대응, 잠재성장률 둔화에 적극 대응하기 위해 앞으로도 확장재정정책에 나서겠다는 입장이다.

그러나 재정은 무한정 솟아나는 화수분이 아니다. 우리나라는 기축통화 국가가 아니다. 대외 의존도가 높은 만큼 재정의 지속가능성이 중요하다. 재정을 쏟아부어 외환위기, 글로벌 금융위기를 단기간에 극복한 과거 사례처럼 모아둔 돈이 있어야 필요할 때 사용할 수 있다.

유명무실해진 중기재정운용계획

정부는 1년 단위 예산의 한계를 극복하기 위해 5년 단위 중장기 시계에서 재정 운용 전략과 재원 배분의 방향을 제시하는 중기재정운용계획을 수립한다. 중기재정운용계획 수립의 가장 큰 목적은 재정 운용의 효율성과 건전성을 높이는 것이다.

중기재정운용계획에는 5년 동안의 세입과 세출은 물론 재정수지·조세부담률·국가채무 등의 전망과 계획이 담겨 있다. 예산안과 함께 발표되며 국가재정법에 따라 해당 회계연도 개시 120일 전까지 국회에 제출하게 되어 있다.

문제는 중기재정운용계획이 갈수록 유명무실해지고 있다는 점이다. 과거에도 매년 수정됐지만 재정 운용의 효율성과 건전성에 방점을 찍었기 때문에 중기재정운용계획 자체에 별다른 문제제기는 없었다. 그러나 현 정부 들어 재정의 역할이 커지면서 상황이 달라졌다.

중기재정운용계획은 매년 12월 기획재정부가 '국가재정운용계획 수립지침'을 마련해 각 부처에 통보하면서 시작된다. 그러나 이는 참고일 뿐 매년 5월 대통령이 주재하고 국무위원, 여당 수뇌부 등 당정이 총출동하는 국가재정전략회의에서 큰 그림이 그려진다. 대통령과 집권 여당의 의중에 따라 재정 운용의 방향이 사실상 결정된다.

대통령은 2020년 5월 열린 '2020 국가재정전략회의'에서 "전시재정을 편성한다는 각오로 정부 재정 역량을 총동원해야 한다"고 강조했다. 코로나19 경제위기 극복을 위해 재정 역량을 총동원해달라는 주문이었다.

수입 줄어드는데 쓸 돈은 눈덩이

중기재정운용계획의 재정 지출과 수입은 앞으로 5년 동안 재정 관리가 어떻게 이뤄지는지 보여주는 대표적인 지표다. 전임 정부에서는 매년 재정지출증가율(2.6~5.0%)이 재정수입증가율(4.0~6.5%)을 밑돌았다. 균형 재정을 유지하기 위해 노력했다는 얘기다. 재정지출증가율을 재정수입증가율보다 낮게 유지하며 재정 총량을 관리했기 때문이다. 복지 등 의무지출을 늘려야 하는 경우에도 그에 상응하는 세입 대책을 마련해야 했다.

반면 현 정부에서는 재정지출증가율(5.7~7.3%)이 재정수입증가율(3.5~5.5%)을 매년 웃돌고 있다. 재정지출증가율도 5.8% → 7.3% → 6.5% → 5.7%로 전임 정부 때보다 크게 높다.

2017년 중기재정운용계획에서는 재정 지출을 경상성장률보다 높였고, 2018년 이후에는 경상성장률과 재정 수입보다 높였다. 매년 예산을 확대 편성하다 보니 GDP 대비 국가채무 비율은 정부 출범 초기인 2017년 36%에서 정부를 마치는 2022년에는 50.9%까지 치솟는다.

지출이 늘어나는 반면 수입은 눈에 띄게 줄었다. 국세 수입 연평균 증가율은 6.8%(2017~2021년) → 6.1%(2018~2022년) → 3.4%(2019~2023년) → 2.8%(2020~2024년)로 3년 만에 3분의 1 토막이 났다. 들어오는 돈은 적은데 써야 할 돈이 많으니 적자 국채 발행으로 충당하는 구조다. GDP 대비 국가채무 비율이 매년 증가하는 이유다. 경기가 고꾸라지는데 대책 없이 빚을 늘리는 건 도덕적 해이다.

불어나는 국가채무는
결국 국민 부담

정부의 적극적인 재정 운용으로 재정 건전성 지표에 경고등이 켜졌다. 중기재정운용계획(2020~2024년)에 따르면 GDP 대비 관리재정수지는 2020년 -3.5%에서 2021년 -5.4%, 2024년에는 -5.6% 수준까지 악화한다. 국가채무는 눈덩이처럼 불어나 올해 805조 2천억 원에서 2024년 1천327조 원까지 늘어난다. GDP 대비 국가채무 비율은 같은 기간 39.8%에서 58.3%로 껑충 뛴다.

2017년 기준 국가채무 비율은 미국이 105.1%, 일본이 224.2%였다. 이를 근거로 정부는 "선진국과 비교해 굉장히 양호한 수준"이라고 주장한다. 하지만 공공기관 부채와 공무원 연금 등 충당금까지 포함하면 국가채무 비율은 이미 GDP의 100%에 육박한다. 게다가 기축통화국인 미국, 세계 최대 채권국인 일본과 직접 비교하는 것은 무리라는 평가다.

나랏빚이 늘면서 국민 1인당 국가채무도 매년 급증한다. 국민 1인당 국가채무는 올해 1천619만 원에서 2022년에는 2천64만 원을 기록하고 2024년에는 2천557만 원까지 불어난다. 해당연도 국가채무를 현재 행정안전부 주민등록 인구 5천184만 명으로 나눈 수치다.

재정준칙 입법화, 국회심사제도 개선해야

중기재정운용계획이 유명무실해진 것은 실행 여부에 대해 법적 구속력이 없기 때문이다. 국회 예산정책처 분석(2019년)에 따르면 역대 정부는 매년 중기재정운용계획을 수립할 때 재정 수입과 국세 수입은 과다 예상하고 재정 지출은 과소 예상하는 경향을 보였다.

국가재정운용계획이 매년 예산과 연동돼 내용이 수정되는 '연동방식'으로 수립되기 때문이다. 국회 예산정책처는 "5년간 재정운용을 전망하는 '예산안 부속서류'로 전락했다"며 "중기적 시계 관점에서 목표가 불분명하고 실효성을 높일 정책 수단이 마련되지 않아 도입 취지에 맞지 않게 운영되고 있다"고 지적했다.

국회 예산정책처가 제시하는 개선 방안은 '고정방식'과 '변동방식'의 혼합이다. 5년 단위 계획에서 초반부는 고정방식으로 구속력을 강화하고, 후반부는 경제 상황이나 재정 전망 변동 등을 반영해 탄력적으로 보완하는 방법이다.

선진국에서 시행하고 있는 재정준칙의 법제화와 국회 심사제도 개선 같은 의견도 제시됐다. 재정준칙은 재정수지·재정 지출·국가채무 등 재정 총량에 일정한 목표를 부여하고 이를 법률로 준수하는 방식이다. 박근혜 정부 당시인 2016년에 국가부채 비율은 45%, 재정적자 비율은 3%로 제한하고 '번 만큼만 쓴다'는 미국식 재정준칙을 담은 '재정건전화법' 제정안이 국회에 제출됐지만 아직 감감무소식이다.

성장이 먼저냐, 복지가 먼저냐

경제는 '성장과 분배'라는 두 마리 토끼를 잡는 게임이다. 역대 정부의 비전 역시 성장과 분배를 동시에 잡는 데 맞춰져 있었다. 지속적인 성장을 위한 필요충분조건은 탄탄한 성장 동력과 함께 분배를 통한 사회안전망을 확충하는 것이다.

역대 정부는 국정과제로 성장 비전을 제시해왔다. 노무현 정부는 2003년 한국판 골드만삭스를 만들자며 '동북아 금융허브'를 들고 나왔다. 동북아 금융허브를 새로운 성장 동력으로 삼겠다는 전략이었다. 이명박 정부는 '녹색성장 국가전략'을 내세웠다. 저탄소 녹색성장으로 저성장에서 탈출하고 일자리를 만들겠다는 것이었다. 박근혜 정부는 '창조경제'가 트레이드마크였다. 문재인 정부는 '소득주도성장과 혁신성장'을 추진하고 있다.

문제는 5년마다 정권이 바뀌면서 우선 추진하는 국정과제가 180도 바뀐다는 것이다. 전임 정부의 색깔을 지우고 새 정부의 틀을 내세우는 것은 반복적인 레퍼토리가 됐다. 정책의 연속성이 없으니 한국경제의 구조적 문제인 저출산 고령화 해소, 노동시장 개혁 등 시간이 많이 걸리는 중장기 과제는 모두 후순위로 밀리고 있다.

전문가들은 역대 정부가 재임 중 단기 성과에 급급해 효과를 내지 못하고 있다고 지적한다. 부처 간 칸막이나 정책 컨트롤타워의 부재도 문제점으로 지적됐다. 사실 문재인 정부의 '활력이 넘치는 공정경제'와 박근혜 정부의 '경제민주화', 이명박 정부의 '활기찬 시장경제'는 크게 다르지 않다. 캐치프레이즈와 세부 전략은 조금씩 다르지만 '모든 국민이 잘 먹고 잘살 수 있게'라는 목표 아래 핵심 국정과제는 대동소이하다.

낙수효과냐, 분수효과냐

낙수효과Tricle down effect는 대기업 및 부유층의 소득이 늘어나면 더 많은 투자가 이뤄져 경기가 부양되고, GDP가 증가하면 저소득층에도 혜택이 돌아가 소득 양극화가 해소된다는 주장이다. 부의 증대에 초점이 맞춰진 것으로 분배보다는 성장, 형평성보다는 효율성에 우선을 둔 이론이다.

낙수효과는 윌 로저스Will Rogers라는 유머 작가가 미국 31대 대통령인 허버트 후버Herbert Hoover의 대공황 극복을 위한 경제정책을 비꼬면서 처음 등장한 것으로 알려져 있다. 로저스는 "상류층의 손에 넘어간 모든 돈이 부디 빈민들에게도 낙수되길 바란다"고 말했다. 이는 40년 뒤 40대 대통령인 로널드 레이건 경제정책의 근간이 됐다. 당시 미국은 두 차례의 오일쇼크로 스태그플레이션(경제불황 속에서 물가 상승이 동시에 일어나는 상태)을 겪고 있었다. 이를 해결하기 위해 레이건 정부는 부유층 및 기업에 대한 소득세와 법인세를 대폭 인하하는 정책을 폈다. 일명 '레이거노믹스'다.

그러나 레이거노믹스는 낙수효과 대신 심각한 양극화라는 후유증을 불러왔다. 2012년 기준 미국 상위 0.1%의 가구가 하위 90% 가구와 비슷한 부를 축적하게 됐다. 낙수효과의 가장 큰 부작용이 바로 양극화 현상이다. 이론대로라면 감세를 통해 여력이 늘어난 기업과 부유층이 투자와 소비로 경제를 활성화시켜야 한다. 그러나 이들이 사내유보금을 쌓아놓거나 지갑을 닫아 양극화라는 부작용이 나타났다.

반면 분수효과Tricle up effect는 부유층에 대한 세금을 늘리고 저소득층에 대한 복지정책을 증대해야 한다는 주장이다. 저소득층에 대한 지원을 직접 늘리면 소비가 늘어나고, 이는 생산과 투자로 이어져 이를 통해 경기가 부양될 것이라는 이론이다. 경제성장의 원동력이 분수처럼 아래에서 위로 뿜어져 나오는 것에서 비롯된 이론이다.

분수효과는 영국의 경제학자 존 메이너드 케인즈가 주장한 이론이다. 그는 경기불황 극복을 위해 정부 지출 확대와 저소득층 및 중산층에 부과되는 세금을 인하해 민간 소비를 자극해야 한다고 강조했다. 저소득층 및 중산층에서 유발되는 소득 증대가 소비 및 생산 증대로 이어지고, 다시 소득이 증대되는 경제의 선순환 고리가 형성된다는 것이다. 그러나 분수효과의 그늘도 짙다. 복지 확대와 급격한 임금 인상으로 인한 부작용이다. 지나친 포퓰리즘으로 나타날 경우 아르헨티나의 사례처럼 국가부도를 초래하기도 한다.

낙수효과와 분수효과 중 어느 쪽이 더 효과적인지에 대해서는 아직도 의견이 분분하다. 한쪽을 선택해 성공한 사례를 찾기 쉽지 않다. 경제정책은 워낙 많은 변수의 영향을 받기 때문에 어느 쪽이 국민 생활과 경제에 실질적으로 도움이 되는지 전략적으로 선택해야 한다.

소득주도성장에 대한 중간평가

소득주도성장론은 낙수효과의 부작용을 완화하기 위해 현 정부가 전면에 내세운 정책이다. 노동소득분배율이 지속적으로 하락하는 상황에서 소득분배 개선을 통한 내수 활성화에 방점을 찍은 정책이다.

우리나라의 경제성장률은 2000년대 이후 지속적으로 하락하고 있다. 최근 5년간 연평균 3%대에도 못 미쳐 저성장 고착이 우려되고 있다. 총수요가 총공급에 미치지 못하는 상황도 계속되고 있다. 결국 총수요를 늘리려면 가계소득을 증대시킬 필요가 있다는 주장이다.

보호무역주의의 확대로 전통적인 수출주도 성장전략이 한계를 보인 것도 소득주도성장에 힘을 실었다. IMF, 국제노동기구 등의 국제기구도 생산성 증대를 통한 성장전략에서 2008년 금융위기 이후에는 가계소득 증대 등 수요 측면의 중요성을 강조하고 있다.

소득주도성장을 내건 J노믹스(문재인 정부 경제정책)의 뿌리는 비전 2030이다. 비전2030은 노무현 정부 때인 2006년 8월 발표됐다. 2030년까지 향후 25년간 1천1백조 원을 투입해 성장과 복지를 동시에 이루겠다는 국가발전전략이 담겼지만 당시에는 너무 비현실적이라는 이유로 외면받았다.

비전2030은 2005년 7월부터 1년 동안 진행됐다. 한국개발연구원, 조세재정연구원 등 국책연구소와 삼성경제연구원 등 민간에서 60여 명이 참여한 대규모 민관합동 프로젝트였다. 비전2030은 성장과 분배의 다양한 분야를 빠짐없이 담고 있는 것으로 평가된다. 선성장, 후분배 패러다임으로 저출산 고령화 시대와 사회 양극화를 동시에 극복하기 어려운 만큼 성장과 복지를 동시에 추구하자는 주장을 담았다.

비전2030의 핵심 과제 중 일부는 이명박, 박근혜 정부에서도 이어졌다. 연구·개발 투자 확대, 해외 자원 개발, 차세대 성장 동력 투자 확대 등이 대표적이다. 근로장려세제 시행 등 복지 분야에서도 적지 않은 정책이 그대로 도입됐다.

문제는 소득주도성장에 대한 논란이다. 수출이 주도하는 경제성장의 온기가 서민 경제에 전파되지 않는 상황에서 내수 부문이 수출과 함께 최종 수요를 이끌어 갈 필요성이 있다. 분배의 형평성 제고가 중요하다는 사회적 합의도 어느 정도 이루어져 있다.

따라서 제대로 작동하지 않는 낙수효과에 의존하기보다는 소득 증대를 통해 내수 성장을 도모하는 정책이 의미가 있다. 다만 소득주도성장과 관련해 작동 가능성, 제약 조건 등에 대한 면밀한 점검은 반드시 필요하다.

대표적인 것이 최저임금의 급격한 인상과 주 52시간제의 동시 도입이다. 현 정부 들어 최저임금이 가파르게 오르고 주 52시간제까지 확산되면서 소상공인과 중소기업을 중심으로 부작용이 나타나기 시작했다. 정부도 최저임금 인상률을 낮추고 주 52시간제도 탄력적으로 적용하겠다며 속도 조절에 들어간 상황이다.

실행 가능한가, 지속 가능한가

소득주도성장론은 가계의 임금과 소득을 늘리면 소비가 늘어나고 경제를 선순환시킨다는 이론이다. 중요한 것은 성장과 복지 중 어느 의제를 우선순위에 두느냐가 아니다. 정책의 실효성이다. 눈앞의 성과에 급급해 무리하게 정책을 밀어붙이면 결과는 불을 보듯 뻔하다.

정책의 실효성은 지속가능성에 뒤야 한다. 이론적으로나 경험적으로나 입증된 정책이 바람직하다. 특히 국민의 부담을 늘리는 정책은 가급적 피해야 한다. 재정을 곶감 빼먹듯이 미리 빼먹는 것도 경계해야 한다. 결국 미래 세대에 청구서가 날아오기 때문이다.

가장 중요한 것은 정책의 실행 가능성이다. 비전과 전략이 아무리 좋아도 실제 액션으로 이어지지 않으면 공허한 대책일 뿐이다. 특히 재정은 모든 국정과제가 실행되는 액션플랜의 기초다. 충분한 재정 뒷받침이 없으면 실행되기 어렵다는 게 그동안의 경험으로 증명됐다. 때문에 정책을 실행하기에 앞서 구체적인 재정 조달 방안이 마련되어야 한다.

포스트코로나, 생존의 법칙

수축사회의 도래

"국가의 부는 쌓아놓은 금의 양으로 결정되는 것이 아니다. 인간은 탐욕스러운 존재가 맞다. 하지만 세상 돌아가는 것을 인간의 탐욕에 맡겨놓는 것이 좋다. 각 개인이 자기의 이기심을 추구하면 '보이지 않는 손'이 작용해서 최종적으로 사회 전체는 최적의 상태에 이르게 된다."

1776년 영국의 애덤 스미스Adam Smith 가 쓴 《국부론The Wealth of Nations》의 주요 내용이다. 국부론은 수요와 공급의 원리와 이에 따른 가격의 자동조절 기능, 즉 시장의 자동조절 기능을 설명해 파란을 일으켰다. 이 한 권의 책으로 전 세계의 경제 패러다임이 바뀌었고, 애덤 스미스는 자본주의 경제의 창시자로 역사에 이름을 올렸다.

당시 떠오르던 신흥세력인 산업자본가들은 이를 기반으로 자신의 대항 논리와 사상 체계를 갖추고 중상주의 및 기득권 세력을 구체제로 몰아붙였다. 산업자본가들은 새로운 정치세력과 손을 잡고 자본주의 체제를 새로운 세상의 규범으로 확립했다. 그 결과 상업자본가들과 절대왕정, 교회가 주도하던 중상주의 체제가 몰락했다.

자본주의 체제의 금과옥조

수요와 공급은 자본주의 체제의 금과옥조다. 그러나 수요와 공급의 법칙도 완벽하지는 않았다. 애덤 스미스조차 《국부론》에서 '시장의 실패'와 '국가 개입의 필요성' '사회보장제도의 필요성'을 역설했다. 애덤 스미스는 "어떤 부분에서는 시장이 실패할 수밖에 없다. 이런 부분들에 대해서는 국가의 개입이 필요하다. 완전 경쟁을 이야기하려면 출발선이 동일해야 한다. 출발선이 동일하지 못한 사회적 약자에 대해서는 국가의 배려가 필요하다. 경쟁에서 탈락한 사람들은 다시 동일한 출발선에 서지 못한다. 이들에 대한 국가의 배려가 필요하다"고 밝혔다.

수요와 공급이 제대로 작동하지 않은 대표적인 사례가 대공황이다. 1929년 미국 증시는 시가총액이 40%나 폭락했다. 대공황의 시작이었다. 1933년 미국 증시의 시가총액은 1929년의 5분의 1 수준까지 떨어졌다. 기업과 공장들이 잇따라 문을 닫았다. 은행도 파산했다.

대공황이 절정이던 1932년에는 미국인 4명 중 1명이 실업자였다. 가장 큰 문제는 미국의 생산 능력과 소비 능력, 즉 수요와 공급이 붕괴된 것이다. 미국은 제1차 세계대전을 거치면서 기술의 비약적인 발전으로 국민들이 구매할 수 있는 수준을 넘어 과잉생산하기 시작했다. 여기서 문제가 시작됐다.

대공황은 1932년 미국 대통령 선거에서 뉴딜New Deal, 즉 사회경제 정책의 '새로운 합의'를 내세운 프랭클린 루즈벨트의 당선으로 해결의 단서를 마련했다. 루즈벨트 대통령은 뉴딜 정책을 발표하고 나서 불과 3개월 만에 경제 회복을 위한 다양한 법안을 시행했다. 도로, 교량, 공항, 공원 및 공공시설들을 건설하면서 새로운 일자리가 만들어졌다. 가장 핵심적인 정책은 1935년 시행된 사회보장법Social Security Act이었다. 사회보장법은 사업주와 노동자들의 분담금을 토대로 고령자, 실업자 및 장애인을 위한 사회보험제도를 정착시켰다.

파이는 계속 커지지 않는다

인류 역사가 시작된 이후 지속적으로 팽창해온 세계는 이제 성장을 멈추고 제로섬사회를 지나 수축사회로 진입하고 있다. 수축사회는 단순히 팽창사회의 반대 개념이 아니다. 수축사회는 더 많은 의미를 내포한다.

'수축사회'라는 단어를 처음 쓴 홍성국 전 미래에셋대우증권 대표는 수축사회를 불러일으킨 동력으로 환경과 안전, 인구감소, 과학기술 발전 등을 꼽았다. 지금 전 세계는 환경오염, 인구감소, 그리고 AI로 대표되는 과학기술 발전에서 생긴 문제를 동시에 안고 있다. 역사상 처음으로 복합적으로 발생하는 대전환의 시기에 서 있다는 게 홍성국 전 대표의 진단이다.

그동안 과학기술의 발전이 생산력을 급격히 끌어올리며 팽창사회를 주도했지만 지금은 위험 요인이 되고 있다. 대표적으로 사이버보안 사례를 들 수 있다. '안전'은 현대 사회의 핵심 이슈다. 환경오염 문제 역시 마찬가지다. 인류가 환경오염 문제를 해결하기 위해 엄청난 비용을 쏟아붓고 있는데, 이는 경제성장을 늦추고 삶의 질을 떨어뜨린다.

팽창사회에서 수축사회로 패러다임이 바뀌는 핵심 요인은 메가트렌드인 인구감소와 과학기술의 발전이다. 이미 10년 전에 인구의 급격한 감소가 시작됐지만 단기적인 처방에 급급한 결과 사회양극화, 공급과잉, 과잉부채 등의 문제가 심화됐다.

가장 큰 관심은 기술 발전으로 인한 시스템과 산업구조의 변화다. 기술 발전으로 생산성은 급증했지만 인구감소에 따라 공급과잉이 나타나고, 다시 일자리 파괴로 이어진다. 기술 발전으로 핵심 기술을 보유한 거대 기업이 해당 산업을 독식하면서 사회양극화를 심화시키고 있다. 특히 팽창사회가 수축사회로 바뀌며 부채 문제가 기폭제가 될 것으로 전망한다. 한국의 가계부채는 1,650조 원 규모로, 증가 속도는 다소 정체되고 있지만 이미 위험 수위를 넘어섰다.

수축사회로 인해 나타나는 대표적인 현상은 디플레이션이다. 각국 정부는 디플레이션을 막기 위해 금리 인하 카드를 꺼내 유동성을 공급하고 있다. 하지만 금리 인하로 성장률이 낮아지고 물가상승률이 떨어지면 결국 기업의 매출 및 이익 하락으로 이어진다. 30년 동안 디플레이션에서 벗어나지 못한 일본이 대표적인 사례다.

양극화도 수축사회를 향해 가는 길에서 마주치는 현상이다. 미국은 양극화가 가장 심각한 국가다. 미국 인구 3억 3천만 명 가운데 상위 1천6백여 명이 전체 부의 90%를 소유하고 있다. 한국도 상위 10%가 전체 소득의 50%를 차지하고 있다.

사실 수축사회로 인한 문제는 한국뿐 아니라 전 세계의 이슈다. 전 세계가 사회양극화에 따른 갈등과 저성장, 저물가, 저금리, 고실업 때문에 몸살을 앓고 있지만 뚜렷한 해법을 못 찾고 있다.

첫째도 둘째도 구조개혁

한국경제는 2020년 경제개발 60주년을 맞았다. 한국은 1961년부터 경제개발 5개년계획을 잇달아 수립하고 경제개발의 고속 페달을 밟았다. 경제개발계획 진행 이후 산업화가 가속화되며 전쟁의 상흔과 가난도 빠르게 해소됐다. 무상원조를 받던 나라에서 이제는 원조를 하는 유일한 나라가 됐다. 이른바 한강의 기적이다. 하지만 초고속 압축성장을 하다 보니 진통도 적지 않았다. 재벌 집중화와 소득불평

등 심화다.

최근에는 자동차·조선 등 주력 산업이 힘을 내지 못하고 반도체를 이을 미래 먹거리는 손에 잡히지 않고 있다. 급속한 고령화와 인구감소로 내수부진은 만성화됐는데 한국경제를 견인했던 수출에도 빨간불이 들어왔다. '뒷문에 늑대, 앞문에 호랑이'가 있는 형국이다.

국내적으로 저성장이 고착되는 가운데 저출산·고령화, 양극화, 가계부채, 청년 취업난, 노사 갈등 등 극복해야 할 경제·사회적 난제들이 산적해 있다. 서로 복잡하게 맞물린 변수들이 연쇄작용을 일으켜 한국경제에 위기를 불러올 수 있다. 특히 생산가능인구가 2020년을 정점으로 줄어드는 등 인구구조의 극적 반전이 눈앞에 있다. 단기적인 경기 하강이 문제가 아니라 자칫하다가는 성장판이 닫혀 중진국 함정에 빠질 것이라는 우려가 크다.

주요 2개국(G2)인 미국과 중국의 주도권 다툼 속에 북핵 등 한반도의 평화와 안정도 도모해야 한다. 정부와 국가지도자의 역할이 어느 때보다 중요하다. 통합과 상생의 정치로 국론을 하나로 결집하고 정책 목표를 이루기 위해 선택과 집중을 해야 한다.

구조개혁은 대한민국 미래의 가장 큰 불안 요인인 잠재성장률 하락과 고령화 충격을 극복할 수 있는 핵심 열쇠다. 구조개혁에 대한민국의 미래가 달려 있다고 해도 과언이 아니다.

산업을 바꾸는 기술

2018년 1월 애플은 "향후 5년간 미국에 3백억 달러(약 36조 3천억 원)를 투자하겠다"고 발표했다. 이른바 애플발 리쇼어링의 시작이다.

리쇼어링은 해외로 나갔던 기업에게 각종 세제 혜택과 규제 완화 등을 통해 자국으로 불러들이는 정책을 말한다. 애플의 리쇼어링으로 2만 개의 신규 일자리가 생길 것이라며 미국 언론과 도널드 트럼프 대통령은 반겼다. 이후 리쇼어링은 유행처럼 번지며 GM, 보잉, 포드, 인텔 등 다수의 글로벌 기업이 미국으로 돌아왔다.

빨라진 글로벌 분업 구조의 붕괴

과거 글로벌 기업은 특정 국가가 아닌 글로벌 기반으로 공급 및 유통망을 구축했다. 기업의 제1 목표인 이윤을 높이기 위해서는 상품과 자본의 이동, 저임금의 제조 인력 확보가 수월한 해외 생산기지가 유리했기 때문이다. 하지만 글로벌 기업들의 리쇼어링이 본격화되며 제조업의 근본적인 판이 흔들리고 있다.

글로벌 기업들의 리쇼어링은 본국의 규제완화 및 파격적인 세제 혜택과 맞물려 있다. 본국이 해외보다 우수 인력을 확보하기에도 좋다. 생산기지를 해외에 두는 것보다 본국에서 얻는 혜택이 더 크다 보니 리쇼어링은 망설일 이유가 없다는 분석이다.

20세기 말에 형성된 글로벌 분업구조는 저임금을 활용한 효율적인 생산이 1차 목표였다. 하지만 이제는 동남아 개발도상국들도 임금이 많이 올랐고, 많은 기업이 기술과 인재 확보에 중점을 둔다는 점에서 글로벌 분업구조는 점점 약화되는 추세였다.

중국은 저렴한 인건비와 우수한 인프라, 거대한 소비시장까지 갖춘 핵심 국가 역할을 해왔다. 단순 제조업에서 첨단 정보기술기업까지 담당하는 역할을 하면서 폭발적인 경제성장을 이뤘다. 반면 제조업 기반 산업의 중국 집중이 가속화되면서 다른 국가들의 위기감도 커졌다. 이런 외중에 트럼프 행정부가 출범하고 미국의 보호무역 강화 움직임이 나타나면서 미중 무역분쟁이 불거졌다. 또 이 시점에 코로나19 사태로 각국이 봉쇄령을 내리면서 글로벌 공급망 붕괴에 불을 붙였다.

코로나19로 산업 활동이 마비되면서 일부 부품 공급이 중단되고 완성품 제조에 차질이 발생하기 시작했다. 자동차, 중장비 및 기계, 전자, 일부 화학제품은 한두 가지 부품 공급에만 차질이 발생해도 완성품 제조에 어려움을 겪는다.

역설적으로 코로나19는 국가별 분업화에 기반을 둔 글로벌 공급망이 얼마나 취약한지 보여줬다. 코로나19 사태로 글로벌 공급망이 다변화된 업체와 그렇지 못한 업체의 희비가 엇갈리면서 공급망 다변화의 움직임이 나타날 전망이다. 이와 함께 해외로 나갔던 기업이 돌아오는 리쇼어링도 늘어나고, 제품 재고 관리 및 유통 관리에 새로운 변화가 나타날 것으로 전망된다.

글로벌 기업들의 리쇼어링은 단순한 문제가 아니다. 특히 제조업 기반으로 성장한 한국경제에 시사하는 바가 크다. 지난 반세기 동안 선진국은 연구·개발 같은 고부가가치 영역에 집중하고 개발도상국은 저렴한 인건비를 기반으로 생산 영역을 담당했다. 한국의 주력 수출 품목인 반도체, 전자제품, 자동차, 조선, 철강 등은 이렇게 복잡하게 얽힌 글로벌 가치사슬의 결과물이다.

특히 한국 제조업은 핵심부품 및 소재, 중요 기술의 해외 의존도가 높다. 산업구조가 이렇다 보니 물건을 많이 팔수록 해외로 빠져나가는 부가가치가 늘어나는 아이러니한 상황이 발생한다. 산업구조 재편이 시급한 이유다.

위기에서 찾은 혁신

코로나19 이전에도 디지털 트랜스포메이션digital transformation과 서비스의 융복합으로 제조업의 가치사슬 구조는 급속하게 변하고 있었다. 반도체산업의 경우 이미 메모리에서 비메모리 반도체로 산업의 중심축이 재편되고 있다. 특히 한국 제조업은 혁신을 가로막는 생태계에서 혁신을 촉진하는 생태계로 전환이 필요하다.

그렇다면 한국 제조업은 어디서 기회를 얻을 수 있을까? 답은 디지털 트랜스포메이션에 기반을 둔 신산업에서 찾을 수 있다. 디지털 트랜스포메이션은 인터넷 혁명의 여명기인 1990년대 초반에 등장한 개념인데, 디지털기술을 사회 전반에 적용해 기존의 전통적인 사회구조를 혁신한다는 의미를 담고 있다. 기존의 기술이 한정된 분야에 적용된 기술혁신에 머물렀다면 디지털 트랜스포메이션은 기업경영 전반에서 광범위하게 이뤄지며 비즈니스 모델까지 변화시킨다는 것이 특징이다.

디지털 트랜스포메이션은 2010년대 들어 IoT, 클라우드컴퓨팅, AI, 빅데이터, 블록체인 등 정보통신기술과 결합하며 급속하게 확산되고 있다. 특히 코로나19 이후 비대면 환경이 확산되며 더욱 가속화됐다. 위기가 혁신을 잉태하고 있는 것이다.

디지털 트랜스포메이션이 기회다

전 세계의 기업들은 빅데이터, 로봇, 블록체인, 클라우드, AI, IoT, 가상·증강현실 등 4차 산업혁명 기반 기술을 활용해 전략과 비즈니스 모델을 전환하고 있다. 경쟁력 강화, 그중에서도 디지털경제의 주도권을 잡는 것이 무엇보다 중요하기 때문이다.

가장 두드러지게 나타나는 산업 중 하나는 금융과 유통 분야다. 핀테크와 5G 통신기술의 결합으로 금융과 유통 분야에서 다양한 혁신이 일어나고 있다. 유통 분야의 경우 코로나19의 수혜로 온라인 구매의 비중이 더 크게 늘었다. 닐슨코리아에 따르면 코로나19 이후 온라인을 주요 구매 채널로 꼽은 응답은 38%로 가장 높게 나타났다. 고객의 니즈가 빠르게 변화하고 있다는 얘기다.

기업이 고객의 니즈에 맞춰 비즈니스 모델을 바꿔나가는 사례는 곳곳에서 찾을 수 있다. 스포츠용품 브랜드인 나이키는 2006년 업계 최초로 디지털 웨어러블 제품을 출시했다. 2006년이면 웨어러블 디바이스라는 개념조차 생소하던 시기다. 나이키는 자체 디지털 센서인 '나이키플러스Nike+'와 애플의 '아이팟 나노iPod nano'가 결합된 '나이키+아이팟'이라는 피트니스 패키지를 선보인 이후, 2019년 '나이키핏Nike Fit'이라는 자체 AI 서비스를 출시했다. 기계학습 기능의 추천 알고리즘을 통해 고객의 발 사이즈를 자동으로 찾는 기능이다. 이런 나이키의 노력은 고객 충성도를 높이며 새로운 고객을 유치하는 힘이 되고 있다.

세계 최대 커피 전문점인 스타벅스 역시 디지털 트랜스포메이션을 실천하는 대표적인 회사다. 스타벅스는 전자쿠폰서비스인 'e프리퀀시'와 자동주문서비스인 '사이렌 오더' 시스템으로 고객 만족도를 높이고 있다.

수많은 기업이 디지털트랜스포메이션을 통해 새로운 비즈니스 모델을 구축하고 고객들의 라이프스타일까지 바꾸며 새로운 수요를 창출하는 시도는 많은 것을 시사한다. 디지털트랜스포메이션은 이제 선택이 아닌 필수다.

신노동계급의 출현, 긱워커

세계 차량공유서비스 업계 1위 기업 우버가 기업공개를 앞둔 2019년 5월 8일, 미국·영국·호주 등지에서 차량 호출서비스 우버와 리프트의 운전자들이 동맹시위를 벌였다. 이들은 서비스를 고객과 연결해주는 모바일 앱을 껐다. 대신 "우버는 들어라. 저임금과 장시간 노동, 병가 미준수 등의 관행을 바꾸지 않으면 당신네 알고리즘을 파괴할 것"이라고 쓰인 플래카드를 펼쳤다.

앞서 같은 해 노동절인 5월 1일, 모바일 앱으로 일감을 받는 배달 라이더들이 여의도 국회의사당 앞에 모여 노동조합 결성식을 열었다. 이들은 기본 노동권 보장과 오토바이 보험료 인하 등의 제도 개선을 요구하며 청와대까지 가두 행진을 벌였다.

누구나 긱워커가 될 수 있다

디지털 플랫폼을 기반으로 한 공유경제가 전체 산업으로 확산되면서 초단기 노동을 제공하는 '긱워커gig worker'가 양산되고 있다. 긱 워커란 디지털 플랫폼을 통해 비정규직 형태의 일감을 받아 돈을 버는 독립형 단기 계약자로 '플랫폼노동자'라고도 불린다. 우버·리프트 등 차량공유서비스 운전자, 유통이나 각종 서비스업체에서 일하는 1인 계약자들이다. 우리 주변에서 흔히 볼 수 있는 배달 라이더가 대표적이다.

긱워커가 늘면서 해외에서는 이들의 법적 지위와 사회안전망 등 어느 정도까지 보호장치를 제공해야 하는지에 대한 논의가 활발하다. 반면 국내에서는 아직 논의가 제한적이다. 대기업과 스타트업 중심의 혁신성장 담론에만 매몰되어 있다. 혁신의 이름에 긱워커의 기본권이 가려져 있는 것이다.

과학기술이 발전하면 경제구조와 노동 형태도 바뀐다. 분명한 흐름은 고용시장이 계약직과 임시직 중심으로 재편되면서 양질의 일자리가 줄고 불안정성은 커지고 있다는 점이다. 노동을 과보호해서도 안되지만 혁신이나 효율성만 앞세운 시장논리로 접근해서도 안 된다. 인간의 삶과 직결된 문제라는 점에서 최소한의 기본권은 보장돼야 한다. 코로나19로 '전국민 고용보험'에 대한 논의가 급물살을 타면서 특수고용자로 분류된 긱워커도 단계적으로 포함시키는 방향으로 정리됐다.

디지털 플랫폼은 터미널이나 장터처럼 특정 재화를 공급하고 이를 필요로 하는 사람들을 연결한다. 수집한 빅데이터를 가공해 고객의 수요를 파악하고, 플랫폼을 통해 맞춤형 노동으로 연결하는 방식이다. 소비자 입장에서는 원하는 서비스를 원하는 가격에 얻을 수 있다는 점에서 만족도가 높다. 플랫폼은 자동차, 사무실, 주택, 음식, 각종 집기, 노동, 서비스를 수요에 맞춰 적재적소에 공급하는 대가로 중개 수수료를 챙긴다. 온라인 기반 오프라인 서비스(Online to Offline; O2O)나 온디맨드가 대표적인 디지털 플랫폼이다.

디지털 플랫폼은 이제 거부할 수 없는 대세다. 첨단산업뿐 아니라 전통 제조업까지 수많은 대기업과 스타트업이 디지털 플랫폼을 기반으로 비즈니스 모델을 만들고 있다. 글로벌 컨설팅사 맥킨지는 O2O·온디맨드 활성화로 긱워커가 창출하는 긱이코노미gig economy의 부가가치가 오는 2025년까지 전 세계 GDP의 2% 수준인 2조 7천억 달러에 달할 것으로 내다봤다. 차량·숙박 등에서 시작해 배달·청소 등 단순노동 서비스로 확장됐고, 최근에는 변호사와 컨설팅 등 전문 인력이 참여하는 서비스로 진화하고 있기 때문에 규모는 더 커질 전망이다.

미래학자인 토머스 프레이Thomas Frey는 기술발전과 이에 따른 사회변화로 조만간 정규직 근로 형태가 대부분 사라지고 긱이코노미가 보편화하면서 2030년까지 20억 개의 일자리가 사라질 것으로 전망했다.

현재 전 세계에서 긱워커로 일하는 사람들의 수치는 국가별·조사

방식별 편차가 있어 정확하게 파악되지 않는다. 지금은 미국과 유럽의 경제활동인구 대비 20~30% 수준으로 추정된다. 국내에서는 노동연구원이 특수형태근로종사자 220만 9천 명(2018년 말 기준) 가운데 55만 명 정도를 긱워커로 분류했다.

노동기본권의 사각지대

디지털 플랫폼의 확산은 '정당한 수익모델 분배와 노동의 미래'라는 관점에서 새로운 화두를 던진다. 최근 불거진 논란의 핵심은 디지털 플랫폼의 수익모델이 기업만 살찌우는 기형적 형태에 있다.

우버는 모바일 앱으로 운전자와 승객을 연결해주고 건당 20~25%의 중개수수료를 받지만 세금을 내지 않을 뿐 아니라 운전자들에게 법적으로 보장된 휴가는 물론 건강보험·산업재해·퇴직금 등 사용자가 책임져야 할 기본적인 복지 혜택을 제공하지 않는다. 우버는 세금을 내면서 복리후생을 제공할 경우 가격 경쟁력이 떨어져 이용자의 혜택이 줄어든다고 주장한다.

반면 운전자들은 우버나 리프트가 천문학적 규모의 주식 공모로 돈 잔치를 벌이는 이면에는 근로자들을 쥐어짜는 착취 구조가 있다고 주장한다. 긱워커는 본인이 원할 때 자유롭게 노동을 제공하고 이에 합당한 보상을 받는 것으로 보이지만, 실제로는 건당 노동과 서비스로 불안한 생활을 이어간다.

영국의 경제학자 가이 스탠딩Guy Standing은 디지털 플랫폼이 빈부격차를 더 키우는 신생 불로소득자로 성장하고 있다고 분석했다. 그는 긱워커를 불안정한 노동을 이어가는 계층인 '프레카리아트precariat'로 분류했다.

긱워커들이 제공하는 노동의 형태는 기존 근로자와 분명히 다르다. 노동이 시간 단위가 아니라 분이나 심지어는 더 작은 단위로 쪼개진다. 보수는 임금노동자의 3분의 2 수준에 불과하다. 게다가 우버 같은 디지털 플랫폼은 긱워커의 노동 과정을 고객의 별점이나 리뷰 등 평가를 통해 관리한다. 노동의 성과 측정과 제재를 위한 통제 기술이라는 지적이 나온다. 아직 절대 규모는 크지 않지만 긱 워킹이 미래의 지배적인 노동 형태가 될 수 있다는 점에서 본격적인 논의가 필요하다.

플랫폼노동자는 전통적 노동관계법의 사각지대에 있어 기본적인 권리조차 보장받지 못한다. 법적 체계와 사회안전망 구축을 위해 각계 전문가의 의견을 토대로 입법과 정책 대안 마련을 준비해야 한다.

노동경제학 전문가인 유경준 전 통계청장은 언론 인터뷰에서 "코로나19로 인해 비대면 거래, 플랫폼 거래가 증가할 것"이라며 "배달업 종사자와 같은 특수고용노동자들에게 4대 보험 등을 적용해 그들을 사회안전망 안으로 편입하는 작업을 해야 한다"고 주장했다.

피고용인인가, 자영업자인가

　임금노동자와 자영업자의 경계에 있는 긱워커에 대한 입장은 국가별로 엇갈린다. 영국은 2017년 11월 우버 운전자를 회사에 고용된 근로자로 봐야 한다는 판결을 내렸다. 우버와 운전자는 승객을 연결해주고 중개수수료를 받는 협력관계가 아니라, 법정휴가와 최저임금을 보장해줘야 하는 고용관계라는 의미다. 〈뉴욕타임스〉는 이에 대해 "우버식 공유경제 모델이 흔들리고 있다"고 평가했다.

　미국에서는 연방과 개별 주의 입장이 서로 다르다. 캘리포니아 주의회 하원은 2019년 5월 우버·리프트 등이 플랫폼 종사자를 노동법의 보호를 받지 못하는 독립계약자로 만들지 못하도록 규제하는 법안을 통과시켰다.

　반면 미국 노동부와 연방기관인 노동관계위원회(NRLB)는 우버 기사의 지위를 근로자가 아닌 독립계약자로 간주하고 있다. 운전자가 근무 일정을 자율 결정하며 다른 운전자들과 자유로이 경쟁하면서 사업 기회를 누리고 있기 때문이라는 이유에서다.

　한국에서는 아직 이들을 어떻게 규정하고 부를지에 대한 법적 근거나 사회적 합의가 이뤄지지 않은 상태다. 한국은행은 2019년 1월 〈글로벌 긱 경제 현황 및 시사점〉이라는 보고서에서 긱경제의 활성화로 비경제활동인구의 노동 참여가 촉진될 수 있지만, 고용의 질이 낮고 소득 안정성이 떨어지는 데다 종사자들이 노동권의 사각지대에 놓일 가능성이 크다고 분석했다.

전문가들은 기존 고용인과 피고용인의 경계가 무너지고 있는 만큼 노동과 일을 둘러싼 새로운 법과 시스템을 마련해야 한다고 조언한다. 정부도 기업도 앞으로 닥쳐올 노동의 미래에 대해 본격적으로 고민해야 할 때다.

미래 먹거리,
신 3대 산업에서 찾자

나라 안팎으로 전례 없는 복합 불황의 파고가 동시에 몰려오고 있다. 코로나19 여파가 대표적이다. 그러나 어려움만 있는 것은 아니다. 위기는 또 다른 기회다. 한국경제는 저력이 있다. 전쟁의 폐허에서 일어섰고 외환위기, 글로벌 금융위기를 어떤 나라보다 빨리 극복했다. '할 수 있다'는 긍정의 자세로 변화와 혁신의 불씨를 살려나가면 분위기는 충분히 바꿀 수 있다.

한국경제의 미래를 이끌어나갈 먹거리는 무엇일까? 정부는 시스템반도체, 바이오헬스, 미래차 등 3대 분야를 집중 육성할 신산업으로 꼽고 있다. 3개 분야를 한국경제의 미래 먹거리로 육성해 추격형 경제를 선도형 경제로 바꾸겠다는 목표다.

이들 3개 분야는 이미 한국이 세계적 수준이거나 이에 준하는 경쟁력을 갖춘 것으로 평가된다. 중소기업과 연계되어 있고 일자리 창출 효과도 큰 업종이다. 문재인 대통령은 2020년 5월 취임 3주년 기념 특별연설에서 이들 3개 업종을 코로나19 사태에 따른 국난극복과 신성장동력으로 삼을 것임을 재천명했다.

메모리 시장보다 큰 비메모리 반도체

우선 비메모리 반도체 육성이다. 메모리 반도체가 데이터를 저장하는 역할을 한다면 비메모리 반도체는 주로 연산 기능을 담당한다. PC와 스마트폰은 물론이고 모든 전자기기에는 비메모리 반도체가 필요하다. 한국이 '산업의 쌀'로 불리는 반도체산업에서 최강자이면서도 정작 힘을 쓰지 못하는 분야가 비메모리 반도체 분야였다. 메모리 분야에 편중되어 있었기 때문이다.

글로벌 반도체 시장에서 메모리 부문의 한국 기업 점유율은 약 60%에 달한다. 하지만 시스템 반도체 등 비메모리 부문에서는 3~4% 수준에 불과하다. 시장조사기관 가트너에 따르면, 비메모리에서 한국의 점유율(2017년 기준)은 미국(63%), EU(13%), 일본(11%), 중국(4%) 등에 못 미치는 3.4%에 불과하다.

반면 글로벌 반도체 시장에서 메모리의 비중은 35%, 비메모리는

65% 정도에 달한다. 비메모리 반도체 시장이 메모리 반도체 시장보다 2배 이상 크다. 반도체산업의 영역 확장과 전후방 산업의 연관효과 극대화를 노리기 위해서는 비메모리 반도체 육성이 필수다.

이재용 삼성전자 부회장은 2019년 '반도체 비전 2030'을 내놓았다. 비메모리 반도체 시장에 집중 투자해 2030년에 메모리 1위는 물론 비메모리에서도 1위를 달성하겠다는 전략이다. 삼성전자는 2030년까지 연구·개발 73조 원, 생산시설 60조 원 등 총 133조 원을 비메모리 반도체 개발에 쏟아붓겠다고 밝혔다.

비메모리 반도체산업에는 파운드리foundry(위탁생산)와 팹리스fabless(설계전문기업), 모바일 어플리케이션 프로세서(AP), 이미지센서 등이 속한다. 이 중 파운드리에서 한국의 경쟁력은 최근 많이 높아졌다. 대만에 이어 세계 2위 수준에 이른다.

하지만 팹리스의 경쟁력은 일본은 물론이고 중국에도 뒤처져 있다. 팹리스는 한국이 경쟁력을 가지고 있는 메모리 반도체와 성격이 완전히 다르다. 메모리 반도체는 대규모 설비투자가 필요한 장치산업의 특성을 갖고 있는 반면, 팹리스는 창의적인 회로설계 능력이 필요하다.

시스템 반도체는 향후 5G, 자율주행차, IoT 등 4차 산업혁명이 본격화되면서 새로운 수요가 늘어날 것으로 기대된다. 자동차용 반도체, 의료용 반도체, AI용 반도체가 특히 유망하다는 평가다.

성장 잠재력이 큰 바이오

바이오 분야는 인구 고령화와 생명공학기술 발전 추세를 봤을 때 앞으로 폭발적인 성장이 예상된다. 바이오기술과 정보통신기술의 결합으로 고령화, 감염병, 안전한 먹거리, 기후변화 대응 등에 혁신적 변화를 가져올 것으로 전망된다.

정부는 바이오산업을 차세대 주력 산업으로 육성하기 위해 지난해 11월 범부처가 참여하는 '바이오산업 혁신 TF'를 구성해 혁신성장전략을 집중 논의해왔다. 규제를 대폭 손질하고 연구·개발을 촉진하는 내용이 핵심이다. 바이오산업의 특성, 현황 등을 감안해 성장 잠재력을 폭발시킬 수 있는 5대 추진전략을 마련하고 혁신 파급력이 큰 10대 핵심 과제를 선정해 적극 추진할 방침이다.

여기서 5대 추진전략은 글로벌 경쟁력 강화를 위한 R&D 혁신, 바이오 분야 전문 인력 중점 육성, 시장 성장 촉진을 위한 규제·제도 선진화, 바이오 생태계 조성 및 해외 진출 지원, 바이오 기반 기술융합 사업화 지원 등이다.

바이오산업은 R&D 승자가 시장을 독식하는 기술집약적 산업이다. 타 분야와 융합해 신시장을 창출할 수 있는 융합산업이자 생명과 직결되어 윤리 문제를 수반하는 규제산업이다. 연구·개발에 적극 투자한 결과가 대박으로 이어질 수 있는 환경이 조성되어야 한다.

대격변이 예고되는 미래차 시장

미래형 자동차에 대한 의욕은 정부가 2019년 현대자동차 남양연구소에서 발표한 〈2030 미래자동차산업 발전전략〉에서 엿볼 수 있다. 자동차산업은 친환경차, 자율주행차의 부상으로 대격변이 예상되는 미래 산업의 격전지다.

정부는 친환경차 기술력과 국내 보급 가속화, 완전자율주행제도 인프라 완비, 이를 위한 민간투자 기반의 개방형 미래차 생태계를 도모하겠다는 3대 전략을 발표했다. 친환경차는 수소연료전지차(FCEV) 개발로 집약된다. 현대차는 2013년 세계 최초로 수소차인 투싼ix 양산에 성공했고, 2019년 3월 수소차 넥쏘를 출시했다.

현재 국내 신차 판매의 전기차와 수소차 비중은 2.6%에 불과하다. 정부는 이를 33%대로 끌어올린다는 계획이다. 수소차의 핵심 인프라인 수소충전소는 현재 31개 수준에서 2030년 660개, 2040년에는 1천2백 개까지 늘릴 방침이다.

AI기술의 발달에 따른 자율주행차 개발에도 탄력이 붙을 전망이다. 2021년 상용화 및 차량 출시, 2027년까지 완전자율주행 시스템의 국산화 등이 목표로 제시됐다. 완전자율주행을 위해 2024년까지 전국 주요 도로에 무선통신 인프라를 확충하고, 3차원 입체 도로 지도를 구축하기로 했다.

코로나19로 속도가 붙은 산업 재편

코로나19는 기존 기업을 밀어내고 새로운 기업을 산업의 간판으로 키우는 산업 재편을 이끌고 있다. 이 현상은 경제의 거울이라는 증시에서 먼저 나타나고 있다. 한국거래소에 따르면 2020년 상반기 기업 시가총액이 가장 많이 늘어난 기업 10개는 모두 바이오, 배터리, 인터넷, 게임 업종이었다. 한국경제의 3대 신산업에 속하는 바이오, 전기차(배터리) 분야가 포함된 것이 눈에 띈다.

미국 역시 아직 실적을 내지 못한 전기차기업 테슬라가 2020년 8월 자동차업계의 대장주인 도요타를 시가총액에서 넘어섰다. 산업계는 코로나19가 산업구조의 지형을 바꾸고 있으며 그 결과가 간판 기업의 변화로 나타나고 있다고 본다.

과거에도 위기는 산업구조 개편을 앞당겼다. 외환위기와 글로벌 금융위기를 통해 반도체, 자동차, 스마트폰 제조 강국으로 거듭난 한국은 코로나19 위기에서도 미래 시장에 대응하기 위해 발 빠르게 움직이고 있다. 그 중심에 비메모리 반도체, 바이오, 미래차가 있다.

코로나19 이후 한국경제

마이너스 성장이냐, 소폭이나마 성장하느냐? 코로나19 사태가 한국경제에 얼마나 큰 충격을 미칠지가 가장 큰 관심사다. 워낙 불확실성이 크기 때문이다. IMF는 2020년 4월 연차총회에서 올해 성장률을 세계 -3%, 아시아 0%, 한국 -1.2%로 전망했다. 한국의 경제성장률이 마이너스를 기록한다면 외환위기 때인 1998년 -5.1%를 기록한 이후 처음이다.

하지만 이마저도 낙관적인 것이라는 전망이 나온다. 전 세계 소비의 40%를 차지하는 미국과 유럽 등에서 코로나19 확산과 이로 인한 경제 충격이 IMF의 전망치에 충분히 반영되지 않았다는 이유다. 주요 기관들의 한국경제 성장률 전망치도 비슷하다. 무디스(-0.5%), 스탠더드앤드푸어스(-1.5%), 피치(-1.2%), 한국경제연구원(-2.3%) 등 2020년 한국경제 성장률을 마이너스로 전망한 기관이 적지 않다.

국책연구기관인 한국개발연구원은 0.2%로 한국경제가 미약하게나마 성장할 것으로 전망했다. 이마저도 코로나19 확산이 국내에서는 상반기, 해외에서는 하반기에 둔화되면서 경제활동이 완만하게 회복되는 상황을 전제로 한 것이다. 한국개발연구원은 경기 회복이 늦어질 경우 -1.6%로 역성장할 수 있다는 분석을 내놓았다.

역성장의 공포는 각국의 분기 성장률에서 현실로 나타나고 있다. 세계경제 3위와 4위국인 일본과 독일이 동시에 2분기 연속 마이너스 성장을 기록하면서 공식적으로 경기침체 국면에 진입했다. 코로나19 '셧다운' 여파로 글로벌 경제가 'R의 공포'*에 짓눌린 형국이다. 특히 대외 의존도가 높은 수출 대국 일본과 독일에서 먼저 경기침체가 시작됐다는 점은 한국경제에도 시사하는 바가 크다.

뒤바뀌는 경제 지형

코로나19 사태는 한국경제의 행보에도 적지 않은 영향을 미치고 있다. 대내외적으로 극복해야 할 환경이 녹록지 않은데, 예상치 못한 바이러스 팬데믹으로 사상 초유의 상황이 펼쳐졌기 때문이다.

---

* '경기침체recession'의 공포를 의미한다. 경기침체로 불안감이 깊어진다는 뜻이다. R의 공포는 단기 금리가 장기 금리보다 높아지는 장단기 금리 역전에서 비롯된다.

과거 역사에서도 전염병과 주요 사건은 기존의 경제 질서를 완전히 바꿨다. 14세기 중반 유럽에서 시작된 흑사병은 중세 봉건 경제를 붕괴시켰다. 그러나 이후 교역과 상업이 확대되면서 르네상스 시대를 꽃피웠다. 16세기 중남미에서 발병된 천연두로 원주민이 90%까지 사망했다. 노동력이 부족해지자 스페인은 아프리카에서 남미로 흑인 노예를 이주시켜 플랜테이션(대농장) 시대를 열었다. 이 역시 명암이 있었다. 빈부격차와 군부독재 시대가 확산된 것이다.

제1차 세계대전 중 유럽에서 발병한 스페인 독감은 세계적으로 퍼져 5천만 명이 사망했다. 노동력 감소는 자본집약산업 발전과 생산성 향상을 불러왔다. 헨리 포드가 컨베이어벨트 시스템을 도입해 자동차 생산혁명을 일으켰고, 제2차 세계대전 종전 이후 항공과 조선산업은 비약적으로 발전했다. 대량소비시대 시작에 맞춰 미국은 세계경제의 패권을 잡았다.

아시아 외환위기는 중국 경제의 부상과 경제 글로벌화로 이어졌고, 인터넷혁명으로 온라인이 새로운 산업으로 자리 잡았다. 미국에서 발생한 글로벌 금융위기는 세계적 경기 둔화를 초래했지만 대규모 경기부양 정책으로 모바일 산업혁명이 탄생하는 계기가 됐다.

코로나19 쇼크는 실물경제 위기다. 사실 새로운 위기가 아니다. 실물경제 위기는 사실 여러 차례 경고됐던 위기다. 다만 코로나19로 인한 실물경제 위기는 생각보다 오래 지속될 전망이다. 실물경제 위기가 길어지면 가계도 기업도 국가도 견디기 어렵다. 각국 정부는 코로나19 쇼크를 벗어나기 위해 전례 없는 유동성을 공급하고 있다. 하지만 이는 또 다른 위기를 잉태하는 요인이 될 수 있다. 부채를 또 다른 부채로 돌려막는 것은 근본적인 해결책이 아니다.

많은 전문가가 코로나19 이후는 이전과 다를 것이라고 이야기한다. 오늘날 세계는 사실상 모든 것이 연결돼 있다. 토머스 프리드먼Thomas Friedman이 "지구는 평평하다"고 했던 때부터 우리는 상호의존과 협력이 필요한 세계에서 살고 있다. 그러나 이제 이런 사고는 무의미하다. 기존 사고의 극적 전환이 필요하다. 사고와 행동의 패러다임 전환이 없으면 생존 자체가 어려워질 수 있다.

정부의 역할 확대가 필요한가

2020년 하반기 코로나19는 현재 진행형이다. 때문에 코로나19 이후 어떤 세상이 펼쳐질지 정확하게 아는 사람은 없다. 그러나 사회과학은 예측의 영역이다. 현재 벌어지는 사실에 기반해 과학적 판단을 기초로 미래를 어느 정도 예측할 수 있다.

전문가들은 코로나19로 인한 세계경제의 변화를 크게 탈세계화와 거대 정부의 출현, 일본식 장기 불황 고착화와 포퓰리즘의 득세 등을 꼽는다. 세계적인 경제학자인 대니 로드릭Dani Rodrik 교수는 〈프로젝트 신디케이트〉에 게재한 '포스트 팬데믹 세계를 최대로 활용하기'라는 제목의 칼럼에서 "집단행동 문제 앞에서 시장의 무능함, 위기대응 및 국민 보호에서 정부 역량의 중요성"을 부각시켰다고 지적했다.

그는 이어 "불평등과 경제적 불안정에 대한 대응에서 정부의 역할을 확대하는 것은 경제 전문가들과 정책 입안자들의 핵심적 우선순위가 됐다"며 "미국과 유럽 모두 더 높은 국가 개입을 지향하고 있는 것은 분명하다"고 전했다. 대니 로드릭 교수는 정부의 역할 확대로 인해 "구시대적 통제 정책의 회귀 가능성을 배제할 수 없다"며 "시장 근본주의로부터의 이탈이 녹색경제, 양질의 일자리, 중산층 재건에 초점을 맞춘 보다 포용적 형태"를 띨 수 있다고 진단했다.

한국경제에도 희망은 있다

한국경제를 둘러싼 부정적 전망이 많지만 희망은 있다. 우선 2020년보다 2021년의 경제가 개선될 가능성이 높다. 코로나19 이외에 예상치 못한 변수가 터지지 않는다면 기저효과 등으로 인해 성장률은 상승할 것으로 전망된다. 부정적인 요인만큼 긍정적인 요인도 적지 않기 때문에 무작정 비관할 필요는 없다.

우선 부정적인 요인. 한국경제는 무역의존도 70%의 높은 개방성을 지닌 국가로 해외 변수에 민감하다. 미중 무역전쟁 등 해외 변수의 영향도 크게 받는다. 만일 2차 코로나19 팬데믹이 닥쳐오거나 미중 무역갈등 격화 등 수출에 충격을 줄 수 있는 요인이 강화된다면 무작정 낙관적인 전망을 하기는 어렵다.

긍정적인 요인은 5G 통신기술 혁신으로 인한 반도체 사이클 회복과 경기 선순환 가능성이다. 각국이 경제위기에서 벗어나기 위해 이미 무한대로 유동성을 공급한 데다 경기 회복 요인이 맞물린다면 경기는 예상외로 바닥을 찍고 급반등할 가능성도 높다.

다만 아직까지는 경기에 대한 전망이 전반적으로 밝지 않다. 코로나19로 인한 불확실성이 여전하기 때문이다. 코로나19는 전 세계를 대봉쇄The Great Lockdown로 몰아넣었고, 각국 정부는 수조 달러를 쏟아부으며 방어하고 있지만 끝을 예단하기 어렵다. 일부 국가에서 경기 회복에 대한 조짐이 보이고 있지만, 2차 팬데믹 우려가 여전하고 아직 경기를 끌어올릴 만한 강력한 모멘텀도 보이지 않는다.

당분간 경기의 V자 회복은 쉽지 않다는 게 전문가들의 공통된 의견이다. 카르멘 라인하트Carmen M. Reinhart 세계은행 수석 이코노미스트는 이에 대해 "(경기) 반등과 회복을 혼동하는 위험이 실제 일어나고 있다"고 평가했다.

그렇다면 우리는 어떻게 코로나19 이후를 대비해야 할까? 코로나19 불황은 소비와 공급, 금융과 실물이 동시에 타격을 입은 미증유의 상황이다. 누구도 가보지 않은 길이다. 그러나 분명한 것은 역사 속의 전염병처럼 코로나 팬데믹 역시 극복될 것이라는 점이다. 과거 역사 속에서 확인되듯 위기와 기회는 항상 동시에 찾아온다.

제1강 │ 언택트 사회

- 2017 State of Telecommuting in the U.S. Employee Workforce. Global Workplace Analytics · Flexjobs.

- Alan Ohnsman(2020.7.9). Coronavirus Scrambles Self-Driving Race, Pushing Nuro's Delivery Bots To Front Of The Pack. *Forbes*.

- Camilo Becdach · Brandon Brown · Ford Halbardier · Brian Henstorf · Ryan Murphy(2020). *Rapidly forecasting demand and adapting commercial plans in a pandemic*. McKinsey&Company.

- Carol Kinsey Goman(2017.10.12). Why IBM Brought Remote Workers Back To The Office - And Why Your Company Might Be Next. *Forbes*.

- Dalvin Brown(2020.7.22). Meet Scout: Amazon is taking its Prime Delivery Robots to the South. *USA TODAY*.

- Giselle Abramovich(2020.6.12). Online Shopping During COVID-19 Exceeds 2019 Holiday Season Levels, Adobe blog.

- John Simons(2017.5.18). IBM, A Pioneer of Remote Work, Calls Workers Back to the Office, *Wall Street Journal*.

- Jonathan Prynn(2020.4.28). Online food sales hit new record during coronavirus lockdown as elderly spend doubles. *Evening Standard*.

- Lana Bandoim(2020.7.17). Amazon's New Smart Shopping Cart Is Pushing Cashierless Checkout In Physical Stores. *Forbes*.
- Larry Alton(2017.5.17). Are Remote Workers More Productive Than In-Office Workers?. *Forbes*.
- Lexi Sydow(2020.3.20). Video Conferencing Apps Surge from Coronavirus Impact. APP ANNIE.
- Maija Palmer(2020.5.29). Robots from Estonia boost supermarket spirits during pandemic. *Financial Times*.
- Peter Holley(2019.12.11). Walmart teams with Nuro's robot cars to deliver groceries in Houston. *Washington Post*.
- Raphael Buck · Tracy Francis · Eldon Little · Jessica Moulton · Samantha Phillips(2020). *How consumer-goods companies can prepare for the next normal*. McKinsey&Company.
- 권영환 외(2020). 원격근무 솔루션 기술 · 시장 동향 및 시사점. 소프트웨어정책연구소.
- 김광석 외(2017). 유통 4.0시대, 리테일 패러다임의 변화. 삼정KPMG경제연구원.
- 김민아 · 이경아(2018). 의료소비자 관점의 주요국 원격의료 정책 비교 연구. 한국소비자원.
- 김연지(2020.5.29). [코로나19, 밥코노미⑤] 내 집의 변화, 주방이 사라진다, '허세권'을 아시나요?. CBS노컷뉴스.
- 김용균(2017). 무인화 추세를 앞당기는 키오스크. IITP 주간기술동향 1790호.
- 김충현(2020). 디지털 헬스케어(1): 원격의료, 코로나19에 의한 단기테마가 아닌 헬스케어 산업의 장기 트렌드 중 하나. 미래에셋대우리서치.
- 김현(2020.05.29.). 코로나19로 원격수업했더니…미 시카고 학생 참여율 60%도 안 돼. 연합뉴스.
- 김현수(2020). 코로나19 이후 글로벌 전자상거래 트렌드. 한국무역협회 국제무역통상연구원.
- 김현식(2004). 원격근무와 노동의 변화. 정보통신정책연구원. 정보통신정책 Vol. 16. No.15.

- 도시교통과(2020.4.23). 교통카드 데이터 기반 대중교통 이용실태 분석. 국토교통부.
- 박주성(2020). COVID-19 이후 주요국 온라인 유통시장 동향. 한국농수산식품유통공사.
- 배영임·신혜리(2020). 코로나19, 언택트 사회를 가속화하다. 경기연구원.
- 서형도 외(2020). 체계적인 유연근무제 도입·운영을 위한 매뉴얼. 고용노동부.
- 윤필호(2020.8.3). 멀티캠퍼스 '클래스나우', 쌍방향 교육철학 선도. 더벨.
- 임승규 외(2020). 포스트코로나. 한빛비즈.
- 장윤서(2020.7.17). [코로나 반년] 민낯 드러낸 K-의료인프라…원격의료·의사 확충 시동은 걸었는데. 조선비즈.
- 전기택(2019). 2017년 기준 일·가정 양립 실태 조사. 고용노동부.
- 정영민·우나민(2019). 한중 무인매장 현황 분석 및 발전방향 전망. 비씨카드 디지털연구소.
- 정진규 외(2005). 대도시권 교통개선을 위한 재택근무 활성화 방안 연구. 국토연구원.
- 조은교(2020). 코로나19 이후 가속화되는 중국 디지털경제의 발전과 시사점. 산업연구원.
- 통계청(2020). 온라인쇼핑 동향.
- 한국과학기술평가원 기술예측센터(2020). 포스트코로나 시대의 미래전망 및 유망기술.
- 홍유담(2020.7.23). "손님, 계산은 셀프예요"…유통업계, 무인 계산 도입 가속화. 연합뉴스.

제4강 | 오래된 미래: 공유경제

- 김학용(2019), 냉장고를 공짜로 드립니다. 책들의정원.
- 남풍현·하승주(2019). 4차 산업혁명 당신이 놓치는 12가지 질문. 스마트북스.
- 닛케이 크로스 트렌드(2020). 구독경제는 어떻게 비즈니스가 되는가. 조사연 번역. 한스미디어.
- 레이첼 보츠먼(2019). 신뢰이동. 문희경 번역. 흐름출판.
- 마화텅, 텐센트 연구원(2018). 공유경제. 양성희 번역. 열린책들.
- 박명규·이재열·한준·이원재·강정한·임이숙(2019). 커넥트 파워. 포르체.

- 아룬 순다라라잔(2018). 4차 산업혁명 시대의 공유경제. 이은주 번역. 교보문고.
- 이민화(2018). 공유경제 플랫폼 경제로 가는 길. KCERN.
- 제러미 리프킨(2014). 한계비용 제로사회. 안진환 번역. 민음사.

제5강 │ 기본소득인가, 보편복지인가

- 김교성(2017). 외환위기 20년, 소득보장정책의 발전과 한계. 한국사회정책 제24권 제4호. 한국사회정책학.
- 김서영(2020.7.11.). 미국서 '기본소득' 실험 본격화…트위터 CEO, 자금 지원. 연합뉴스.
- 노정호(2018). 핀란드, 네덜란드의 실험과 시사점, 한계. 한국사회정책 제25권 제1호. 한국사회정책학.
- 오준호(2017). 기본소득이 세상을 바꾼다. 개마고원.
- 유영성·정원호·김병조·이관형·김을식·마주영(2020). 코로나19로 인한 경제재난, 재난기본소득이 해법이다 이슈&진단. 경기연구원.
- 윤석진(2019.5). 제4차 산업혁명 시대 기본소득제도의 법적 쟁점. 사회복지법제연구 제10권 제1호. 사회복지법제학회.
- 이동훈·성상훈(2020.6.3). 뭐가 급해서…與野 할 것 없이 '기본소득 법안' 발의 준비. 한국경제.
- 이보영(2020.6.29). 핀란드에서 지켜본 기본소득 실험…최종 보고서의 결론은?. 주간조선.
- 이상이(2020.6.8). 좌파 기본소득·우파 기본소득을 모두 반박한다. 프레시안.
- 이석원(2018.6.11). '기본소득' 주창자 된 실리콘밸리 기업가들. 한국경제매거진.
- 이원재(2019). 소득의 미래. 어크로스.
- 이하늬(2019.4.27). 기본소득 진보'만'의 정책 아니다. 경향신문.
- 전준범, 이소연(2020.6.23.). 정치권 뜨겁게 달구는 '기본소득'. 이코노미조선.
- 정진우, 김경진(2020.6.11). 박원순·이재명·이낙연·홍준표 다 숟가락 얹었다… 기본소득 4파전. 중앙일보.

- 주영재(2019.4.27). 기본소득, 한국에서도 닻 올랐다. 경향신문.
- 주영재(2020.6.14). 기본소득과 전 국민 고용보험, 양립할 수 있을까. 경향신문.
- 홍남영(2017). 스위스 기본소득 논의와 그 함의. 사회보장법연구. 서울대 사회보장법연구회.
- 홍대선(2020.6.22). 한국사회, 왜 기본소득인가?…"분배체계 큰 틀 전환 필요". 한겨레.

제6강 | 경제성장률을 견인할 다크호스, AI

- "Deep Learning Machine Listen to Bach, then Writes Its Own Music in the Same Style", MIT Technology Review, 2016.12.14.
- Gartner Research(2018.4.6). 2018 CEO Survey.
- Gartner Research(2018.10). Top 10 Strategic Technology Trends for 2019.
- International Federation of Robotics(2019). IFR Press Conference.
- Larry Cao(2019). AI Pioneer in Investment Management. CFA Institute.
- McKinsey Global Institute(2017). Artificial Intelligence, the Next Digital Frontier?.
- McKinsey Global Institute(2018). Notes from the AI Frontier, Modeling the Impact of AI on the World Economy.
- World Bank(2020.1). Global Economic Prospects.
- World Bank(2020.6). Global Economic Prospects.
- Xiaomin Mou(2019). "Artificial Intelligence: Investment Trends and Selected Industry Uses, International Finance Corporation". Emerging Markets Compass Note 71.
- 강형구 등(2019). AI와 금융투자 전략. 한국경제포럼, 제12권 제3호.
- 과학기술정보통신부(2019). 2020년 과기정통부 예산 16.31조원으로 확정(보도자료).
- 과학기술정보통신부(2019). 더 과감하고 도전적인 R&D로 사람 중심 4차 산업혁명 실현(보도자료).
- 국경완(2019). 인공지능 기술 및 산업 분야별 적용 사례. 주간기술동향. 정보통신기획평가원.

- 권민경(2018). AI와 자산운용. 자본시장포커스 2018-24호. 자본시장연구원.
- 김시소(2020.6.15). 더 거세지는 '유튜브' 천하. 전자신문.
- 김정민(2020). 2020 SW산업 10대 이슈 전망. 소프트웨어정책연구소.
- 대신증권(2019). AI First 시대의 변화와 투자전략.
- 대한민국 정부(2019). 2020년 경제정책방향 주요 내용.
- 로리 윙클리스(2020). 사이언스 앤 더 시티. 이재경 번역. 반니.
- 로버트 J. 고든(2017). 미국의 성장은 끝났는가. 이경남 번역. 생각의힘.
- 마이클 루이스(2014). 플래시 보이스. 이제용 번역. 비즈니스북스.
- 박시현(2020). IBM이 바라본 2020년 AI분야의 5대 전망. 디지털경제뉴스.
- 박호현(2020.5.3.). 넷플릭스 코로나19 기간 1억 시간 시청 늘었다. 서울경제.
- 아틀라스 리서치앤컨설팅(2020.4.13.) 닐슨, 코로나19 사태 속 美OTT 시청 시간 2배 증가.
- 양희태 외(2018). 인공지능 기술 전망과 혁신정책 방향. 정책연구 2018-13. 과학기술정책연구원.
- 이승민 등(2019). 2020년 AI 7대 트렌드. 한국전자통신연구원.
- 이재호 등(2018). 인공지능 관련 국가별 주요 데이터 비교 및 정책 추진 현황. 한국정보화진흥원(이슈리포트 제3호).
- 일본경제신문사(2015). AI 2045 인공지능 미래보고서. 서라미 번역. 반니.
- 조윤범(2008). 조윤범의 파워클래식. 살림.
- 테런스 J. 세즈노스키(2019). 딥러닝 레볼루션. 안진환 번역. 한국경제신문.

제7강 | 비트코인에서 혁명의 기술로: 블록체인의 도전

- FATF(2019). Guidance for a Risk Based Approach to Virtual Assets and Virtual Asset Providers.
- KT경제경영연구소(2018). 블록체인 비즈니스의 미래. 한스미디어.
- Matt Higginson(2019). Blockochain's Occam Problem. McKinsey & Company

Financial Services.

- Satoshi Nakamoto(2008). Bitcoin: A Peer-to-Peer Electronic Cash System. www.bitcoin.org.
- Thomas Lautz(2007). The World's Most Curious Money? Huge Stone Discs Used on the Micronesian Island of Yap. ICOMON(the International Committee of Money and Banking Museums).
- 과학기술정보통신부 및 한국과학기술기획평가원(2019). 블록체인의 미래.
- 과학기술정보통신부(2018). 신뢰할 수 있는 4차 산업혁명을 구현하는 블록체인 기술 발전전략.
- 권보경 외(2019). 기업용 블록체인 무엇이 다른가?. 포스코경영연구원.
- 금융위원회(2020). 포스트 코로나시대 금융정책 추진방향.
- 대한변호사협회(2019). 블록체인 암호화폐 질의응답집.
- 마이클 헬러(2009). 소유의 역습, 그리드락. 윤미나 번역. 웅진지식하우스.
- 매일경제(2019~2020). '블록체인 알파&오메가' 시리즈.
- 맬컴 캠벨-버든(2019). 암호화폐와 블록체인 거버넌스. 김상현, 오세환, 김태하 번역. 한경사.
- 이승민(2019). 블록체인 디지털 세상을 여는 열쇠. 하이투자증권.
- 임동민(2019). 리브라 창조적 파괴 임팩트. 교보증권 Economy Outlook.
- 정기수 외(2019). 블록체인 산업혁명 및 국외 정책 동향. 정보통신산업진흥원.
- 정보통신정책연구원(2019). 전자상거래 이용현황과 구매형태. KISDI STAT Report.
- 플럭파트너스(2019). 코리아 블록체인 아나토미. 좋은땅.
- 한국4차산업혁명정책센터(2019). 한국의 블록체인에 대한 법 규제 체계. 입법정책연구원.

제8강 | 불확실성의 시대, 경제를 움직이는 요소

- 김의경(2016). 나는 금리로 경제를 읽는다. 위너스북.
- 김지만(2020). 제로금리 시대가 온다. 한스미디어

- 박경철(2011). 시골의사의 부자경제학. 리더스북.
- 앙드레 코르톨라니(2015). 돈, 뜨겁게 사랑하고 차갑게 다루어라. 김재경 번역. 미래의창.
- 에드워드 챈들러(2001). 금융투기의 역사. 강남규 번역. 국일증권경제연구소.
- 오건영(2019). 환율과 금리로 보는 앞으로 3년 경제전쟁의 미래. 지식노마드.
- 윤채현 · 박준민(2010). 지금 당장 환율공부 시작하라. 한빛비즈.
- 이성철(1999). 금융, 제대로 알아야 진짜 돈된다. 거름.
- 최기억(2003). 금리, 채권지식이 돈이다. 거름.
- 홍춘욱(2019). 50대 사건으로 보는 돈의 역사. 로크미디어.

제9강 | 에너지 독립국의 패권

- 'Global 500', Fortune, 2020, https://fortune.com/global500/
- Economist(2013. 10.23). 'The End of the Oil Age',
- Henry Kissinger, Diplomacy, p.547
- 노엄 촘스키 · 질베르 아슈카르(2009). 촘스키와 아슈카르, 중동을 이야기하다. 강주헌 번역. 사계절.
- 제프 로빈슨(2003). 석유황제 야마니. 유경찬 번역. 아라크네.
- 피터 자이한(2018). 21세기 미국의 패권과 지정학. 홍지수 · 정훈 번역. 김앤김북스.
- 피터 자이한(2019). 셰일혁명과 미국 없는 세계. 홍지수 번역. 김앤김북스.
- 한국석유공사(2018), 석유산업의 이해(2018년 개정판).

제10강 | 미중 관계의 역할: 패권의 역사

- 그레이엄 앨리슨(2018). 예정된 전쟁. 정혜윤 번역. 세종서적.
- 왕단(2013). 왕단의 중국현대사. 송재인 번역. 동아시아.
- 윤재웅(2020). 차이나 플랫폼이 온다. 미래의창.

제11강 | 길을 잃은 한국경제

- 2019~2023년 국가재정운용계획. 기획재정부.
- 2020~2024년 국가재정운용계획. 기획재정부.
- 2020년도 예산안. 기획재정부.
- 2021년도 예산안. 기획재정부.
- 미래전략정책연구원(2019). 10년 후 한국경제의 미래. 일상이상.
- 박진우(2020). 소득주도성장정책 비판-통계 자료와 이론 분석을 바탕으로. 자유기업원.
- 이강국 외(2018). 소득주도성장의 해외 사례 연구. 동덕여대 산학협력단.
- 이근 외(2019). 2020 한국경제 대전망. 21세기북스.
- 정부·민간합동작업단(2006년). 함께 가는 희망한국 비전 2030.
- 조권중·최지원(2016). 중산층 흔들리는 신화. 서울연구원.
- 주상영(2017). 한국의 소득주도성장-여건 분석 및 정책적 논의. 예산정책연구.
- 주원 외(2019). 잠재성장률 하락의 원인과 제고방안. 현대경제연구원.
- 주원(2006). 경제 양극화, 중산층 육성이 해결책이다. 현대경제연구원.
- 홍성국(2004). 디플레이션 속으로. 이콘.
- 홍춘욱(2017). 인구와 투자의 미래. 에프엔미디어.

제12강 | 포스트코로나, 생존의 법칙

- 가이 스탠딩(2019). 불로소득 자본주의. 김병순 번역. 여문책.
- 고태봉 외(2019). 한국의 논점 2020. 북바이북.
- 관계부처 합동(2020). 바이오산업 혁신 정책방향 및 핵심과제.
- 관계부처 합동(2020). 위기를 기회로, 수출 활력 제고 방안.
- 김성진(2019.10.15). 2025년 하늘 나는 자동차 실용화…정부, 미래차 3대 전략 발표.
  연합뉴스.
- 김현수·허동준·홍석호(2020.7.7). 코로나發 산업재편, BBIG에 돈 몰린다. 동아일보.

- 박수련(2019. 9. 3). 애플, 보잉 하이테크 기업들 컴백홈.. 법인세 효과 봤다. 중앙일보.
- 안희경(2020). 오늘부터의 세계. 메디치미디어.
- 유경준 외(2020). 노동의 미래. 현암사.
- 유발 하라리 외(2020). 초예측 부의 미래. 신희원 번역. 웅진지식하우스.
- 이광석(2020). 디지털의 배신. 인물과사상사.
- 이승관(2019. 4. 24). 삼성 133조 '반도체비전 2030'…성장·상생·고용 선순환 로드맵. 연합뉴스.
- 제레미 리프킨(2005). 노동의 종말. 민음사.
- 최종일(2020. 5. 4). 하버드 교수가 전망한 코로나 이후 세계경제 트렌드 3가지. 뉴스1.
- 코로나19가 제조업 글로벌 공급망에 미치는 영향과 대응방안. 산업연구원(2020).
- 폴 크루그먼 외(2020). 거대한 분기점. 최예은 번역. 한스미디어.
- 홍성국(2018). 수축사회. 메디치미디어.